青少年のリプロダクティブ・ヘルスと性教育

タイの事例に学ぶ

千葉美奈
Mina Chiba

早稲田大学エウプラクシス叢書——049

早稲田大学出版部

Adolescent Reproductive Health and Sexuality Education
Lessons from a Case Study of Thailand

CHIBA Mina, PhD, is Invited Researcher at Institute of Asia-Pacific Studies, Waseda University (as of March 2024) .

First published in 2024 by
Waseda University Press Co., Ltd.
1-9-12 Nishiwaseda
Shinjuku-ku, Tokyo 169-0051
www.waseda-up.co.jp

© 2024 by Mina Chiba

All rights reserved. Except for short extracts used for academic purposes or book reviews, no part of this publication may be reproduced, stored in a retrieval system or transmitted in any form whatsoever—electronic, mechanical, photocopying or otherwise—without the prior and written permission of the publisher.

ISBN978-4-657-24806-0

Printed in Japan

まえがき

　グローバル化した近年の開発途上国において，社会開発の課題は多岐にわたる。貧困，紛争，災害，気候変動，感染症の蔓延など，少し考えるだけでも枚挙に暇がない。著者の研究の主な関心と動機は，社会開発における教育の持つ可能性を探求することであった。教育は，どこまで人の考え方や行動に肯定的な影響を及ぼし，社会課題の解決に寄与することができるのだろうか。たとえば，教育はいかにして平和な社会の実現に貢献することができるのだろうか。また，私たちは教育を通して，いかにして子どもたちが各々の力を存分に生かし，希望をもって生きられるような世界を実現することができるのだろうか。

　本書は博士論文研究の内容に大幅な加筆修正を加えたものであるが，研究の出発点は上述のような教育の可能性に対する期待である。解決しようとする社会課題としては，青少年のリプロダクティブ・ヘルス（性と生殖に関する健康）の促進に焦点を当てている。このテーマを選択した理由は，リプロダクティブ・ヘルスに対するリスク（HIV感染を含む性感染症や望まない妊娠など）の低減には，一人ひとりの行動変容が必要であり，知識の伝達以上の教育が求められるためである。また，HIV感染や妊娠が青少年の生活やその後の人生に与える影響は深刻であり，特に事例研究の対象であるタイにおいては注目度の高い社会問題であったためである。

　タイにおけるフィールド調査を通して，人生をかけて子どもたちをHIV感染や望まない妊娠のリスクから救い出すために，質の高い性教育を提供しようと奮闘してきた教師に何人も出会った。タイの社会においては，公の場で性に関する話をすることはタブー視され，妊娠の予防法などの内容を盛り込んだ性教育は長く忌避されてきた。性教育を推進する彼らに対する社会の風当たりは強かった。しかし，生徒の将来を想う並々ならぬ信念と忍耐力によって，教師らは少しずつ周囲からの賛同を得ていった。また，教師だけでなく，困っている同世代の仲間を助けたいという想いから，他の学校でも質

の高い性教育が提供されるようにと精力的に活動している生徒たちにも出会った。フィールドでのこうした出会いから，研究の範囲を超えるような多くの貴重な学びがあった。

本書において最も意義深いのは，やはりタイの学校におけるフィールド調査の結果を記した章（第6章）であると考える。教師や生徒の言説から，タイの伝統的な社会通念が包括的な性教育の実施に与えてきた影響が浮き彫りになっていると同時に，実施に反対していた教師や保護者の考えが変化していった様子が明らかになっている。また，各校がどのように性教育を実施し，生徒の行動変容につながるような成果を得たのかという点への回答も示されている。教師らの長年にわたる性教育の普及と効果的な実施に向けた取り組みの軌跡は，本研究のテーマに多くの示唆を与えている。

本書は，大きく分けて2つの異なる側面から，青少年のリプロダクティブ・ヘルスの促進について論じている。1つは，学校における包括的な性教育の普及について，もう1つは，学校を基盤とした包括的な性教育の効果の拡大について，である。したがって，異なる性教育のアプローチに関するイデオロギーの対立や世界の潮流について論じている第2章と，性教育の効果について論じている第3章では，少々トピックが異なるように見えるかもしれない。しかし，青少年のリプロダクティブ・ヘルスの促進には，行動変容につながる性教育のアプローチの普及とその効果的な実施の両方が必要であるため，一見分野の異なる2つの側面を扱うこととした。

本書の関心は国際協力をとおした教育を中心とする社会開発にあるため，ぜひ，国際開発や教育開発に関心のある研究者や学生，国際協力に従事する実務家の方々に手に取っていただきたいと思う。また，リプロダクティブ・ヘルスに関する論争に焦点を当てているという点では，国際人権に関心のある方への情報提供も含んでいる。本書の事例研究はタイの学校を対象としているが，タイの学校が抱えていた課題とその解決への取り組みは，日本の社会的文脈においても共通する点がある。したがって，リプロダクティブ・ヘルスに関心のある方々はもとより，学校を基盤とした性教育のアプローチや実施方法について関心のある教育関係者にとっても示唆に富む内容であると考えている。読者の方々の関心に合わせて，興味のある箇所を選択的に読み

進めていただくのも良いと思う。

　最後に，本書は科学的に包括的性教育が最も効果的なアプローチであるという前提に立った研究内容であるが，著者自身の性教育のアプローチに関する特定の信念に基づくものではない。また，著者の現所属機関の見解とも無関係である。本書は，特定の性教育のアプローチを普及させようという意図に基づくものではないため，科学的根拠を示しながらできるだけ客観的に論じるよう努めた。本書の研究成果が，読者の方々にとって有益な情報源となれば幸いである。

千 葉 美 奈

目　次

第1章　本研究の概要 ……………………………………………… 001
第1節　はじめに　001
第2節　本研究が着目する課題　003
第3節　本研究の目的　004
第4節　本書の構成　006

第2章　学校を基盤とした 包括的性教育（CSE）の普及 ………………………… 009
第1節　性教育の対立するアプローチ　009
第2節　リプロダクティブ・ライツと性教育をめぐる論争　014
第3節　米国の事例に見る性教育をめぐる対立の歴史　024
第4節　CSE の普及をめぐる国際的潮流と世界の現状　034

第3章　学校を基盤とした CSE の効果 …………………… 045
第1節　性教育研究からの示唆　045
第2節　学校効果研究からの示唆　057

第4章　タイの事例 ……………………………………………… 071
第1節　タイの教育と若者のリプロダクティブ・ヘルス　071
第2節　タイのエイズ政策と性教育　080
第3節　タイにおける CSE　095

目　次　v

第5章　タイにおける調査研究の手法 ………………………… 115

第1節　研究手法　115

第2節　研究デザイン　117

第3節　研究の過程　125

第4節　データの概要と分析方法　134

第6章　タイの学校を対象とした調査の結果 …………… 141

第1節　学校における CSE の普及　141

第2節　学校を基盤とした CSE の効果的な実施要因　168

第7章　調査結果の考察 ……………………………………… 193

第1節　CSE の効果的な導入アプローチ　193

第2節　CSE の学習成果の向上　198

第8章　本研究の成果と今後の展望 ……………………… 207

第1節　学校に CSE を効果的に導入するには　207

第2節　学校において CSE を効果的に実施するには　209

第3節　学校効果研究への貢献　210

第4節　本研究の限界と今後の展望　211

あとがき　215

参考文献　217

索　引　239

英文要旨　241

第1章

本研究の概要

第 *1* 節　はじめに

　リプロダクティブ・ヘルス（性と生殖に関する健康）の促進は，2015年に採択された持続可能な開発目標（Sustainable Development Goals：SDGs）に盛り込まれ，以前にも増して青少年に対する性教育に注目が集まるようになった。今日の世界において，青少年（10歳〜19歳）の人口は約12億人（16%）に上り，世界はこれまでにない若い社会となっている（UNICEF, 2022）。そして，若者[1]の多くは，南アジアや東南アジア，アフリカの開発途上国に暮らしている。リプロダクティブ・ヘルスは，青少年の健やかな成長と強く関連し，その促進は開発途上国における社会開発の課題でもある。

　青少年が抱えるリプロダクティブ・ヘルスに対するリスクは，広範かつ深刻である。国連人口基金（United Nations Population Fund：UNFPA）（2017）によると，妊娠と出産にともなう合併症は，世界の青年期の女子の主な死亡原因である。また，サハラ以南のアフリカでは，HIV/エイズが青少年の深刻な健康リスクであり続けている。さらに，世界では1億2,000万人もの女子が性的行為の強要や親しい人からの暴力を受けている（UNFPA, 2017）。

　10歳代の妊娠（早期妊娠）は，貧困の連鎖の一因でもある。妊娠した女子

---

1) 本書では，UNICEFの定義に従い，青少年を10歳〜19歳，若者を15歳〜24歳，子どもを0歳〜17歳と位置づけている。子ども，青少年，若者の一部の年齢帯は，定義上重複する。たとえば，15歳は，青少年であり，子どもであり，若者である。

は学校を中途退学することが多いため、教育を十分に受けられず、将来的に貧困に陥りがちである（Areemit et al., 2012）。さらに、10歳代の妊婦が低出生体重児を産む確率は、20歳代の妊婦よりも高い（WHO, 2011a）。低出生体重児は、精神的・知能的な発達が遅れるリスクが通常児よりも高く、就学後に発育不全や健康不良に陥る可能性も高い（The International Bank, 1993）。早期妊娠は、次世代の子どもにも体調不良や学習の遅れといった負荷を課し、結果として教育機会の制限につながりかねない。

　本研究が青少年のリプロダクティブ・ヘルスを促進する施策として、タイの性教育に注目したきっかけは、筆者の国連合同エイズ計画（UNAIDS）や国連児童基金（UNICEF）における経験にある。2013年、UNAIDSジュネーブ本部における勤務をとおして強く認識した点は、青少年や若者に対する包括的な性教育が世界的に不足しており、多くの国において若い世代がHIV/エイズの脅威にさらされ続けているという現状であった。

　また、2014年のUNICEFタイ事務所勤務の際には、エイズ対策の成功事例として有名なタイにおいて、再び若者の間で性感染症（Sexually Transmitted Infections：STI）への罹患が増加傾向にあるという現状に問題意識を持った。さらに、タイの元省庁職員などから情報を得ていく中で、特に青少年のHIV感染と学齢期の妊娠がタイにおける深刻な社会課題であるという実感を得た。統計上もタイにおける10歳代の妊娠率は、2003年から2012年の間に37.3％も上昇していた（National Statistical Office, 2012）。そこで、タイの若者に対するHIV教育の変遷や現在の取り組みを中心とした事例研究の可能性を模索し始めた。

　一方で、タイでは解決策として、学校における包括的性教育（Comprehensive Sexuality Education：CSE）を推進する大規模なプロジェクトが実施されているというポジティブな側面もあった。CSEとは、人権や若者のエンパワーメントを基盤とし、年齢的・文化的に適切な方法を用いて、科学的に正確で現実的な情報を提供することにより、セクシュアリティや人間関係について教える性教育のアプローチである（UNESCO, 2018）。2003年より国際NGOのProgram for Appropriate Technology in Health（PATH）は、タイの学校におけるCSEの実施を促進するため、「ティーンパス・プロジェ

クト」を11年間にわたって実施してきた。本プロジェクトでは，中等学校（13歳〜18歳）と職業訓練校の学校カリキュラムにCSEが組み込まれることを目標とし，学校へのCSEのガイドラインの提供や教師の研修を中心とした人材育成が推進されていた。2014年までに，タイの43県における計1,833校が本プロジェクトに参加した結果，中にはCSEを自校のカリキュラムに組み込むことに成功し，定期的かつ継続的にCSEを実施するようになった学校もあった。また，本プロジェクトに参加した学校の間では，生徒のHIV感染や妊娠の予防を促進する非認知的能力の向上において，特に高い成果を発揮した学校があった（Tanasugarn et al., 2012）。本プロジェクトの結果は，学校を基盤としたCSEの普及や効果的な実施に関する貴重な示唆を与えると考えられる。

したがって，本研究では，青少年のリプロダクティブ・ヘルスとタイの性教育に焦点を当て，ティーンパス・プロジェクトをとおした学校の取り組みを事例研究の対象とすることにした。

第 *2* 節　本研究が着目する課題

学校を基盤とした性教育はエイズの蔓延を機に，疫学的な観点から重要視されるようになった（UNAIDS, 2013; UNESCO, 2014）。しかし，世界の青少年の多くは，リプロダクティブ・ヘルスに関する十分な知識やスキルを未だ持ち合わせていない。背景には，大きく分けて2つの課題があると考えられる。ひとつは，学校における性教育の内容や手法をめぐる対立が政治レベルや学校レベルにおいて続いており，青少年にCSEが提供されていないという点である。もうひとつは，学校においてCSEが実施されていたとしても，質の高い実施には至っていないという点である。タイにおける性教育をめぐる現状は，こうした2つの課題を顕著に示している。

近年のタイの若者のHIV感染や妊娠につながるリスク行動には，社会的背景が関係している。多くの開発途上国に見られるように，タイにはジェンダーの二重基準が存在し，伝統的に女性には婚前の性経験がないことに価値が置かれてきた。しかし，タイ社会は急速な経済発展とともに変容し，並行

して婚前の性的関係も増加傾向にある。結果として，女性はパートナーに対してリスク回避を求める交渉力が乏しい状態に陥り，リスクの高い状況に置かれている。伝統的なジェンダー規範と急速な社会変容による新しい規範の混在が，青少年のHIV感染と妊娠のリスクを高めているのである。

したがって，タイの性教育においては，避妊に対する正しい知識や肯定的な態度を育成し，既存のジェンダー規範を考察する機会の提供が必要である。多くの若者に婚前の性経験があるという現状を踏まえると，単に性的行動の節制を促すだけでは対応できない。

しかし，学校を基盤としたCSEの実施の拡大は，早期妊娠の深刻化やHIV再流行の懸念を受けたタイ政府によって国家エイズ計画2007–2011の中に位置づけられたものの，十分な実施にはつながっていない。たとえば，CSEは，初等・中等教育（7歳〜18歳）の基礎カリキュラム（Basic Core Curriculum, 2008）の一部ではあるが，必修の独立科目ではなく，進学の指針となる全国統一テスト（The Ordinary National Education Test：O-Net）にも含まれていない。また，CSEの実施に関する学校の自由度が高いため，CSEの実施度や学習内容は学校に大きく依存している。結果として，タイの学校現場において，CSEは量的にも質的にも十分に実施されてこなかった。

以上のように，タイには学校を基盤としたCSEを行う必要性があり，タイ政府もCSEの重要性を認めている。しかしながら，学校におけるCSEの実施は滞っており，質の確保にも課題がある。こうした状況は，多くの開発途上国の状況と共通している。したがって，タイの学校を基盤としたCSEの事例研究は，CSEの実施が必要とされるタイ以外の国々の性教育の実施にも広く示唆を与えると考える。

第 3 節　本研究の目的

本研究は，学校におけるCSEの普及と効果的な実施という2つの課題に着目し，開発途上国における青少年のリプロダクティブ・ヘルスの促進に貢献することを目標としている。特に，タイの学校における性教育の取り組みに焦点を当てた事例研究をとおして，開発途上国における質の高い性教育の実

現に寄与することを目的とする。本研究の特徴は，CSEという特定の性教育のアプローチに着目している点である。

本研究は，タイの学校における取り組みを事例とした実証研究を中心に据えているが，本研究の関心は特定の地域ではなく，国際協力などをとおした社会開発にある。したがって，本研究は，タイにおける性教育に留まらず，より国際的なリプロダクティブ・ヘルスをめぐる課題に対する示唆や，性教育研究と学校効果研究における理論的な貢献を目指している。リプロダクティブ・ライツ（性と生殖に関する権利）と性教育のアプローチをめぐる論争に関する文献研究や，性教育や教育開発の分野における先行研究の整理，タイのエイズ政策が学校を基盤としたCSEの実施に与えた影響や政策レベルにおけるCSEの普及に関する分析が本書の前半を占めているのは，そのためである。

本書の実証研究においては，性教育への理解が十分に進んでいなかったタイにおいて，いかにしてCSEが学校に導入され，学校関係者や地域社会に受け入れられて普及していったのか，また，CSEが高い学習効果を発現するための鍵はどこにあったのかという2つの側面について検証している。

具体的には，学校を基盤とした質の高いCSEがどのように実現されたのかを解明することを目的とし，次の2つの問いを設定した。第一の問いは，タイの学校において，CSEが質の高い状態で継続的かつ十分な時間実施されるためには，どのようなCSEの導入アプローチが効果的であるのか，第二の問いは，タイの学校を基盤としたCSEの学習成果の向上には，どのような実施要因が主要な影響を与えているのかである。なお，本研究は，CSEが最も効果的な性教育のアプローチであるという前提に立つため，他の性教育のアプローチとの比較を研究の範囲内としていない。また，CSEの学習成果を向上させる要因としては，学校内の実施要因に焦点を絞っているため，CSEのカリキュラムの開発過程や内容の検証を研究の範囲内としていない。

方法としては，まず，第一の問いに沿って，ティーンパス・プロジェクトにおいて，質の高いCSEを継続的かつ十分な時間実施している学校を対象とし，CSEの導入プロセスを遡及的に検証する。次に，第二の問いに沿っ

て，同プロジェクトにおいて成果の高かった学校を対象とし，CSEの学習成果の拡大に効果的な学校内実施要因を検証する。

　以上のように，本研究はタイの事例研究を中心として，CSEの普及と効果的な実施という二側面から性教育に関する理解を深める。これにより，学校を基盤としたCSEの普及と質の向上に寄与し，今日の社会開発の課題解決に貢献することを目指している。

第 4 節　本書の構成

　本書は，第1章（本章）から第8章までの全8章から構成されている。研究の趣旨と概要を紹介した本章に続く第2章では，学校を基盤としたCSEの普及に関する課題を明確化するため，CSEをめぐる論争に焦点を当てる。まず，リプロダクティブ・ライツをめぐるイデオロギー論争とその論拠を整理し，性教育のアプローチをめぐる対立の構図を明らかにする。次に，CSEをめぐる論争の中心は米国であるため，米国の学校を基盤とした性教育をめぐる対立の歴史を紹介する。最後に，CSEの普及をめぐる国際的な潮流を概観し，学校を基盤としたCSEの普及状況と残された課題を明らかにする。

　第3章では，学校を基盤とした性教育の効果の拡大に着目し，性教育研究と学校効果研究の分野において蓄積された知見を整理する。まず，性教育研究に関しては，CSEの効果発現メカニズムと課題および効果的なCSEプログラムの特徴について整理する。次に，学校効果研究に関しては，教育生産関数研究，効果的な学校研究，学校改善研究において蓄積された知見を整理する。

　第4章は，タイにおける学校を基盤とした性教育の発展と課題に対する理解の深化を目的としている。まず，タイの学校教育と若者のリプロダクティブ・ヘルスについて紹介し，タイのエイズ政策が学校を基盤とした性教育の実施に与えた影響を明らかにする。また，学校を基盤としたCSEの普及過程について，タイの政策レベルにおいて多様なアクターが果たした役割を明らかにする。さらに，タイにおけるCSEの必要性を明確化し，学校を基盤としたCSEの普及と実施に関する課題を整理する。最後に，本研究で焦点

を当てるティーンパス・プロジェクトについて説明する。

第5章は，本研究の研究手法の紹介である。定性的手法を中心とした事例研究の手法であることを明らかにし，研究設問を含めた研究計画，研究の過程，調査対象校の選択，データ収集過程，研究倫理に関して記載する。最後に，収集したデータの概要と分析方法を提示する。

第6章では，本研究の調査結果を研究設問ごとに紹介していく。第1節は，問い1に対応するCSEの効果的な導入アプローチに関する調査結果であり，第2節は，問い2に対応するCSEの学習成果の向上に寄与する実施要因に関する調査結果である。

第7章では，タイの学校における調査結果が各研究設問に対して示唆している点を整理し，考察を加える。第1節は問い1に対する考察，第2節は，問い2に対する考察である。

第8章では，本研究の結論として，タイの学校を事例とした実証研究の成果に着目し，CSEの導入アプローチと効果的な実施に関する示唆と学術的貢献について記載する。また，学校における質の高い性教育の実現に向けた提言を行う。最後に，本研究の限界と今後の展望について述べ，本研究の意義を確認する。

009

第2章

学校を基盤とした
包括的性教育（CSE）の普及

　学校を基盤とした性教育の普及は，青少年のリプロダクティブ・ヘルスを促進する重要な方策のひとつである。しかしながら，性教育の内容や指導方法に関しては，政策レベルと学校レベルの双方において長く論争が続いている。本章では，学校を基盤とした性教育をめぐる学校関係者の間の対立に着目し，この対立構図の体系的な理解を目指す。

第 *1* 節　性教育の対立するアプローチ

1　包括的性教育（CSE）とは

　包括的性教育（CSE）は，主に性に関する生物学的な知識やHIVの感染経路を教える従来の性教育とは異なったアプローチである。CSEは，「年齢的・文化的に適切なアプローチ[2]であり，科学的に正確で現実的であってかつ批判的でない情報を提供することによって，セクシュアリティや人間関係について教える」教育であると定義される（UNESCO, 2009）。CSEでは，個人が自分自身の価値観や態度を模索する機会や，性に関する多様な側面に関して意思決定や意思疎通を行い，リスクを減らすためのスキルを身に付ける機会が提供される（UNESCO, 2009）。

　2）CSEは年齢に応じた適切な内容であり，文化的背景に配慮したアプローチであるとされるが，「科学的に正確な内容」の伝達やセクシュアリティへの言及に対して抵抗感を抱く文化もある。何をもって文化的に適切であるとするかについては判断が難しい。

アメリカ性情報・性教育評議会（Sexuality Information and Education Council of the United States：SIECUS）は、性教育は「生涯にわたる情報の獲得であり、アイデンティティ、人間関係、親密さなどの重要なトピックに関して情報を獲得し、態度や信念および価値観を形成する生涯にわたるプロセスである」とした上で、CSEは「情報の提供および感情・価値観・態度の模索と、コミュニケーション・意思決定・批判的思考能力の育成をとおして、社会文化的、生物学的、心理的およびスピリチュアルなセクシュアリティの側面を扱う」と述べている（National Guidelines Task Force, 2004）。セクシュアリティとは、「生涯のすべての段階における人間の発達の自然な一部分」であり、「身体的・心理的・社会的な要素」によって構成される概念である（WHO Regional Office for Europe, 2000）。セクシュアリティには、性的指向（sexual orientation）や性自認（gender identity）、性役割（gender role）などが含まれ、根強い信念や多様な意見が関わってくる（D. A. Ross et al., 2006）。

　さらに掘り下げると、CSEの概念的な特徴は、達成しようとする目的が妊娠やSTIの予防といった公衆衛生上の目的に留まらない点にある。UNESCO（2009, p.3）は、CSEの第一義的な目的を「子どもと若者が、HIVの存在する世の中において、セクシュアリティや社会的な関係性について責任を持った選択をするための知識・スキル・価値観を備えること」としている。また、UNFPA（2014, p.6）は、CSEの目的を「子どもや若者が感情的および社会的な自身の発達過程において、セクシュアリティに関して肯定的な見解を持つことができるようになること」としている。そして、CSEの目標として、①若者や子どもが、性に関する解剖生理学的な知識やSTIとHIV/エイズに関する知識のみでなく、生殖、避妊、妊娠・出産に関する情報、および性的な行動と性の多様性、ジェンダーの役割や平等、性的虐待やジェンダーに基づく暴力などについての正確な情報を獲得すること、②若者が自分の行動の主導権を握ると同時に、ジェンダーや民族・人種・性的指向に関係なく、他人に対して敬意・寛容・思いやりのある接し方ができるようにエンパワーメントすること、③批判的思考力・コミュニケーション力・交渉力といったライフスキルを身に付けることによって、家族や友達、恋人ら

とより良い関係を築くこと，を挙げている (UNFPA, 2014)。ライフスキルとは，「日常生活で生じる様々な問題や要求に対して，建設的かつ効果的に対処するために必要な能力」である (WHO, 2003)。

　CSEのカリキュラムにはこうした目的が反映され，多様な話題が含まれる。たとえば，SIECUSは，2014年に発行した幼稚園から12年生 (K-12)までの教育課程におけるCSEのガイドラインにおいて，CSEの内容を①人間発達，②人間関係，③個人的スキル，④性的行動，⑤性的健康，⑥社会と文化の6つの概念に分類し，各々の概念の下に5〜7個のトピックを設け，合計39のトピックについて指導することを定めている (National Guidelines Task Force, 2004)。指導内容には，人間関係に関するスキルの育成や個人の価値観を模索する機会の提供が含まれるため，性的行動の節制の大切さとともに，セクシュアリティや性に関する表現の肯定的な側面についても教えられる (Advocates for Youth, 2001)。また，STIや望まない妊娠を避けるには，禁欲的な行動が最も有効であることを教えつつ，コンドームや避妊薬が効果的な予防方法であることも教えられる。

　このように，CSEはセクシュアリティというセンシティブな側面を含み，個人の価値観や態度にも影響を及ぼそうとする点において，公衆衛生を目的とした知識伝達型の従来の性教育とは大きく異なる性教育のアプローチである。CSEは，人権や子どもと若者のエンパワーメント，ライフスキル教育を基盤とし，科学的に正確な情報の提供や子どもと若者が自分自身の価値観を模索したり，ライフスキルを獲得したりする機会の提供に重きを置いているのである。

2　禁欲的性教育とは

　禁欲的性教育 (Abstinence-only Sex Education/Abstinence-Centered Education) は，米国において性教育の廃止を訴えていたグループが，CSEに対抗するために開発した性教育のアプローチであると言われている。禁欲的性教育は，「結婚までの節制プログラム (Abstinence-Until-Marriage Programmes)」もしくは「性的なリスクの回避プログラム (Sexual Risk Avoidance Programs)」とも呼ばれる。その名のとおり，結婚するまでは性交渉を行わないことが10歳代の若者が取り得る唯一の選択肢であると教え，避妊や，より安全な性交渉に関する教育や議論を実施しない性教育アプローチである（Kaiser Family Foundation, 2002）。

禁欲的性教育の主な目的は，公衆衛生や道徳の普及である。禁欲的性教育プログラムでは，相互の信頼に基づいた一夫一妻性の婚姻関係が，人間に期待される性的な行動の基準であるという固定の価値観が一様に教えられる（Santelli et al., 2006）。そして，禁欲的な行動を促進することが，婚姻関係以外での性交渉を経験した者にとっても，そうでない者にとっても，HIV感染や妊娠を予防する最良の措置であるとされる（Family Research Council, n.d.）。同時に，避妊や，より安全な性交渉に関する情報提供は，若者の性的な行動を促進すると考えられ，有害であるとみなされる（Kaiser Family Foundation, 2002）。また，中絶や性的指向などのセンシティブな話題は教育内容に含まれず，通常，コンドームによる避妊やSTI予防の失敗率のみが議論される（Advocates for Youth, 2001）。

禁欲的性教育プログラムの内容に関しては，青少年の性的な行動を制限するために，しばしば，婚姻関係に基づかない性交渉による社会的・心理的・身体的に有害な結果が強調され，恐怖を煽るような教育方法がとられているという批判がある。たとえば，Advocates for Youth（2001）やSantelli et al.（2006）は，禁欲的性教育では，STIが婚前の性交渉の必然的な結果であるとして，HIV感染を含むSTIに関する統計やコンドームによる避妊とSTI予防の失敗率が誇張して教えられることがあると批判している。

禁欲的性教育は，CSEとは異なった性教育のアプローチを打ち出す目的で開発されたため，確立された共通の概念や定義が存在しているとは言い難い。しかし，禁欲的性教育とCSEを比較すると，表1のような明確な違いが見られる。両アプローチ間では，性的な表現／行動や婚姻外の性交渉に関する扱いが顕著に異なり，価値観や道徳規範の捉え方にも相違がある。

表1 性教育プログラム内容の項目別比較

包括的性教育（CSE）	禁欲的性教育
セクシュアリティが自然で普通かつ健康的な生活の一部であると教える	婚姻外における性的表現／行動は社会的・心理的・身体的に有害な結果を生むと教える
性交渉を控えることが想定外の妊娠やHIV感染を含むSTIの予防に最も効果的な予防方法であると教える	婚姻前の性交渉を控えることが唯一の許容される行動であると教える
価値観を基盤とした教育を実施し，生徒が個人の価値観や自身の家族や地域の価値観を模索し，定義する機会を提供する	すべての生徒にとって画一的な価値観が唯一道徳的に正しいと教える
多様なセクシュアリティに関する話題（e.g.人間の発達，関係性，対人関係のスキル，性的表現，性に関する健康，社会と文化）を含む	婚姻前の禁欲的な行動と婚姻前の性交渉の否定的な結果に話題を限定する
中絶や自慰および性的指向に関する正確で事実に基づいた情報を含む	通常，中絶や自慰および性的指向などの論争を呼ぶ話題を省く
セクシュアリティや性的表現／行動に関して，利点も含む肯定的なメッセージを伝える	しばしば，禁欲的な行動を促進し，性的表現／行動を制限するために恐怖を煽る教育方法が用いられる
水系潤滑剤とラテックスコンドームの適切な使用は妊娠のリスクやHIV感染を含むSTIの感染リスクを大幅に軽減する（ただし，完全にはリスクを排除しない）と教える	コンドームに関しては，（STI予防や避妊の）失敗率のみを議論する―しばしば，コンドームの失敗率が誇張される
近代的な避妊方法の首尾一貫した活用は，想定外の妊娠に対するカップルのリスクを大幅に軽減できると教える	コンドームの失敗率以外に避妊方法に関する情報提供はない
HIV感染を含むSTIに関する医学的に正確な情報を含む―STIは予防可能であると教える	しばしば，HIV感染を含むSTIに関する医学的に不正確な情報や誇張された統計を含む―STIは婚姻前の性的な行動の必然的な結果であることを示唆する
宗教的な価値観は性的表現／行動に関する個人の決断において重要な役割を担うと教える―生徒に自分自身や家族の宗教的価値観を模索する機会を与える	しばしば，特定の宗教的価値観を推進する
想定外の妊娠に直面した女性には選択肢（e.g.出産して子どもを育てる，出産して子どもを養子に出す，中絶する）があると教える	出産と養子縁組が，10歳代の若者にとって唯一道徳的に正しい選択肢であると教える

出所：Advocates for Youth（2001）を筆者訳

第2節　リプロダクティブ・ライツと性教育をめぐる論争

1　リプロダクティブ・ライツとは

　リプロダクティブ・ライツ（性と生殖に関する権利）は，リプロダクティブ・ヘルスを享受する権利と解することが可能であるが，1994年の国連人口開発会議（International Conference on Population and Development：ICPD）で採択された「カイロ行動計画」の定義を要約すると，次のとおりである。リプロダクティブ・ライツは，国際法，人権条約および国連の合意文書において既に認められている人権を内包しており，こうした権利には，①自分たちの子どもの数，出産間隔，出産する時期を自由に責任を持って決定でき，そのための情報と手段を得ることができる基本的権利，②最高水準の性に関する健康およびリプロダクティブ・ヘルスを享受する権利，③差別，強制，暴力を受けることなく生殖に関する決定を行う権利が含まれる（United Nations Population Fund, 2014）。リプロダクティブ・ヘルスは，性と生殖に関する健康と訳され，人間の生殖に関するシステムおよびその機能とプロセスのすべての側面において，「身体的，精神的，社会的に完全に健全な状態」であることを意味する（国連人口基金, 1994, p.13）。

　リプロダクティブ・ヘルス／ライツは，英語では，Sexual and Reproductive Health/Rightsと記載されることが多い。つまり，リプロダクティブ・ヘルス／ライツは，リプロダクティブ・ヘルス／ライツとセクシュアル・ヘルス／ライツという「厳密には部分的に重複しあう二つの概念が一緒になっている言葉」である（大澤ほか, 2017, p.403）。

　しかし，セクシュアル・ヘルス／ライツ（性に関する健康／権利）には，国際的に広く共有された定義が未だ存在していない。前述の1994年のICPDやその後の関連する国際会議およびICPDのフォローアップ会議おいても，性に関する権利の具体的な定義づけがされることはなかった（World Health Organization, 2006）。ただし，国際的潮流として，セクシュアル・ヘルスをリプロダクティブ・ヘルスの一部ではなく，より広義の概念として

捉えなおす重要性が指摘されるようになっている（大澤ほか, 2017）。たとえば, 1999年の第14回世界性科学会総会で採択された「性の権利宣言」である。同宣言において, 性に関する権利は「望みうる最高の性に関する健康 (sexual health) を実現するために不可欠」であり, 「すべての人々が他者の権利を尊重しつつ, 自らのセクシュアリティを充足および表現し, 性に関する健康を享受する」権利であるとされている（世界性科学会, 1999, p.1）。世界性科学会の言うセクシュアリティとは, 「生涯を通じて人間であることの中心的側面をなし, 生物学的性 (sex), 性自認 (gender identity) と性役割 (gender role), 性的指向 (sexual orientation), エロティシズム, 喜び, 親密さ, 生殖を含み, 思考, 幻想, 欲望, 信念, 態度, 価値観, 行動, 実践, 役割, および人間関係を通じて経験され, 表現される」という性に関する包括的な観念を指している（世界性科学会, 1999, p.1）。

2 リプロダクティブ・ライツは普遍的人権か

　リプロダクティブ・ライツの推進は, ICPDにおけるカイロ行動計画の採択によって一定の国際的な合意に至っているものの, 人権条約においてリプロダクティブ・ライツに関する明確な記載があるわけではない。したがって, リプロダクティブ・ライツが普遍的人権であるか否かという点については, 論争の余地がある。本節では, リプロダクティブ・ライツを普遍的人権であるとみなす一派をリプロダクティブ・ライツ推進派, 普遍的人権であるとはみなさない一派をリプロダクティブ・ライツ否定派として, その主張と根拠について見ていきたい。

　まず, リプロダクティブ・ライツ推進派は, どのようにリプロダクティブ・ライツに普遍性を見出しているのであろうか。リプロダクティブ・ライツ推進派によると, リプロダクティブ・ライツの内容は, 「経済的, 社会的, 文化的な権利に関する国際規約」に記載のある健康への権利や, 「市民的及び政治的権利に関する国際規約」における身体の自由と安全およびプライバシーへの権利, 婚姻にかかわる配偶者の権利および責任の平等といった項目に内包されている。つまり, 性に関する権利を含むリプロダクティブ・

ライツの内容は様々な既存の人権条約の内容に含まれていると解釈し、リプロダクティブ・ライツが普遍的人権であると考えているのである。たとえば、国連機関やAmnesty International USA、国際家族計画連盟といったNGOはこうした立場に立つ。また、婚姻および家族関係にかかわるすべての事項に関する女子に対する差別撤廃を明記した「女子差別撤廃条約」も、しばしば、リプロダクティブ・ライツが普遍的人権である根拠として引用されている（e.g. Center for Reproductive Rights, 2014b; Shalev, 1998）。

　一方、リプロダクティブ・ライツ否定派は、性に関する権利の定義には国際的な合意がなく、伝統的な国際人権法にはセクシュアリティや性に関する権利への言及がないため、世界人権宣言や国際人権規約は性に関する権利を人権の傘下に入れることを想定していないと解釈する（e.g. Family Watch International, 2014）。さらに、生殖に関する権利は女性の中絶の権利を認める内容であり、「児童の権利に関する条約」（Convention on the Rights of the Child）によって守られるはずの胎児の人権保護と抵触するため、普遍的人権とは認められないと主張する（e.g. Family Watch International, n.d.-b）。

　リプロダクティブ・ライツ否定派の法解釈の背景には、伝統的もしくは宗教的規範への抵触がある。セクシュアリティの表現に包括される同性愛は、最も頻繁に争点となる事項のひとつである。たとえば、同性愛は、キリスト教の教典や自然の摂理に反するため、道徳的に認められないという主張がなされる場合がある（McKay, 1998）。Bhana（2013）によると、同性愛が罪の概念と結びつけられている伝統的なキリスト教の解釈においては、同性愛者は不道徳に汚されてしまった者とみなされ、伝染病の蔓延を恐れるかのように注視されてきた。したがって、同性愛が性に関する権利の一部として容認されることは、宗教的規範への抵触とみなされ得るのである。また、伝統主義や保守主義の考えを持つ人々からも、類似した主張がなされている。一例として、伝統主義的な非政府組織であるFamily Watch International（FWI）は、男女間の婚姻に基づいた家庭が最良の社会単位であり、同性愛はこうした家族形態の保全を脅かすとして、同性愛を否定している（Family Watch International, 2007）。同性愛者の性的関係は、生殖とは関係がないため、同性愛は伝統的なジェンダーの役割や核家族の自然さを破壊する脅威で

あると捉えられるのである（McKay, 1998）。リプロダクティブ・ライツを否定する法解釈の根底には，こうした伝統的もしくは宗教的な規範への抵触がある。

3　子どもはリプロダクティブ・ライツを有するか

　リプロダクティブ・ライツ推進派と否定派の間では，子どもがリプロダクティブ・ライツを普遍的な権利として有するか否かという点においても法解釈が分かれている。まず，リプロダクティブ・ライツ推進派は，子どもがリプロダクティブ・ライツを有すると解釈している。たとえば，国際家族連盟（International Planned Parenthood Federation：IPPF）（2009, p.4）は，「すべての若者には，自身のセクシュアリティや性と生殖に関する健康について知らされる権利があり，意思決定を行う権利があると信じる」と明言している。そして，子どものリプロダクティブ・ライツが普遍的である法的根拠は，主に「児童の権利に関する条約」において，子どもの健康への権利や差別されない権利が保障されている点に見出されている（e.g. Amnesty International USA, n.d.; Center for Reproductive Rights, 2014a）。他方，リプロダクティブ・ライツ否定派は，子どもはリプロダクティブ・ライツを有しないとの立場をとる。同派の見解では，リプロダクティブ・ライツの内容は，青少年を含む「子ども」にとって縁遠い話題であり，本来関係のない内容である。

　子どもがリプロダクティブ・ライツを有しているか否かの解釈には，「子ども」という概念の捉え方が影響していると考えられる。リプロダクティブ・ライツ推進派は，子どもを「知る子ども（Knowing Children）」や「性に関する意思決定者（Sexual Decision-maker）」という概念で捉えているが，リプロダクティブ・ライツ否定派は，子どもを「空想的な子ども（Romantic Child）」の概念で捉えているのである。

　「知る子ども」は，歴史家のAnne Higonnetによって名付けられた概念であるが，登場は20世紀後半と比較的新しい（Jones, 2011）。この概念の登場以前は，「子ども」は無性であると考えられ，その純粋さを守られる

べき存在として捉えられていた（Jones, 2011）。しかし，「知る子ども」では，子どもは純粋で保護に値する存在であると同時に，官能的な体と複雑な感情を持つとされる（Irvine, 2002）。したがって，子どもは性的な話題に気づいており，性的な欲求すら持ち合わせている可能性があるとされている（Irvine, 2002）。当該概念においては，子どもの純粋さは，成長に必要な情報によって汚されることはないと捉えられている（Irvine, 2002; Jones, 2011）。「知る子ども」の概念は，アメリカ性情報・性教育評議会（SIECUS）の共同創設者Mary Calderoneによって支持されたため，リプロダクティブ・ライツ推進派の思想に多大な影響を与えたと考えられる。

　また，リプロダクティブ・ライツ推進派の「子ども」の捉え方は，リベラル思想を起源とする「性に関する意思決定者」の概念にも基づいている。Jones（2011）は，この概念を次のように説いている。①子どもは成熟する過程において独特で個人特有の発達のパターンを経験する，②子どもは，個人の肉体的衝動やセクシュアリティを持ち，リスクやその他の問題について特別な情報を必要とする，③性に関する問題に対応する能力は年齢とともに進歩する。一例として，IPPF（2009）は，発達段階に適した性教育が早期に開始される理由として，赤ん坊でも体に対する興味を持っており，幼児になるにつれて男女の違いなどの性に関する関心や理解力が増していくという点を挙げている。こうした解釈には，「性に関する意思決定者」の概念が反映されている。

　他方，リプロダクティブ・ライツ否定派の思想の根底にある「空想的な子ども」は，18世紀頃に登場した概念である（Irvine, 2002）。この概念においては，子どもは無性で純粋であり，子どもの純粋さはセクシュアリティに関するすべての情報や知識から保護されることによって守られるとされる（Irvine, 2002）。したがって，子どもはまるで空き瓶のようであり，外部の力によって満たされない限りはセクシュアリティがない（Jones, 2011）。代表的なリプロダクティブ・ライツ否定派である伝統主義者の思想は，明確にこの「空想的な子ども」の概念に基づいている。たとえば，英国の圧力団体であるFamily and Youth Concern（FYC）は，10歳代の性交渉は不道徳なだけでなく不自然であると述べ，子どものセクシュアリティの存在を否

定している（Lewis & Knijn, 2002）。同様に，前述の伝統主義的な非政府組織FWIは，性に関する情報を子どもに与え，多様な価値に触れさせることは，子どもの性に関する健康を促すのではなく，子どもが結婚前に性的な関係を持つ「性に関する自由」を促すと述べている（Family Watch International, n.d.-a）。また，社会全体が子どもを「空想的な子ども」として捉えているために，親や学校教師が子どものリプロダクティブ・ライツの容認に消極的である場合もある（Renold, 2005）。子どもが無性で「純粋」であるという点は，子どもがリプロダクティブ・ライツを有しないというリプロダクティブ・ライツ否定派の中心をなす考えである。

4　イデオロギーはどう性教育に影響するか

（1）リプロダクティブ・ライツと普遍的人権

　リプロダクティブ・ライツが普遍的人権であるか否かという前提の相違は，性教育のアプローチをめぐる論争にどのように影響するのであろうか。まず，同権利が普遍的人権であるとする前提は，リプロダクティブ・ライツの実現こそが性教育の目的であるという主張につながる。なぜなら，批判的考察を容認しない性教育は，従来の社会文化的規範に沿った指導を繰り返すことにより，一定のグループに対するリプロダクティブ・ライツの侵害を固定化する可能性があるからである。

　たとえば，代表的なリプロダクティブ・ライツ推進派であるフェミニストは，性教育が男性優位の伝統的慣習を継承するような文化的規範を強化する内容であってはならないとして，男女平等の推進を性教育の重要な目的として位置づけている（e.g. Fine, 1988; Mills, 1993）。フェミニストによると，一般的に適切で標準的であるとされる性に関する行動規範は，多方面にわたって社会における女性の行動に影響を及ぼし，抑制する機能を果たしている（Tiefer, 1995）。

　中でも，Fine（1988）は，学校を基盤とした従来の性教育が，女性の性に関する快楽や欲求の存在を無視することにより，女性を男女不平等の力関係に閉じ込めてきたと主張した。Fineは，性教育にこうした女性の側面に

関する議論を組み込み，批判的な分析力の育成を目指す必要性を説いている。Fineによると，女子は批判的な考察をとおして初めて受け身の立場から脱却し，セクシュアリティの主体として性に関して交渉したり先導したりできるようになる（Fine, 1988）。Fineの見解では，必然的に，文化を権威的な位置に置くようなアプローチや批判的な考察を排除するようなアプローチは問題視される。

　また，リプロダクティブ・ライツの実現こそが性教育の目的であるとすると，CSEを推進する学校とCSEを学ぶ子どもは，リプロダクティブ・ライツの実現に向けた社会改革の担い手とみなされるようになる。たとえば，リプロダクティブ・ライツ推進派のIPPFは，性教育において若い女性がセンシティブな文化的慣習である女子の割礼や若年結婚に関して考察することを推奨し，「若者は社会改革の仕掛け人になれる」と明言している（IPPF, 2009, p.19）。同様に，SIECUSの共同創設者であるCalderonも，CSEを実施する学校を社会の改革者として捉えていた。Calderone（1968）によると，変わりゆく社会において，人々は男女の役割や関係性の変化にしばしばついていけず，社会の慣習や周りの世界から取り残されている。そこで，質の高い人間を育てるという社会から託された特別な使命を担う学校や教師は，社会の変化を信じない大人たちから子どもを連れ出し，変化についていけるように教育しなければならない（Calderone, 1968）。当該文脈においてCalderoneは，学校が，固定観念に縛られた親から子どもを解放し，変わりゆく社会に対応できるような思考力や判断力を獲得するよう教育することにより，子どもがセクシュアリティを有する意思決定の主体として社会変革をも起こし得ると考えている。性教育は単なる健康推進のための教育ではなく，社会改革の手段であると位置づけられ，学校と子どもには改革を推進する役割が期待されているのである。

　他方，リプロダクティブ・ライツが普遍的人権ではないとする前提は，性教育の目的を公衆衛生と既存の社会文化的規範の保全に留める禁欲的性教育の支持へとつながる。まず，性教育の目的を主に公衆衛生であると捉えると，性教育の内容が宗教的・社会文化的規範に抵触する場合には，既存の規範の保全が優先されることになる。学校が性教育において，既存の規範と

相反する内容を教えるということは，宗教や社会規範が否定されるに等しいため，許容されない。たとえば，宗教的に同性愛を不道徳であるとみなす社会において，学校が同性愛に基づいた行動を許容されるべきひとつの生き方であると教えれば，学校は宗教の教えを否定するに等しいのである（Halstead, 1999）。

したがって，公衆衛生を性教育の主な目的とすると，HIV感染や10歳代の妊娠の予防に必要な措置としては，若者が既存の規範に立ち返り，忠実に守るように促すような性教育の実施が提唱されることになる。つまり，性教育への期待は，個人が社会の誘惑に抗い，性的な行動を節制するという「個人の良心の改革」であり，社会の変革ではないのである（Boryczka, 2009, p.186）。

(2) 子どものリプロダクティブ・ライツ

子どもがリプロダクティブ・ライツを有するか否かの解釈は，性教育の実施にどう影響するのであろうか。まず，リプロダクティブ・ライツを子どもが有する人権とみなすと，リプロダクティブ・ライツの実現を目的とするCSEの受講は，子どもの普遍的な権利の行使に等しいとみなされる。学校を基盤としたCSEには普遍的な価値と正当性が見出され，子どもであることを理由にCSEの受講が適切でないとする訴えは当然棄却されるのである。たとえば，UNESCO（2009）は，性教育が子どもの純粋さを奪うという意見に対して，科学的に正確で年齢に応じた性に関する情報を提供することは，すべての子どもの利益になると反論している。また，未成年に一部の情報しか提供せず，性に関する偏った側面のみを教える性教育は，子どもの性に関する権利を明らかに侵害しているという主張がなされている（Klein, 2012）。子どもがリプロダクティブ・ライツを有するとすれば，学校を基盤としたCSEの正当性は，文化相対主義的ないかなる理由によっても妨げられない。たとえ，伝統的または宗教的な規範への抵触があっても，子どもにとって重要な性に関する情報を検閲することは，子どもの性に関して知る権利の侵害にあたるとされるのである（Rose, 2005）。

一方，子どもがリプロダクティブ・ライツを有しないとすると，CSEの

受講は子どもの権利の行使とは関係がない。むしろ，CSEは，子どもにとって有害であるという主張が成り立つ。すなわち，性に関する議論は，子どもの純粋さを傷つけ，子どもを不道徳な行為に走らせ，若者の準備ができる前に性的経験を持つことを促すという主張である（McKay, 1998; Mills, 1993; Whelan, 1995）。また，教師という権力の強い大人から，若者が性に興味があることは普通であるというメッセージを受け取ることによって，若者の初交が早まるという主張も可能となる（Whelan, 1995）。リプロダクティブ・ライツ否定派は，しばしば，CSEこそが10歳代の性交渉の増加やSTI感染率の増加を引き起こしている原因であるとして，学校を基盤としたCSEに反対している（Lewis & Knijn, 2002）。こうした主張は，子どもがリプロダクティブ・ライツを有しないという前提の下で初めて可能となるのである。

　次に，子どもがリプロダクティブ・ライツを有するか否かという前提は，親が自分の子どものCSEの受講を拒否することが可能か否かを決定づける要因でもある。まず，リプロダクティブ・ライツ推進派の見解では，親は子どものCSEの受講を拒否することができない。子どもがリプロダクティブ・ライツを有するという前提に立つと，学校を基盤とした性教育に関する親の決定権の制限が可能となるためである。親は，自分の望むような教育を子どもに受けさせるという「親の権利」を有している。しかし，CSEの受講が子どもの権利であるとすれば，親は「親の権利」をもって，自分の子どもにCSEを受けさせることを拒否することはできないのである。家庭における性教育が不十分であったり，親が性教育に関する正確な情報やスキルを欠いていたりするにもかかわらず，親が子どもの性教育の受講を拒否すれば，子どもの権利保障の観点から問題であるとみなされる（Blaire, 2005; Lundy, 2005）。国際人権法によって，子どもが効果的な教育を受ける権利は，自分の望むような教育を子どもに受けさせる親の権利を上回るとされているためである（Lundy, 2005）。

　一方，子どもがリプロダクティブ・ライツを有しないという前提に立つと，学校を基盤としたCSEの必修化は，親の権利の侵害にあたる。親こそが，子どもの教育に関する決定権を有するのに最もふさわしく，性教育の内

容に関しても例外ではないとされるためである。リプロダクティブ・ライツ否定派のKlenk & Gacek（2010）は，次のように述べている。

　親は自身の子どもを育てるために，多大なエネルギーと資金を費やしているため，子どもの最大の利益を強く願っている。また，親は，子どもに最も近い存在の大人であり，自身の子どものことを誰よりもよく知っている。概して，親は自身の子どもについて最も役に立つ情報を持っているのである。したがって，（中略）子どもの教育に関して決定する役目を，（子どもから）離れた組織ではなく，親に付与することが理にかなっている。(p.3)

　したがって，学校におけるCSEの必修化は，国家が親の意思に反して，子どもや学校を性に関する社会改革に利用しているとして批判されることがある。たとえば，前述の英国の圧力団体FYCは，国家が子どもの権利を不正に使用し，子どものエンパワーメントと称して解放する必要のない子どもを解放し，親に対する国家の支配を隠蔽していると主張している（Lewis & Knijn, 2002）。

　さらに，CSEにおける寛容さや多様性の重視は，子どもに道徳教育を行う親の権威の剝奪であるという批判がなされる。子ども独自の価値基準に基づいた判断を促すCSEは，子どもが親を絶対的な道徳的権威として受け入れなくてもよいということを意味するためである（Moran, 2002）。Klenk & Gacek（2010）は，多くの親がCSEの妥当性を疑い，代替案を探しているにもかかわらず，権力者は自分たちの理想を実現するために学校教育を利用していると批判している（Klenk & Gacek, 2010）。当該文脈において，CSEは，Rieff（1968）が「家庭を相手取ったイデオロギーの戦いにおける主要な武器となっている」(p.160) と述べているように，伝統的な家族の権力を奪う手段であると捉えられているのである。また，時に最も脆弱な国民を政治的な目的のために操作する学校教育の側面が，クローズアップされている（Glenn, 2005）。

　リプロダクティブ・ライツをめぐる論争と学校を基盤とした性教育をめぐ

表2　学校を基盤とした性教育をめぐる対立の理論的背景

	リプロダクティブ・ライツ	
	推進派	否定派
リプロダクティブ・ライツに関する見解	・リプロダクティブ・ライツは普遍的人権である ・子どもはリプロダクティブ・ライツを有する	・リプロダクティブ・ライツは普遍的人権ではない ・子どもはリプロダクティブ・ライツを有しない
性教育の内容	CSE支持	禁欲的性教育支持
性教育の決定者	学校	親

出所：筆者作成

る対立の関係を整理すると，表2のようになる。リプロダクティブ・ライツ推進派は，リプロダクティブ・ライツを子どもの普遍的な権利と捉えることにより，学校を基盤としたCSEの普遍的な価値と正当性を主張している。これに対し，リプロダクティブ・ライツ否定派は，普遍的人権の保障を根拠としてCSEを推進する態度を権威的であるとして批判し，禁欲的性教育と親の権利をもって対抗していると言える。

第 *3* 節　米国の事例に見る性教育をめぐる対立の歴史

　米国における学校を基盤とした性教育は，19世紀後半の「社会衛生運動」の一環として登場し，1960年代の「性の革命」を機に再び注目を集めた。さらに，1980年代にエイズが市民の脅威になると，学校における性教育の実施の重要性が認められ，性教育の実施をめぐる議論は活発化した。本節では，「社会衛生運動の時代」，「性の革命の時代」，「エイズの時代」の3つの時代に焦点を当て，CSEを推進する学校と禁欲的性教育を支持する親という対立の過程を明確化する。

1　社会衛生運動の時代（1890年―1920年代）

　米国において，学校を基盤とした性教育の必要性が語られ始めたのは，19世紀後半から20世紀初頭である（Moran, 2002）。当時の米国では，淋病

や梅毒といった性病の感染率の上昇が懸念されており，原因は近代化に伴う売春や不品行の増加であると考えられていた（Elia, 2009）。つまり，近代化が宗教の力を弱めると同時に，道徳を教える家族の能力を脅かした結果として，性に関する道徳や知識が衰退し，性病の蔓延につながったと考えられたのである（Moran, 2002）。そこで，泌尿生殖器の疾病を専門とするMorrow医師をはじめとした内科医が中心となり，性病の撲滅を目指す社会衛生運動を開始した（Brandt, 1987; Moran, 2002）。Morrow医師ら改革者が打ち出した対策のひとつが，①性病の撲滅，②若者に対する性に関する伝統的な道徳教育，③性や性病に関する質問にはっきりと答えること，という3点を目的とする学校を基盤とした性教育であった（Elia, 2009）。

　改革者らの発言を概観すると，当時の性教育では，親は全くの部外者もしくは有害な存在として位置づけられていることがわかる。たとえば，Morrow医師は，子どもの性に関する好奇心が純粋な情報で満たされなかった場合，汚れた情報によって満たされてしまうという懸念を示すと同時に，親が子どもに対する性教育の責任を十分に果たしていない状況を指摘している（Brandt, 1987）。そして，改革者らは，親の科学的な知識の不足と性に関する伝統的な態度を問題視し，親が20世紀の市民を教育する能力を持ち合わせていないと主張している（e.g. Henderson & Putnam, 1909; Schmitt, 1910）。改革者らは，親が子どもに十分な性教育を実施していないだけでなく，性教育を実施する能力を欠いていると考えていたのである。そこで，改革者らは，性教育の実施主体として親に期待する代わりに，学校に期待を寄せ，親の代わりに学校教師が性教育を担当することを提唱したのである。

　当時の米国の学校は，性教育を担当することに前向きであった。Moran（2002）は，当時の状況を以下のように記述している。

　　（当時の学校には）性教育は（中略）ほとんど存在していなかった。それにもかかわらず，米国の学校は，この新しい任務を担うことに前向きであった。性に関する不品行に対する懸念と，先例を見ない公立学校の影響力の拡大，そして，使命感が一致したのである。（中略）この時代の教師らは，拡大する任務に対して準備万端であった。責任が大きくなる

に従って，教師らは，教育学や子どもの心理などの内容を含む，より専門的なトレーニングを受けていた。（したがって）道徳を重んじる教師たちと先進的な改革者たちは，彼らが廃れたと感じている教会，家族，コミュニティが，よく組織された学校と専門性の高い教師たちによって補塡されると確信していた。(pp.36-37)

しかし，性教育の任務を学校に託そうとする改革者らの方針は，性教育を学校で実施するか，家庭で実施するかという論争を呼び起こした。伝統主義者らは，家庭から他の機関へ性教育の権限が移譲されることに徹底的に反対し始めた（Elia, 2009; Moran, 2002）。そして，性教育の教師が親の権利を侵害し，純粋な子どもを汚そうとしているという伝統主義者らの訴えに，親からは同調の声が上がった（Moran, 2002）。Corngold (2008) は，19世紀末頃の米国においては，コミュニティと国家の間で，学校の授業内容や価値観ならびに子どもに対する影響力をめぐる権力闘争が続いており，性教育はこうした闘争の象徴となったと指摘している。

伝統主義者と親が学校を基盤とした性教育に反発した根底には，国家が学校の権威を強化することによって，伝統的な家族やコミュニティの特権を侵害し始めているという憤りや憂いがあったという点は注目すべき事実である。当時の性教育の実施をめぐる学校と親の対立は，伝統的地域社会と国家の間の権力闘争の様相を呈している。

2　性の革命の時代（1960年代）

米国において，再び学校における性教育が注目を集めたのは，若者による「性の革命」が起こった1950年代から1960年代にかけてである。性の革命は，狭義には，一部の若者が公に婚前の性交渉をタブーとする社会規範を疑問視し，反発し始めた状況を指すが，広義には，若者の間において，セクシュアリティを型にはまった社会的規範や道徳的義務と切り離して考える発想が主流化した事象をいう。Moran (2002) によると，性の革命では，有意義な関係にある男女は性的な関係を持ってもよいという「新しい道徳」

が，大学生を中心とした若者によって表明されるようになった（p.160）。

中でも，大人によって最も問題視された性の革命の一側面は，若者の「新しい道徳」の主流化であった。性の革命の影響を受けて，米国社会は，望まない妊娠や違法な中絶，10歳代の性病が増加したと言われる。たとえば，1953年時には，女子大生の婚前の性交渉経験率は20％であったが，1967年時には，44％まで上昇したという報告がある（Brandt, 1987）。

社会衛生運動から時を経て，1960年代初頭の学校を基盤とした性教育は瀕死の状態であったが，こうした社会的傾向は，学校に対する性教育の実施要求へと親やコミュニティを駆り立てた（Moran, 2002）。パニックに陥った親たちは，学校を基盤とした性教育によって，性の革命を食い止めようとしたのである（Corngold, 2008; Moran, 2002）。同時に，当時の親は，若者の性に関する習慣の変化を認識しながらも，性に関する古い常識になお一層価値を見出すようになっていた（Mehlman, 2007）。親は，若者の「新しい道徳」の拡大を阻止することを性教育に期待しており，当時の学校を基盤とした性教育は，親にとって社会の道徳的腐敗に対抗する措置であった。

しかし，性の革命はフェミニズムの波と相まって，親の期待に反するような「性教育の変化」をもたらした。McKay（1998）によると，以前の米国の性教育史は，子どものセクシュアリティを否定してきた歴史であり，若者に対する性教育は，性病や望まない妊娠等のセクシュアリティの危険で恐ろしい側面を強調した内容であった。しかし，1960年代の性教育の教師の中には，従来の性教育は若者を道徳で縛りつけ，伝統的な家族的価値観，男女の役割，同性愛に対する偏見を押し付けてきたと批判する者が現れるようになった（Carlson, 2012）。たとえば，1964年に，Calderone医師はSIECUSを設立し，CSEを推進する中で，セクシュアリティの肯定的な面を認めた。複数の研究者が指摘するように，性的指向に関して寛容で，女性の性の快楽を認め，青少年にコンドームやその使用法についての情報提供を奨励するというSIECUSの手法は，当時の社会においては先進的であった（e.g. Carlson, 2012; Moran, 2002）。

親からの性教育の実施要求を受けて，学校は次第に性教育の実施に力を入れ始めた。しかし，学校におけるCSEの実施は，やがてキリスト教右派や

社会的保守派，親からの反対に直面することとなった。1968年のアナハイムの闘争は，親を中心とした反対運動の中でも特に有名である。キリスト教保守派の親がCSEの内容に異議を唱えたことをきっかけに，全国の親を巻き込む反対運動が巻き起こったのである。Moran（2002）は，アナハイムの闘争の経緯を次のように記述している。

> 1人の保守的なカトリックの親であるEleanor Howeは，アナハイムの高等学校に通う2人の息子の（中略）（性教育の）科目に関して個人的に不安に思った。年度のいつの時点かにHoweが息子たちの学校に行き，カリキュラムの教材を実際に見てみると，彼女にとっては露骨すぎる性に関する記述や同情的すぎる同性愛と自慰の扱いに衝撃を受けた。Howeの目になお一層破滅的に映ったのは，道徳的な禁止命令がほとんど存在していなかったことである。（中略）Howeは（中略）親の会合を自宅で開き，結果的に道徳的な安定のために組織された母親たち―MOMSと名付けられた地元の組織に加盟し，性教育に反対する闘いを開始した。（p.178）

　性の革命による若者の「新しい道徳」の拡大を阻止し，「社会の道徳的腐敗」を食い止めることを学校の性教育に期待していた親にとって，CSEは意図していた内容の性教育ではなかった。

　さらに，Moran（2002）は，親による反対運動の原因は，CSEが期待とは全く異なる内容であった点のみならず，学校が性教育をとおして生徒に対する家庭の影響力を弱めようとしているように見受けられた点であったと分析している。Moranの指摘は，当時の報告書に記された出来事からも妥当である。たとえば，Mehlman-Petrzela（2009）によると，1969年4月のサクラメント郡の教育局性教育調査報告書は，アナハイムの中学校に通う娘を持つ母親Dwight L. Johnsonが，相談事は家に帰って親に言うのではなく，先生に相談するようにとの教師の発言を非難したと記録している[3]。そして，同報告書によると，Johnsonは，子どもと家族の関係性を学校が危険にさらしているとして，カリフォルニア州の教育委員会に性教育の排除を

訴えた（Mehlman-Petrzela, 2009）。これまで保持してきた子どもに対する道徳的な影響力が，性教育をとおして学校に奪われるという親の危機感が，学校を基盤とした性教育への反対の一因となっている様子がわかる。

以降，革新的なCSEの内容と学校の権力拡大に対する親の憤りは，政治的な様相を帯びていく。アナハイムには，保守主義の活動を支援する強固なネットワークがあったため，親らによる性教育反対運動は，保守派組織，保守派の共和党員，地元の教会などから支援されたのである（Moran, 2002）。そして，アナハイムにおいて，性教育反対派の母親らが学校委員会の議席を勝ち取り，同委員会の多数派となったように，類似した現象が全米の多数の学区で見られるようになった（Corngold, 2008）。こうした現象は，極右団体のジョン・バーチ協会や反共キリスト教団体のクリスチャン・クルセイドが，極右の同胞たちと共に全国の親たちに積極的に働きかけ，親の反対を結集していった結果であると考えられている（Corngold, 2008）。

1960年代における米国の性教育反対運動は，当時の社会情勢に対する米国民の不安を反映していたとも言われる。ベトナム戦争の開始から数年が経ち，当時の米国ではベトナムへの介入に対する国内の世論が割れ始めていた。反戦運動は過激化し，反体制文化の象徴であるヒッピーが登場した頃である。当該状況下において，性の革命は，次第に反戦運動と反体制文化の一部としてみなされるようになった（Moran, 2002）。Mehlman-Petrzela（2015）は，保守派の市民の目には，性の革命が市民権を訴え，性に開放的になり，反戦を掲げるという愛国心に欠けた若者による嘆かわしい社会変容であると映ったと分析している。そして，保守派は，若者の新しい道徳を完全に否定しないCSEは反体制思想を反映した教育であると位置づけ，共産主義者の陰謀であるとして批判するようになった（Mehlman, 2007）。たとえば，極右団体ジョン・バーチ協会の創設者であるRobert Welchは，性教育は若者が性交渉に取りつかれるように画策する共産主義者の陰謀であると訴えた（Corngold, 2008）。そして，米国の文明を保護してきた道徳，作

3）本報告書の内容は，Mehlman-Petrzela（2009）によるアーカイブリサーチに基づいているため，原典を引用していない。

法，慣習，伝統，価値観を復活させることを使命に掲げた「品位の復興運動（MOTOREDE）」を設立し，性教育反対運動を展開した（Corngold, 2008）。特に，SIECUSの共同創設者であるIsador Rubinは共産党員であることが強く疑われたため，SIECUSは共産主義と性教育を結びつけた性教育反対運動の恰好の標的となった（Mehlman, 2007）。当時の反対運動の中心的人物であり，極右団体やキリスト教保守派組織のための政治的なパンフレットの著者Gordon V. Drake（1968）は，SIECUSの性教育は「家庭や教会の伝統的な道徳の教えを疑い，権威的な学校の役割を支援している」と批判し，仮にSIECUSの理念が達成され，「新しい道徳」が肯定されるようになれば，「子どもはマルキシズムや虚無主義の哲学の簡単なターゲットとなるだろう」（p.20）と述べている。地方レベルでも同様の訴えがなされ，母親らは共産主義の拡大に対する人々の恐怖心を煽ることによって，反対運動を成功させていった（Mehlman, 2007）。性教育に反対するグループの主張には，性教育が家族や国から子どもを引き離し，無神論者の共産主義へと導く媒体であるという点が中心に据えられており，当時の米国民の一般的な懸念を反映していたと言える。

　結果として，性教育反対運動が活発化した州では，学区が性教育の授業に関して親に通知することが州法によって義務付けられるようになった。Carlson（2012）は，性教育に関する親への通知義務は，学校における性教育の実施に反対する親が，自身の子どもに性教育を受けさせない権利を行使できるようにするためであったと分析している。そして，親の当該権利の行使は，1970年代に全米の学校システムにおいて制度化されていった（Carlson, 2012）。当時の状況は，親が保守派の政治的ネットワークと結びつきながら，反対運動の成果として，子どもの性教育に対する決定権を学校から奪還した様子を示唆している。

3　エイズの時代（1980年代以降）

　1980年代にエイズが蔓延し始めると，性教育をめぐる闘争は，学校における性教育の実施自体ではなく，性教育の内容をめぐる闘争に変化した。

HIV感染が若者の間においても蔓延する可能性があるとわかると，政治家や公衆衛生の専門家の多くは性教育の重要性を認識し，学校を基盤とした性教育をエイズ蔓延の予防策として打ち出した（Moran, 2002）。そして，性教育の廃止論は影を潜め，1990年代には，ほぼすべての州において学校でのエイズ教育や性教育の実施が義務付けられたり，奨励されたりするようになった（McKay, 1998）。

　エイズの登場は，米国民に性教育の重要性を再認識させただけでなく，CSEが推進されるきっかけにもなった。CSEを推進するグループは，エイズの蔓延を予防するためにはコンドームの使い方や，様々な性的な行動に含まれるリスク要因について情報を提供し，道徳的な判断を中心としない性教育を実施することが必要であるとの主張を強めた（Moran, 2002）。また，エイズが同性愛者の間で蔓延していたため，性的指向や性の多様性についての議論を含む性教育の実施が正当化されるようになった（Moran, 2002）。エイズの蔓延を機に，性教育の教師を含むCSEの支持者は，効果的な性教育の実施が若者の命を救うという点を掲げ，CSEの正当性を訴えることが可能になった。

　しかし，かねてより性教育に反対していたグループが，CSEの実施を容認したわけではない。同グループは，性教育の廃止を訴える代わりに，宗教色を帯びた独自の性教育科目を開発し，推進するという戦略をとるようになった（Corngold, 2008）。すなわち，禁欲的性教育の推進である。前述のように，禁欲的性教育では，婚姻関係に基づく一夫一妻関係が人間の性的な活動として期待される基準的行動であり，婚姻関係外の性的な行動は心理的にも身体的にも害をもたらすと教えられる。したがって，禁欲的性教育は，婚姻関係外の性交渉を認めない保守派の伝統的な考えを踏襲した内容である（Kelly, 2016）。性教育に反対していたグループは，カリキュラムが禁欲的性教育の場合に限り，学校における性教育の実施に賛成するようになった（Scales & Roper, 1994 cited in McKay, 1998）。一方で，同グループは，CSEに対する批判を強めた。保守派は，CSEが道徳的な教えを含まず，10歳代の性交渉が悪いと教えないという点を理由に，HIV感染予防に効果的ではないという主張を展開した（Moran, 2002）。また，エイズの蔓延を理由に，

CSEは子どもに同性愛について勉強させ，同性愛者を増やそうとしているとして，CSEを非難した（Moran, 2002）。

性教育反対派による禁欲的性教育の推進は，一定の成功を収めた。特に，1980年代の米国では，レーガン政権下でニュー・ライトが提唱されるといった保守主義の再起があり，保守派の組織立った運動によって，禁欲的性教育が学校に導入されていった（McKay, 1998）。また，キリスト教右派の社会的影響力や政治的権力の強まりを受けて，禁欲的性教育への連邦政府の拠出金は増え，禁欲的性教育の実施は全米に広まった（Corngold, 2008）。禁欲的性教育は，学校を基盤としたCSEを制限もしくは排除する効果的な戦略であった（S. Ross & Kantor, 1995）。

エイズの蔓延以降も1960年代と同様に，親の権利を盾に学校を基盤としたCSEに反対する保守派の運動は続いた。地域レベルにおいて，性教育の内容を決定する親の権利を主張し，学校を基盤としたCSEを禁欲的性教育に置き換えようとする試みが数多く確認されている。たとえば，CSEに反対するグループは，既存のCSEを廃止できない場合は禁欲的性教育を選択肢に付け加え，親がCSEを拒否できるよう，学校に圧力をかけた（S. Ross & Kantor, 1995）。また，キリスト教保守派のグループは，CSEに反対している親を学校委員会の候補者に擁立し，論争を喚起した（Moran, 2002）。地域レベルにおける禁欲的性教育の導入運動は，明らかに親を中心として展開されていた。たとえば，1995年のSIECUSレポートによると，ミネソタ州のある学校区では，「代わりの健康カリキュラムを推進する親」という名のグループが，学校カリキュラムに禁欲的性教育を付け加える運動を起こした。試みは成功しなかったが，運動を起こした親たちは，自分たちの子どもに学校でCSEを受けさせることを拒否し，放課後に私的に禁欲的性教育を教え始めた（S. Ross & Kantor, 1995）。また，2005年のSIECUSレポートでは，親の意向によりCSEの内容が変更された事例が次のように報告されている。

　　コネチカット州のブリストルでは，（中略）数人の親が弁護士に相談し，中絶がライフスキル教育の中で教えられていることは州の法律に抵

触すると主張した。学校区は，この区の親から中等学校の保健カリキュラムについての批評とコメントを受け付けた。そして，教育区はカリキュラムを改定した。（中略）元々の親の異議は中絶に関する授業に対してであったが，避妊についての情報を提供するビデオにも変更が加えられた。親が，同ビデオは矛盾したメッセージを発信し，禁欲的な行動に焦点を当てた他の授業の効果を削ぐと訴えたためである。(Ciardullo, 2005, p.7)

　こうした事例は各地で起こっており，SIECUSが確認したものに限っても，1991年から1995年までの4年間に47州において400件の論争が起こり，2004年から2005年の1年間には38州において153件の論争が起こった（Ciardullo, 2005; S. Ross & Kantor, 1995）。
　以上のように，エイズの蔓延以降，米国における学校を基盤とした性教育をめぐる闘争は，学校か親かという性教育の実施主体ではなく，実施内容が争点となった。そして，保守派の支持を受けながら，CSEに反発する親は，親の権利を行使するという名目や学校委員会での議席を用いて，禁欲的性教育を推進するようになっていった。子どもの教育内容を決定する親の権利は，CSEに対する保守派の反対運動の要であった。

4　米国の事例が示唆する対立の構図

　米国の事例では，リプロダクティブ・ライツに関する見解の相違が，学校教育の内容に関する決定権をめぐる権力闘争と密接に関連し，CSEを推進する学校と禁欲的性教育を支持する親という対立構図に発展していく過程が示されている。米国の事例は，性に関する権利や子どものリプロダクティブ・ライツに関する明確な国際的合意がない現状において，性教育のアプローチをめぐる学校と親の間の対立構図が，容易に生じる可能性があることを示唆している。そして，学校レベルにおける関係者間の対立は，権力闘争の代理となる危険性を常にはらんでいる。
　学校における性教育のアプローチをめぐる対立は，開発途上国を含む様々

な地域においても見られるため，米国の事例は，社会開発におけるリプロダクティブ・ヘルスの推進にも示唆を与え得る。たとえば，国際協力をとおして，外部者が性教育プログラムの実施や普及を行う際には，学校教育の内容を誰が決定するのかという点への十分な配慮が欠かせない。また，大人の対立の狭間で，意思決定者としての子どもの存在が見過ごされている点には，注目していく必要がある。

　ただし，国家間においては，教育の権利と義務に関する法規定や学習指導要領の法的拘束力の有無などに相違があり，教育権に関する各国の多様性が異なった性教育をめぐる状況を作り出す可能性がある。また，本事例は，性教育論争に影響を与えた可能性のある幅広い思想や社会運動（公民権運動や社会的マイノリティに関する解放運動，宗教間における思想など）を考察の範囲としていない。

第 *4* 節　CSEの普及をめぐる国際的潮流と世界の現状

1　CSEの推進における世界の動き

　CSEは若者のリプロダクティブ・ヘルスの促進に効果的であり，人権を基盤としているという点から，CSEを推進しようとする国際的な潮流が生まれている。たとえば，世界保健機関（WHO）は，開発途上国における青少年期の妊娠予防のためのガイドラインを発表し，政府やNGOおよび開発途上国で活動するドナー機関に対して，避妊に関する情報提供やライフスキル教育を含むCSEの実施の拡大を奨励している（WHO, 2011b）。また，UNAIDSとアフリカ連合は，アフリカの若い女性と女子の間のHIV感染とエイズの蔓延を予防するためのファスト・トラックとしてCSEの実施に言及している（UNFPA, 2015）。

　並行して，各国の閣僚レベルや医学界においても，CSEの実施拡大を目指す動きが活発化している。2008年には，ラテンアメリカとカリブ諸国の保健省と教育省が，教育をとおしてHIV感染の予防を推進する閣僚宣言に調印し，2015年までにCSEを実施していない学校を75%減らすという目

標を掲げた。同様に，2013年には，東部および南部のアフリカ諸国20カ国の閣僚が，ライフスキルを基盤とした包括的で質の高いHIV/性教育へのアクセスを確保するための具体的な目標を定めた。米国青少年医療学会 (Society for Adolescent Medicine) は，HIVを含むSTI感染と早期妊娠の予防効果と人権への配慮を理由に，CSEの実施を支持する立場を明確にしており (Santelli et al., 2006)，米国医師会や米国小児科学会も同様の立場である (Hauser, 2005)。

　若者自身がCSEを受ける権利を主張する運動も増加している。たとえば，2011年のマリ・ユース・サミットでは，コミュニティにおいてエイズ対策を牽引している若者が国家のリーダーや政府に対し，学校内外におけるCSEへのアクセスの確保を含む「マリにおける行動要請」(The 2011 Mali Call to Action) を表明した。2012年のバリにおける世界ユース・フォーラム宣言 (The 2012 Bali Global Forum Declaration) では，健康に関する項目において「差別的もしくは批判的ではなく，人権を基盤とし，年齢とジェンダーに配慮したCSEを含む健康教育の提供」が提言事項に盛り込まれている。

2　開発途上国の社会とCSE

　国際的にCSEが推進されている背景には，開発途上国における青少年のリプロダクティブ・ヘルスに関する課題が社会的要因と密接に関連しているという現状がある。まず，開発途上国の若い男女のHIV感染のリスクや女性の望まない妊娠のリスクを増加させている要因として，性の二重基準の存在がある。性の二重基準とは一般的に，男性は積極的な性欲と性的行動が容認され，女性では容認されない，という男性と女性に期待する異なった性的基準を指す (池上，2016)。こうした基準は，男性は女性よりも強い性的欲求を持つため，男性の性的衝動は抑え難いという信念とともに，性的な強さが男性らしさであるというジェンダー規範に基づいている。反対に，女性は性的な関係において，受動的であると考えられている。

　性の二重基準は，性的な関係における男性の支配的な立場を形成し，女

性の望まない性交渉の回避やコンドーム使用の交渉を困難にする（Global Coalition on Women and AIDS, 2004）。たとえば、アフリカのレソトにおける研究では、インタビュー対象者の男女がともに、いつ、どのように性交渉を持つかという性に関する決断を行う主体は主に男性であるという点を肯定している（DiCarlo et al., 2014）。もし、女性が性に関して多くのことを知っていたり、話したりした場合、男性は女性の品行の悪さを疑うため、女性はコンドーム使用に関する交渉といった性についての話し合いをパートナーとすることができない（DiCarlo et al., 2014）。

　性的な強さを男性らしさと同一視するジェンダー規範は、男性がリスク行動をとる要因にもなる。Nyanzi et al. (2009) のウガンダにおける研究では、インタビュー対象者の男性らが、複数の相手と性的関係を持つことが「本物の男」になるために必要な要素であると主張している。そして、実際にインタビュー対象者の大多数が、複数の相手と性的な関係を持ったと報告した。また、男性が利那的な性的関係を持つことも、一般的であった。

　さらに、性的な強さが男性らしさであるとする規範は、コンドーム使用に消極的な男性の態度にもつながっている。ケープタウンにおける研究では、調査対象となった男子学生の中の数人が、「本物の男はコンドームを使用しない」と考えている様子が示されている（Wood & Fostei, 1995）。男性は女性との性的な関係において、最大限の快楽を求めるのが普通であり、快楽を損なわせるコンドームの使用は男らしくないというのである。性の二重基準は、女性の性に関する意思決定の機会や交渉力を奪うと同時に、男性のリスク行動を促進し、若い男女のHIV感染や早期妊娠のリスクにつながっている。

　多くの開発途上国では、若者間における婚前の性経験の増加が顕著である。こうした傾向は近年始まった現象ではなく、2005年には既に、20歳から24歳のグループと40歳から44歳のグループ間の比較において、アジア・アフリカ・南米カリブ地域の41カ国中、24カ国において18歳以下の婚前の性経験の割合が増加していた（National Research Council and Institute of Medicine et al., 2005）。また、図1に示されるように、1990年代から2000年代にかけて、南米やカリブ諸国における女性の婚前の性経験率は

第2章　学校を基盤とした包括的性教育（CSE）の普及　　037

図1　性経験のない未婚女性（15-19歳）割合の推移

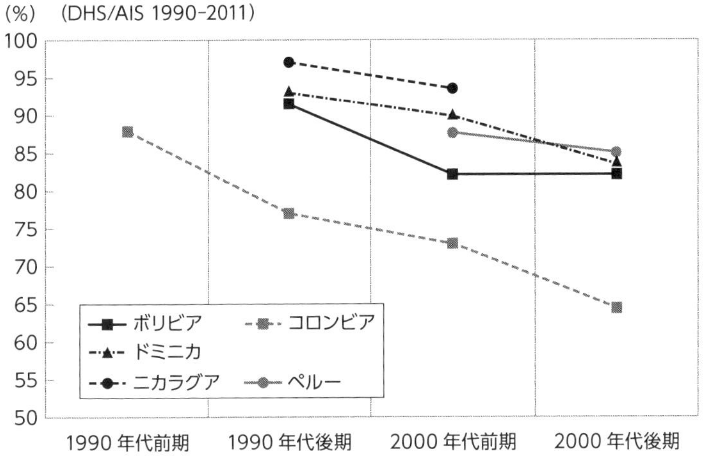

（%）　（DHS/AIS 1990-2011）

凡例：
- ボリビア
- コロンビア
- ドミニカ
- ニカラグア
- ペルー

横軸：1990年代前期　1990年代後期　2000年代前期　2000年代後期

出所：DHS Comparative Reports No. 29のデータを基に筆者作成

顕著に増加している（Kothari et al., 2012）。多くの開発途上国において，婚前の性交渉は明らかに増加している。

　背景には，開発途上国における急速な社会変容があると言われている。多くの伝統的な社会では，人生において，子ども時代から大人としての役割を担う時代までの中間期が非常に短いか，もしくは，ほとんど存在していなかった（Boonstra, 2011）。たとえば，ナイジェリアの伝統的な社会では，多くの女子は子ども時代に婚約し，ほとんどの女子は生理が始まると間もなく結婚するケースが一般的であった（Caldwell et al., 1998）。同様に，スリランカの伝統的な農村社会では，若者は親の堅固なコントロールの下に置かれ，女子は生理がくるとすぐに結婚し，男子の結婚に関する自由意志も認められていなかった（Caldwell et al., 1998）。こうした伝統社会では，結婚を機に家庭や子どもを持つ責任を負うことにより，子どもは大人とみなされるという慣習があった。

　しかし，今日の開発途上国の社会では，伝統的な規範は弱まり，婚前の性交渉の機会を持つ可能性の高い「青少年期」が存在するようになった。社会が急速な工業化を遂げる中で，多くの若者（特に女子）が，高い教育や職業

を人生の一部として考えるようになり，結果として結婚年齢が上昇する傾向が生じている（Boonstra, 2011; Techasrivichien et al., 2016）。

　さらに，開発途上国社会における西洋文化の浸透も，若者の性的な行動を変容させた要因である。開発途上国における西洋のマスメディアと娯楽の浸透およびインターネットの普及は，若者に個人主義の発想をもたらし，性に関する伝統的な社会的抑制機能を衰退させたと指摘されている（National Research Council and Institute of Medicine et al., 2005; Techasrivichien et al., 2016）。たとえば，タイにおける調査によると，初交の相手が配偶者であった若い女子の割合は，農村部では40%であったのに対し，バンコクでは26%，他の都市部では23%であった（Chamratrithirong et al., 2007）。都市部の若い女性の方が，農村部の若い女性よりも配偶者以外と初交を経験する傾向が強いという状況は，タイ社会の工業化と若者の間の婚前の性交渉の一般化といった傾向との関連性を示唆している。

　しかしながら，多くの開発途上国では，若い世代の婚前の性交渉が増加する一方で，伝統的な性の二重基準が根強く残っている。結果として，女性は，コンドームや避妊薬に関する正確な知識や，コンドーム使用に関して男性と話し合う力を持たないまま，婚前の性交渉の機会に遭遇する状況に陥っている。したがって，特に開発途上国においては，コンドームや避妊薬の使用に関する正確な情報の取得や，ジェンダーに関する考察やコミュニケーション能力の育成といった社会心理的なスキルの習得に焦点を当てた性教育のアプローチが必要であると言える。

3　CSEの世界的な実施状況

　CSEの実施を促進しようとする国際的な動きは活発化しているものの，各国における実施は未だ不十分な状況が続いている。UNESCO（2021）によると，調査対象となった155カ国のうち85カ国が，性教育に関する法律や政策を持っていると回答しているが，こうした法的・政策的枠組みが必ずしもCSEの実施につながっているわけではない。たとえば，ブラジルにおいては，国家の定める教育カリキュラムにCSEが含まれているものの，

実際に学校で実施されている授業は，圧倒的大部分が解剖生理学的な話題であったと報告されている（Silva et al., 2013）。また，米国では50州中の24州とコロンビア特別区が学校における性教育の実施を義務付けているが，そのうち，性教育の内容として避妊に関する情報提供を義務付けているのは18州であり，性的指向に関する話し合いを義務付けているのはわずか13州である（Guttmacher Institute, 2017）。アジア太平洋地域においても，若者が「性教育に含まれていないが学習したい話題」として，性的指向，ジェンダーアイデンティティと表現，ジェンダーの平等と規範，性的虐待・暴力・ハラスメント，避妊などを挙げていることから，性教育において限定的な話題しか扱われていない現状がうかがえる（UNFPA et al., 2020）。

　CSEが教育カリキュラムに定められていたとしても，学校での十分な実施時間が確保されていないケースも多い。まず，現状では，国家の教育カリキュラムにおいてCSEが必修とされている国は限られている。2019年から2020年までのアジア太平洋地域を対象とした調査において，CSEのカリキュラムを必修と定めている国は60％にすぎなかった（UNESCO, 2021）。また，CSEを独立科目として実施している国は23％しかなかった（UNESCO, 2021）。UNESCOとUNFPA（2012）の調査では，調査対象の東アフリカと南アフリカの10カ国のうちのほとんどの国が，CSEをライフスキル教育の科目に組み込んでおり，独立科目とはしていなかった。

　CSEを既存の教科に組み込んだ場合，教師が既に慣れ親しんだ教授内容に上乗せしてCSEを教えられるという点では実践的である。しかし，既存の教科へのCSEの組み込みは，CSEの実施に関する説明責任を曖昧にし，学習成果の評価を難しくさせることが知られている。たとえば，南アフリカの国家教育カリキュラムは，「ライフ・オリエンテーション」科目にライフスキルを基盤としたHIV/性教育を組み込んでいるが，この科目の時間は，宿題をしたり校庭で遊んだりしてもよい自由時間のように扱われることが多いという報告がある（Jacobs, 2011）。また，ライフ・オリエンテーションは，期待される実施内容が多岐にわたり，内容の自由度が非常に高いため，学校によって実施内容に大きな差異が出ている（Rooth, 2005）。結果として，生徒の未習得の知識はそのままになり，生徒はHIVの意味や妊娠する

原理に関する知識は有していても，避妊に関しては十分な知識を得られていない（IRIN, 2008）。

近年では，政府レベルにおけるCSEの重要性に対する認識の高まりを受け，教育政策において学校を基盤とした性教育を推進している国は珍しくない。しかしながら，多様な話題を扱い，実施時間数が確保され，質の高い指導方法が用いられてこそ，CSEは効果を発揮するという点を考えれば，実施状況は未だ不十分であると言わざるを得ない。

4　CSEの普及における課題

CSEを推進しようとする国際的潮流が生まれているにもかかわらず，CSEの普及が滞る背景には，どのような要因があるのだろうか。

第一に，先に述べたようにCSEプログラムの内容に反対し，禁欲的性教育を支持する動きが米国を中心として根強く，CSEの普及を遅らせている。米国は，禁欲的性教育を長年米国の性教育に関する国内外の政策の指針としており，ジョージ・W・ブッシュ大統領が設立した米国大統領エイズ救済緊急計画（The United States President's Emergency Plan for AIDS Relief：PEPFAR）をとおして，国外においても禁欲的性教育を推進してきた。HIV感染の予防政策としてウガンダにおいて実施された"ABC"アプローチは，PEPFARの資金援助を受けて実施された性教育として有名である。"ABC"アプローチとは，禁欲（Abstain），注意（Be Careful），コンドーム使用（Use Condoms）を基本とする性教育であり，性的な行動の節制を強く推進する禁欲的性教育に準ずるアプローチである。

米国は，この"ABC"アプローチの推進を基本として，開発途上国の性教育に影響を及ぼしてきた（Boryczka, 2009; Fillinger, 2006）。ブッシュ政権下のPEPFARは，HIV感染の予防に対する拠出金の大部分を禁欲的性教育に充てることを条件とする方針を打ち出し，時に強引さを批判されることもあった（Condon & Sinha, 2008）。後のオバマ政権下においてはCSEが推進されたが，トランプ政権下においては再び禁欲的性教育への支援が強まった。

第2章　学校を基盤とした包括的性教育（CSE）の普及　041

　第二に，CSE は，宗教的な理由から支持されないケースもある。たとえば，Smith et al. (2003) の研究では，ブルネイの政府高官が，イスラム教の教えに反する内容を含む CSE はいかなる教育課程においても教えられないという方針を語っている。マレーシアにおいては，宗教関係者が CSE の実施に異議を申し立てるケースも確認されており，教師が宗教・文化的タブーを恐れてコンドームの使用方法について教えられない状況がある（Khalaf et al., 2014）。また，教師や保護者が CSE の内容の一部に対して否定的な価値観や信念を持っており，結果として禁欲的性教育が実施されている事例もある。

　第三に，CSE が十分に実施されない要因は，イデオロギーの対立だけでなく，CSE を実施する学校内にも存在している。まず，CSE に対する教師のモチベーションの低さは，CSE が十分に実施されない一因である。教師のモチベーション不足は，他の科目との時間的な競合や仕事量の多さに加え，CSE の教授法におけるスキル不足に起因していることが多い。特に，避妊や青少年の行動といった話題を含む CSE の学習内容のセンシティブさから，生徒にどう話してよいかわからないと感じている教師は多い（Shibuya et al., 2023）。

　また，CSE では参加型の教授法が主流であり，伝統的な知識伝達型の教授法とは異なる場合が多いため，スキル不足は CSE から教師を遠ざける要因となっている。たとえば，ケニアの学校長は，参加型の教授法は教師の忍耐力や指導力を要するため，権威主義的な教師にとっては不快であると述べている（Behrani, 2016）。

　さらに，学校長や地方機関のリーダーが，CSE の意義や効果を認識していないことにより，CSE に関する教師の訓練や学校における CSE の実施が滞る場合もある。たとえば，南アフリカにおける CSE 推進プロジェクトでは，一部の学校長は，①CSE が成績の評価対象ではない，② HIV/エイズの問題の重要性を認識していない，③HIV 感染予防が学校の責任だとは考えていないという点から，CSE に無関心であった。そして，学校長が CSE を支援していない学校においては，CSE の実施が滞っていた（Visser, 2005）。

　以上のように，CSE の普及を阻む要因としては，政府レベルだけでなく

学校レベルにおけるCSEの支持不足がある。学校におけるCSEの十分な実施を実現するためには，学校レベルの関係者からのCSEに対する支持をいかに獲得していくかは重要な鍵である。背景には，宗教をはじめとした社会文化的な事情もあり，CSEの普及における課題は複雑である。

5　CSEの普及に向けての方策

　開発援助の視点から見たとき，開発途上国の学校においてCSEが質の高い状態（コンドームの使用法やセクシュアリティの実現などのセンシティブな話題が省略されず，社会心理的な側面にも焦点を当てたCSE本来の状態）で実施されるには，どのような方策が考えられるだろうか。学校におけるCSEの導入プロセスに焦点を当てた先行研究は僅少であるものの，学校レベルにおけるCSEの支持を獲得する方策として，以下の3つが提案されている。

　第一に，CSEに対する支持の獲得のためには，CSEの実施に関する学校・親・コミュニティ間の事前協議の開催が奨励される。事前協議では，CSEに対する親やコミュニティの理解を深め，学校におけるCSEの実施に対する支持を獲得することを目指す（McCabe, 2000; Pick et al., 2000; Svanemyr et al., 2015）。また，事前協議では親の信念や価値観に配慮しながら，CSEの内容に関する十分な情報開示を行う（Acharya et al., 2009）。

　事前協議は，CSEの実施前から関係者を十分に巻き込むことにより，CSEに対する学校・親・コミュニティの理解を深め，実施後の反対を回避するために必要であるとされる。CSEに対する親の心配や反対は，親が性教育の内容を十分に知らされていないために，状況から取り残されたり排除されたりしていると感じたり，CSEの概念と効果に対して誤解したりしているためであるという（Pick et al., 2000; UNESCO, 2009）。

　また，外部者が実施したブラジルの学校を対象としたCSE推進プロジェクトでは，プロジェクト対象校で実施した調査の結果を提示することにより，親を含む学校関係者によるCSEの支持が強まったという報告がある（Paiva & Silva, 2015）。生徒を対象とした本調査の結果は，低い初交年齢，同性愛の高い割合，コンドーム使用率の低さなどを明示していたため，学

校関係者はCSEの必要性を理解し，プロジェクトに賛同するようになったという（Paiva & Silva, 2015）。先行研究は概して，CSEの実施前に学校レベルの関係者に対し，CSEに関する十分な情報の提供やCSEの必要性の明確な提示を行い，関係者の理解を得ることが必要であるという点を示唆している。

　第二に，有効性は十分に検証されていないが，複数の先行研究が親の支持を得る方策として，CSEの内容（e.g.コンドームの有効性や生殖に関する健康）に関する親を対象とした研修やワークショップの実施を推奨している（Acharya et al., 2009; AugsJoost et al., 2014; Paiva & Silva, 2015; Pick et al., 2000）。たとえば，Paiva & Silva（2015）の研究では，CSEの実施前に外部者が会合を開き，教師やコミュニティのリーダー，親に対し，性に関する権利についての質問を投げかけたり，議論する機会を提供したりする中で，CSEに対する親の支持が獲得されていった様子が描かれている。

　また，研修やワークショップには，当事者である子どもの参加が推奨されている。CSEに対する生徒の見解を直接聞くことは，しばしば，学校関係者にとってCSEの必要性を認識する機会となるためである。たとえば，ワークショップにおいて，低年齢（12歳〜14歳）からのCSEの開始が適当であるという見解を生徒らが示したことにより，学校関係者がCSEの実施の必要性を認識したという報告がある（Paiva & Silva, 2015）。こうしたアプローチは，親を含む学校関係者に対する研修やワークショップをとおして関係者のCSEに対する理解と必要性に対する認識を強めるという点では，第一の点と類似している。

　第三に，関係者間の事前協議においては，性教育自体の意義よりも子どもの利益に焦点を当てることが推奨されている。UNESCO（2009）は，親との協議においては，学校と親の共通の関心事である若者の安全や健康を強調することが重要であると述べている。また，IPPF（2009）は，CSEは青少年の性的な行動を促進せず，青少年が性的に責任のある健康な大人に成長する助けとなるという点を親に伝えるよう奨めている。

　UNESCO（2009）やIPPF（2009）の提案の裏付けとして，Kuhn et al.（1994）が，南アフリカにおける参加型のCSEプロジェクトの推進過程

において，教師が親に対してエイズ蔓延の深刻さとエイズ教育の重要性を説明したところ，親からのCSEに対する支持が集まったという報告がある。そして，Paul-Ebhohimhen et al. (2008) は，Kuhn et al. (1994) の研究を基に，外部者が性教育のプロジェクトを実施する際には，プロジェクトの目的を「性教育の提供」として位置づけるのではなく，HIVやSTIの感染予防の手段として位置づけることにより，文化的な議論を回避することができると述べている。

　以上のように，CSEに対する親やコミュニティからの支持を獲得する方策に関して，先行研究からいくつかの提言がなされてきた。しかし，依然として，CSEの効果を検証する研究に比べて，学校における質の高いCSEの実施が実現されるまでのプロセスを検証している研究は僅少である。また，Kuhn et al. (1994)，Pick et al. (2000)，Paiva & Silva (2015) などの研究報告を除くと，提案されている方策は，有効性についての十分な検証を経ているとは言えない。さらに，実証研究に基づく提言であっても，外部者によるプロジェクトを基にした研究は，開始時に親やコミュニティからの反対がほとんどなかった事例に依拠している。この点は，Paiva et al. (2015) が研究の限界としても記している点である。したがって，学校レベルにおいて，学校を基盤としたCSEの実施に反対している関係者からCSEに対する支持をどう得ていくかという点に関しては，さらなる研究が必要である。

第3章

学校を基盤としたCSEの効果

　性教育に期待される効果の中心は、リプロダクティブ・ヘルスを促進するための行動変容である。行動変容におけるCSEの有効性は、多くの先行研究により示されているが、実施されたすべてのCSEプログラムが、行動変容の効果を発揮しているわけではない。したがって、本章では、性教育研究（Sexuality Education Studies）と学校効果研究（School Effectiveness Research）における先行研究を概観し、学校を基盤としたCSEプログラムの効果を拡大するために残された課題と先行研究からの示唆を提示する。ただし、既存の性教育プログラムの内容を厳密に区別することは困難であるため、本章では、CSEプログラムは「最も安全な行動として禁欲的な行動を強調しながらも、既に性的経験のある若者にはコンドームや他の避妊の方法を勧める教育」と便宜上定義し、禁欲的性教育プログラムを「若者に対してコンドームや避妊方法の使用は勧めず、性交渉を回避するよう指導するプログラム」とする（Kirby, 2007, pp.112-113）。

第 1 節　性教育研究からの示唆

1　CSEの有効性

　HIVを含むSTIの感染や望まない妊娠の予防において性教育に期待される効果は、主に、性交渉の開始年齢を遅らせる、複数の相手との性交渉を避ける、性交渉時にはコンドームや避妊薬を使用するといった性に関する行動変

容である。

　CSEの行動変容効果は，多くの先行研究によって確認されている。また，CSEに対する懸念として，コンドームや避妊薬に関する情報提供が若者の性への関心や性交渉への安心感を生み，若者の性的な行動を促進するのではないかという指摘があるが，こうした負の影響は非常に少ないことが認められている。たとえば，UNESCO（2009）は，先進国と開発途上国で実施された合計87のCSEプログラムをレビューした結果，40％のプログラムにおいてコンドームの使用が促進され，半数以上のプログラムにおいてリスクの高い性的行動の減少が確認された。さらに，37％のプログラムでは性交渉の開始年齢の遅延が確認され，44％のプログラムでは性交渉相手の数が減少していた。性交渉の頻度は31％のプログラムにおいて減少し，逆に増加したのは3％のプログラムにおいてのみであった。また，開発途上国で実施された学校を基盤とした合計33のCSEプログラムの教育効果のメタ分析を行った研究では，コンドーム使用の促進などの効果が確認され，負の影響は認められなかった（Fonner et al., 2014）。

　一方，禁欲的性教育の有効性を裏付ける科学的な根拠は乏しい。Kirby（2001）は，115の性教育プログラムをレビューした結果，性交渉の開始年齢の遅延や性交渉の頻度の減少といった行動変容における禁欲的性教育の効果を示す強固な証左は示されなかったと述べている。また，一部の効果的な禁欲的性教育プログラムの存在に言及しながらも，禁欲的性教育が一般的に行動変容の効果をもたらすとは結論づけられないとしている。

　さらに，先行研究はHIV感染と妊娠の予防を促進する行動変容において，CSEは禁欲的性教育よりも効果的であることを示唆している。UNESCO（2009）の系統的レビューによると，CSEプログラムでは37％のプログラムにおいて性交渉の開始年齢の遅延が認められ，44％のプログラムにおいて性交渉相手数の減少が認められたのに対し，禁欲的性教育では性交渉の開始年齢の遅延が認められたプログラムは18％であり，性交渉相手の数が減少したプログラムも25％に留まっていた。同様に，Kirby（2008）の系統的レビューによると，52の性教育プログラムのうちのほとんどの禁欲的性教育プログラムには，性交渉の開始時期を遅らす効果が見られなかった。

以上のように，CSE プログラムには，必要な行動変容を促進する効果があると同時に，懸念されているような負の影響は非常に少ないことが確認されている。また，CSE の有効性は，先進国において実施されたプログラムのみでなく，開発途上国においても認められている。

2　CSE プログラムの効果発現メカニズム

CSE プログラムは，青少年の行動を直接コントロールすることはできないため，青少年の行動や決断に影響を及ぼす要因に働きかけることにより，結果的に行動変容を起こそうとする（Kirby et al., 2011）。青少年の行動を決定づける要因には外的／内的要因があると考えられており，性教育が影響を及ぼそうとする要因は内的要因の方である。外的要因には，年齢や発達期などの生物学的要因，経済的事情や犯罪率などの地域的要因，家庭の脆弱性や子どもの監視などの家族的要因などがあるが，性教育はこうした外的要因に関与することを目指していない（Kirby et al., 2011）。

健康に関する行動に影響を与える内的要因が何であるかという点は，行動科学研究の分野において長年研究されてきた。1950 年代から保健に関する行動の維持と変容を説明する概念的枠組みとして広く用いられている「健康信念モデル（Health Belief Model）」は，内的要因を次の 5 つであるとしている。すなわち，①疾病に罹るリスクの自覚，②疾病の深刻さの自覚，③利益の自覚，④障壁の自覚，⑤自己効力感，の 5 つである（Glanz et al., 2008）。利益の自覚とは，助言された行動の罹患リスクや負の結果を軽減する効果に関する信念を意味し，障壁の自覚は，助言された行動をとることによる実質的および心理的な代償に関する信念を意味する。また，自己効力感は，行動を起こすことができるという自信を指す。

一方，Ajzen（1991）が提唱した「計画的行動理論（Theory of Planned Behavior）」においては，行動に影響する中心的な内的要因は「意図（intention）」であるとされる。なぜなら，行動の意図は，行為主体が，ある行動をどの程度起こそうとするのか，どの程度の苦労を厭わずに起こそうとするのかという動機を決定づけるからである（Ajzen, 1991）。そして，行動の意図

には，行動に対する「態度」と「主観的な規範」および「行動コントロール感」が相互に作用しながら，影響を与えていると考えられている（土井，2009）。Ajzen（1991）によると，態度は，課題となっている行動に対してどの程度好ましい評価を持っているかを意味し，主観的な規範は，行動に関する社会的圧力に対する自覚を意味する。行動コントロール感は，行動をとることの容易さや困難さの自覚を意味し，過去の行動や予想される障壁を反映する（Ajzen, 1991）。

　また，Glanz et al.（2008）は，計画的行動理論と他の主要な行動モデルを基盤とした「統合的行動モデル（Integrated Behavioral Model）」を提唱し，「意図」のほかにも「知識」や「スキル」を内的要因として指摘した。たとえ行為主体が強い意図を持っていたとしても，知識やスキルが備わっていなければ，行動を起こすことはできないからである（Glanz et al., 2008）。また，Kirby et al.（2011）は，知識やスキルが，「態度」や「主観的な規範」，「行動コントロール感」に影響を及ぼす可能性を指摘している。

　スキルに関しては，技能的なスキルのみでなく，社会心理的な内容を中心とするライフスキルが行動に関係すると考えられている。勝間（2005）によると，ライフスキルの内容は，①コミュニケーションと対人スキル，②意思決定と批判的思考のスキル，③適応および自己管理のスキルという3つの分野に大別される。そして，HIV感染と妊娠の予防に必要な行動という観点では，①の分野のスキルには，望まない性交渉を拒否する，コンドームの使用について交渉する，HIV感染者に思いやりのある接し方をするといったスキルが含まれる。②の分野のスキルとしては，性交渉が起こり得る多様な状況を分析し，対応策と行動の結果について判断するスキルや，既存のジェンダーの役割を批判的に分析するスキルが想定される。③の分野のスキルは，仲間からの批判に惑わされず，自信を持って自分の価値観に基づいた主張ができるといったスキルである（勝間，2005）。ライフスキルは，性的な行動そのものに影響を与える可能性を有すると同時に，他の内的要因と密接な関係にある。

　統合的行動モデルは，「知識」や「スキル」への注目のほかに，環境的制約や習慣が行動に影響していると指摘した点にも特徴がある。Glanz et al. (2008) によると，行動を起こすことを不可能にしたり，極めて困難にしたりするような環境的制約がある場合，行動の意図があったとしても行動を起こす可能性は低い。反対に，過去に同様の行動をとった経験は行動を習慣化させるため，強い意図がなくても行動は起こしやすいとされる。

　実証研究としては，Kirby（2007）が，過去に実施されたHIV/性教育のプログラムの系統的レビューを行い，効果を発揮したカリキュラムを基盤とするHIV/性教育プログラムが主に焦点を当てていた内的要因を提示した。同研究によると，性交渉の開始年齢の遅延，性交渉の頻度の減少，性的なパートナーの数の減少において，効果を発揮したプログラムが焦点を当てていた内的要因は，以下の7つであった。

a. 知識：性に関する問題，妊娠，HIV/STIなどに関する知識と予防に関する知識
b. リスク認識：妊娠やHIV/STI感染のリスクの自覚
c. 価値観：セクシュアリティや性的節制に関する個人的な価値観
d. 規範の自覚：性交渉に関する社会規範と行動に関する自覚
e. 自己効力感：性的な行為の拒否や，コンドームや避妊薬の使用に関する自己効力感
f. 意図：性的な行動を節制し，性的なパートナーの数を減らそうとする意図
g. コミュニケーション：セクシュアリティやコンドームおよび避妊に関する両親や他の大人との意思疎通

　同様に，コンドームや避妊薬の使用を効果的に増加させたプログラムは，次の9つの内的要因に焦点を当てていた（Kirby, 2007）。

a. 知識：性に関する問題，妊娠，HIV/STIなどに関する知識と予防に関する知識
b. 態度：リスクの高い性的な行動と妊娠やHIV/STI感染の予防に対する態度

c. 態度：コンドームに関する態度
d. 利益の自覚：HIV/STI感染の予防に対するコンドームの効果の自覚
e. 障壁の自覚：コンドームの使用に対する障壁の自覚
f. 自己効力感：コンドームを<u>入手する</u>ことができるという信念
g. 自己効力感：コンドームを<u>使用する</u>ことができるという信念
h. 意図：コンドームを使用する意図
i. コミュニケーション：性交渉やコンドーム，避妊に関する両親や他の大人との意思疎通

上述の結果をふまえ，Kirby et al.（2011）が示した論理モデルによると，CSEが青少年の行動変容の効果を発現する過程は図2のとおりである。

図2　CSEと青少年の行動変容の関係性

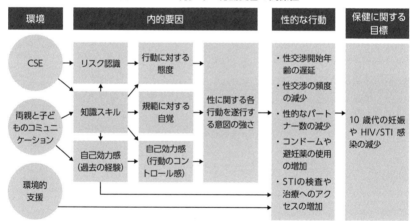

出所：Kirby et al.（2011），p.6を基に筆者作成

3　CSEプログラムの効果の拡大

　CSEプログラムには，HIV感染と早期妊娠の予防に寄与する行動変容の促進効果が認められているが，すべてのCSEプログラムにおいてこうした効果が確認されているわけではない。先行研究は，行動変容におけるCSE

の効果の発現が，先進国においても開発途上国においてもやや限定的である現状を示している。たとえば，Kirby（2007）の系統的レビューによると，米国の青少年を対象に実施した CSE プログラムのうち，リスクの高い性的な行動の改善が認められたプログラムは，63%（15/24 プログラム）と比較的高いが，性交渉の開始年齢の遅延やコンドーム使用の増加の効果が認められたプログラムは，47%（15/32 プログラム）と半数程度に留まっている。また，UNESCO（2009）の系統的レビューによると，開発途上国において実施されたカリキュラムに基づく CSE プログラムのうち，性交渉の開始年齢の遅延が認められたプログラムは 27%（6/22 プログラム）のみであり，コンドーム使用の増加が認められたプログラムは，33%（7/21 プログラム）であった。

　CSE プログラムの効果が限定的である理由は，いくつか考えられる。ひとつは，統合的行動モデルが指摘するように，CSE プログラムが直接的に関与しない環境的制約が青少年の行動に関わっているという点である。Clarke et al.（2015）や Merson et al.（2008）が指摘するように，社会文化的な脆弱性やリスクへの対処がなされてこそ，HIV 感染予防における個人に対する施策は，最も効果を発揮する。すなわち，HIV/性教育は，HIV 感染や望まない妊娠の「完全な解決策」ではなく，包括的な施策の「効果的な構成要素」にすぎないという指摘である（Kirby, 2007）。

　しかしながら，CSE の行動変容効果が限定的であるもうひとつの理由は，Kirby et al.（2011）が指摘するように，HIV/性教育は，関連知識の向上には比較的容易に効果を発揮するものの，非認知領域に属する内的要因（e.g. 態度や自己効力感）を容易には改善できないという点にあると考えられる。知識以外の内的要因に影響を与えることの困難さは，実施された数々の HIV/性教育プログラムの経験から明らかである。たとえば，K. D. Levin（2002）によると，青少年を対象とした HIV/性教育，全 58 プログラムの効果をメタ分析した結果，HIV/性教育は，青少年の HIV 感染予防に関する知識の増加において最も大きな効果を発揮していた。しかし，その他の内的要因に関する効果は，統計的に有意ではあるものの小さかった。同様に，サハラ以南のアフリカにおける学校を基盤とした HIV/性教育の系統的レビュー

を実施したPaul-Ebhohimhen et al.（2008）も，最大の効果が認められたのは知識の増加であり，他の効果は「態度」，「意図」，「実際の行動」の順に小さくなったと報告している。非認知領域に属する内的要因に及ぼすCSEプログラムの効果の発現が弱いために，期待される行動変容の効果が限定されている様子が示唆されている。

したがって，CSEの質の向上における課題は，CSEプログラムがいかに効果的に，非認知領域に属する内的要因（e.g. 態度，意図，自己効力感）に影響を及ぼすかという点にあると考えられる。CSEの行動変容効果を拡大させるためは，内的要因に及ぼす効果の拡大が鍵である。

4　効果的なCSEプログラムの特徴

（1）効果的なCSEプログラムに共通する17の特徴

先行研究では，HIV/性教育の成果の拡大を目指し，HIV/性教育プログラムの行動変容効果を決定づける要因の解明が求められてきた。中でも，当該要因の解明に大きく接近したのは，Douglas Kirby（ダグラス・カービィ）による数々の研究である。米国の研究者であったKirbyは，2012年に閉じたその生涯をとおして，性教育研究の分野における150点以上の著作物を残し，「性の健康世界学会」をはじめとする様々な団体から数々の賞を受賞した。Kantor et al.（2014）は，「ダグ・カービィの性教育分野への貢献（Doug Kirby's Contribution to the Field of Sex Education）」と題した学術記事の冒頭において，「ダグ・カービィは，厳格な研究の実施をとおして，世界中の性の健康に関連したプログラムや評価方法および，政策を強化する方策に関する斬新で批判的な視点をもたらし，性教育の分野に変革をもたらした」（p.473）と述べている。そして，中でも，行動変容の効果が認められたHIV/性教育プログラムに共通する17の特徴を特定したKirbyの研究は，性教育の分野における中枢的な研究であると評した（Kantor et al., 2014）。

Kantor et al.（2014）が絶賛したKirbyの研究報告は，2007年に発表された "Emerging Answers: Research findings on programs to reduce teen pregnancy" である。同報告は，1990年から2007年の間に米国において実

施された12歳〜18歳を対象とするHIV／性教育プログラム（CSEと禁欲的性教育の双方を含む）の系統的レビューを基にしている。Kirby（2007）が効果的なプログラムの特徴を特定した過程は，次のとおりである。①健康教育のレビュー，成人を対象としたSTI/HIV教育のレビュー，若者を対象としたHIV／性教育プログラムのレビューなどの先行研究を基に，効果的なプログラムの重要な特徴であると思われるものをリストアップした。また，同様に重要な特徴を示唆している可能性のある理論，個別の研究，メタ分析の結果を参照した。②性的な行動変容の効果が認められた全19プログラムから効果的なカリキュラムの内容の特徴を抽出した。③抽出された当該特徴が，効果的でないプログラムに含まれていないかを確認した。④研究報告や当該方法が記載されている文献をレビューし，効果的なカリキュラムが開発された方法および実施された方法に関して共通する特徴を抽出した。さらに，効果的に実施されなかったカリキュラムに関する報告を参照した。

　以上のプロセスをとおして，Kirby（2007）は，効果的なHIV／性教育プログラムの特徴を，①カリキュラムの開発過程における特徴，②カリキュラムの内容における特徴，③カリキュラムの実施過程における特徴，という3つのカテゴリーに分類した17の特徴を提示した（表3）。Kirbyは追加的な説明として，効果的なカリキュラムの内容は，知識，リスク認識，価値観，態度，規範の自覚，自己効力感，スキル・ライフスキルといった予防やリスク要因に対応する内容であったと述べている（Kirby, 2011）。これは，効果的なカリキュラムがCSEであったと述べているに等しい。したがって，カリキュラムの開発過程と実施過程における特徴は，そのままCSEプログラムの開発過程と実施過程における特徴として捉えることができる。開発途上国を含む米国以外の地域においても，効果的なHIV／性教育プログラムには，17の特徴が概ね共通して見られた（Kirby et al., 2007）。

　Kirbyは2011年の研究報告において，上述の17の特徴の中のカリキュラムの実施過程における特徴について，次のような追加的な情報提供を行っている。まず，表3の特徴15において言及されている「望ましい特徴を持つ教育者」は，「青少年や若者と関わることができ，使用する教材に関する知識を持ち，教材を容易に使用することのできる教育者」と定義されている。

表3　カリキュラムを基礎とした効果的なHIV/性教育プログラムの特徴

カリキュラムの開発過程	カリキュラムの内容	カリキュラムの実施過程
1. カリキュラム開発のために，理論や研究および性教育やHIV/STI教育を専門とする多様な人々を巻き込んでいる 2. 対象とする集団のニーズと強みを評価している 3. 論理的アプローチを用い，健康に関する目的，当該目的に影響する行動，関連する予防やリスク要因，当該要因を変化させるための活動を特定している 4. コミュニティの価値観と活用できる資源に合った活動をデザインしている（e.g.教職員の時間，教職員のスキル，設備空間，物品） 5. プログラムの試験調査を実施	【目的と目標】 6. 明確な健康に関する目標（e.g.妊娠予防，STI/HIV予防，その両方）に焦点を絞っている 7. 当該健康目標の達成につながる特定の行動（e.g.禁欲的行動，コンドームや他の避妊方法の使用）に焦点を絞り，当該行動に関する明確なメッセージを発信し，特定の行動が起こり得る状況や当該状況を回避する方法に対応している 8. 多様な性的・社会心理的リスク要因と性に関する行動に影響する予防要因（e.g.知識，リスク認識，価値観，態度，規範の自覚，自己効力感）に対応し，変化を及ぼしている 【活動と教授手法】 9. 若者が参加できる安全な社会環境を創出している 10. 各々の予防やリスク要因を変容させるための多様な活動を含んでいる 11. 健全な教授法を用いて，参加者を積極的に参加させ，参加者が情報を主体的に捉えることを支援し，予防やリスク要因を変容させることを企図している 12. 青少年の文化や発達年齢，性的経験の面で適切な活動，教授法，行動に関するメッセージを使用している 13. 論理的順序に従って話題を扱っている	14. 適当な権威（e.g.保健局，教育区，コミュニティ組織）からの最低限の支援を確保している 15. （可能な限り）望ましい特徴を持つ教育者を選定し，当該教師を訓練し，彼らにモニタリング，監督，支援を提供している 16. 必要であれば，若者を募集する活動や，留めるための活動，若者の参加の障壁を取り除くような活動を実施している（e.g. プログラムを宣伝する，飲食物を提供する，同意を得る） 17. カリキュラムのほとんどの活動を，ある程度忠実に実施している

出所：Kirby（2007），p.131を筆者訳

また，特徴16の「必要であれば」という文言は，「学校や医療機関以外の場所において実施する際」と言い換えられている。したがって特徴16は，コミュニティにおけるプログラムなどを想定していることがわかる。さらに，追加的な特徴として，「学校で実施される場合には，プログラムは少なくとも12セッションを含むこと」と記述している。

　しかしながら，Kirby et al. (2007) は，こうした17の特徴のみによってプログラムの行動変容効果が決定づけられているわけではないとも述べている。なぜなら，17の特徴のほとんどが存在していても，行動変容の効果が現れなかったプログラムが存在しており，反対に17の特徴のすべてを有してはいないにもかかわらず，行動変容の効果があったプログラムも少なからず存在していたためである（Kirby et al., 2007）。また，各々の特徴が，CSEの効果にどのように結びついているのかという因果メカニズムは不明のままであると述べた。したがって，残された研究課題は，17の特徴の中でどの特徴が効果の発現において最も重要であるのか，どのようなプログラムの改造であれば効果を損ねることがないのかといった点の解明であるとしている（Kirby et al., 2007）。

（2）ピア教育の有用性

　ピア・エデュケーターを活用したHIV/性教育の効果に関する研究をいくつか紹介する。まず，K. D. Levin (2002) は，米国におけるHIV/性教育プログラムの効果をメタ分析によって比較し，ピア・エデュケーターと成人の両方によるHIV/性教育の実施は，成人のみによる実施よりも，青少年の知識の向上において効果が高いという結果を示した。ただし，他の内的要因（e.g.態度，自己効力感）に関しては，差異が見られなかった。K. D. Levin (2002) は，知識の向上がより高かった理由として，ピア・エデュケーターの活用により，青少年が提供される情報に注意をより傾けた可能性を挙げている。また，ピア・エデュケーターが，HIV/性教育で扱われている問題と青少年との関連性や，成人が実施するHIV/性教育の内容の信憑性を示すきっかけとなったと推測した（K. D. Levin, 2002）。

　Stephenson et al. (2004) は，英国の学校において実施されたHIV/性教

育のピア教育プログラムの調査結果として，生徒は，成人が実施するプログラムよりもピア教育プログラムにより高い満足度を示したと述べている。理由としては，ピア・エデュケーターが，①より青少年に関係のある知識や生徒への敬意を持っている，②より同情的で信頼できる，③性交渉に関して類似した価値観を持っている，④聞き慣れた若者言葉を使う，⑤道徳的すぎず，楽しいセッションを実施したといった点が挙げられている。しかし，同時に，緊急避妊薬などのいくつかの重要な話題の省略や，質問をすることに対する女子生徒の困難さといったピア教育の問題点も明らかになった（Stephenson et al., 2004）。Oakley et al.（2004）は，ピア・エデュケーターがピア教育中に男子を積極的に議論に参加させたり，反対に男子の行動を制御したりすることができない場合に，一部の女子は困難さを感じていた可能性があると指摘している。

　ピア教育の効果については，ピア・エデュケーターの適切な選定が重要であるという指摘が多い。たとえば，Borgia et al.（2005）は，イタリアにおけるHIV感染予防のためのピア教育の事例研究において，教師が成績の良い生徒をピア・エデュケーターとして指名するという選定方法は，他の生徒のプログラムへの参加を減退させ，他の生徒とピア・エデュケーターの間の信頼感やコミュニケーションを限定的にしたと推測した。また，Stephenson et al.（2004）は，ピア教育の効果が限定的であった理由として，ピア・エデュケーターがプログラムに参加した生徒たち（13歳〜14歳）よりも年上（16歳〜17歳）であり，なおかつ成績の良い生徒であったため，ピア・エデュケーターと生徒の間のコミュニケーションにおいて仲間同士であるという強みが弱まってしまった可能性があると指摘している。

（3）男女別セッションの有用性

　男女に分かれたHIV/性教育のセッションの有効性に関しては，先行研究において，異なった結果が示されている。K. D. Levin（2002）は，HIV/性教育プログラムの効果のメタ分析の結果，HIV/性教育の男女別の実施は，コンドーム使用に関する青少年の知識，態度，自己効力感，コンドーム使用，禁欲的行動のいずれの効果の拡大にも影響していなかったと報告してい

る。しかし，Stephenson et al.（2004）は，多くの生徒が男女別のグループによるHIV/性教育の実施を希望したという事実を基に，男女合同のHIV/性教育が生徒のニーズに合致していない可能性を指摘し，男女別セッションがプログラムの効果を拡大する可能性を示唆している。このように，HIV/性教育プログラムにおける男女別のセッションの有効性に関しては，先行研究の間に統一的な見解が見られない。

　以上のように，先行研究の中では，Kirby（2007）が提示した効果的なHIV/性教育プログラムの特徴のリストが，CSEの行動変容効果を決定づける要因の解明に最も接近している。しかし，依然として，どのような特徴が中心的で重要な特徴なのかは，特定されていない。また，因果メカニズムの解明は，未だなされていない。また，Kirby（2007）のリストは，学校において実施されたHIV/性教育プログラムに限定した系統的レビューに基づいているわけではないため，学校を基盤としたHIV/性教育プログラムに特有の要因が見逃されている可能性がある。

第 *2* 節　学校効果研究からの示唆

　学校効果研究（School Effectiveness Research）の分野には，「効果的な学校」を決定づける要因の解明を目指した研究が数多く存在しており，学校を基盤としたCSEの成果の拡大に示唆を与える可能性がある。そこで，本節では，学校効果研究の系統領域である教育生産関数研究，効果的な学校研究，学校改善研究における先行研究に注目する。学校効果研究において，学習成果は，主に学習成績を指標とする認知的能力の向上として捉えられてきたが，一部には，態度や行動変容など（非認知的能力）を学習成果と捉えた研究も存在する。したがって，本節の最後には，学習成果として非認知的能力に焦点を当てた先行研究を概観する。

1 教育生産関数研究

　教育生産関数研究（Education Production Function Research）は，学校効果研究の中で最も伝統的な研究領域である。同研究の隆盛は，Coleman et al.（1966）の報告によって巻き起こった「学校への支出は問題か論争（Money matters debate）」に端を発する。Coleman et al.（1966）は，米国の学校を対象とした研究の結果として，生徒の学習成果は，主に生徒の家庭環境や同僚グループの特徴に起因しており，学校への追加的な資源の投入は，生徒の成績の向上に必ずしも寄与していないと報告した。この結論を反証しようとする研究者らが中心となり，学校に投入された資源が教育の成果に及ぼす影響を統計的に計測しようとした研究が，教育生産関数研究である。

　教育生産関数研究においては，従属変数となる学習成果を生徒の成績の向上，すなわち，認知的能力の向上として捉える研究が一般的である。したがって，多くの研究者は，学習成果を表す代理変数として，標準化されたテストスコアを用いている（小川ほか，2009）。また，少数派ではあるが，生徒の就学継続率や退学率を教育の結果として捉えている研究もある（Hanushek, 2003）。一方，独立変数である学校投入資源は，主に学校投入物（school input）と非学校投入物（non-school input）に分類され，非学校投入物は，家族や同級生および地域やコミュニティの特徴（e.g. 両親の学歴，生徒の家庭の所得，同級生の家庭の社会経済的地位）などとされる（小川ほか，2009）。学校投入物は一般的に，教師対生徒比率，教師の学歴，教師の教員経験年数，教師のテストスコア，生徒1人あたりに対する支出額，学校の設備，管理経営資源などとされている（Hanushek, 2003）。

　これまで，数多くの教育生産関数研究によって，学校投入物が学習成果に及ぼす影響が検証されてきた。中でも，Heyneman & Loxley（1983）が，開発途上国においては学校投入物が学習成果に影響を及ぼしていると結論づけた研究成果は，「ハイネマン・ロクスレイ効果」として広く知られている。また，開発途上国においては，先進国では当前存在しているために見過ごされているような学校投入物，たとえば，教師の言語能力，学校の設備，

教材といった学校に最低限必要な資材が，学習成果に影響を及ぼしているという結果が示された。中でも，最も証左が多いのは，教科書使用の有効性である。たとえば，Jamison et al. (1981) による，ニカラグアにおける無作為比較試験の手法を用いた研究では，教科書やラジオ教材が生徒の成績を向上させたという結果が示されている。さらに，Heyneman & Jamison (1980) によるウガンダにおける研究では，教師の言語能力，学校の設備，生徒の健康状態が，生徒の成績に影響を与えていた。

　一方，米国の学校を対象とした研究においては，教師の質が学習成果に影響を及ぼしているという点が，度々指摘されてきた (e.g. Chetty et al., 2011; Rockoff, 2004)。しかし，教師対生徒比率や教師の教員経験年数の効果に関しては研究結果が分かれるなど，教育生産関数研究における先行研究の結果には，全体的に一貫性が乏しかった。

　そこで，Hanushek (2003) は，メタ分析をとおして，学習成果に影響を及ぼす学校投入物に一貫性を見出そうとした。メタ分析の結果によると，開発途上国の多くの学校では，学習成果に好影響を及ぼしている学校投入物は，教師の学歴，生徒1人あたりに対する支出，学校の設備であった。一方，教師対生徒比率や教師の教員経験年数，教師の給与と学習成果の関係性については，研究結果の一貫性が乏しかった (Hanushek, 2003)。

　Hanushek (2003) の研究結果について，そもそもメタ分析が，学習成果に及ぼす学校投入資源の効果の有無を総合的に判断する適切な手段であるかという点には論争があり，研究結果の妥当性を疑問視する意見もある (e.g. Kremer, 1995)。しかし，開発途上国の学校においては，学校の設備や教材の投入に比べて，教師対生徒比率や教師の給与の効果が小さいという点は，以降の研究においても共通している (e.g. Kremer, 1995, 2003; Reynolds et al., 2000)。こうした先行研究を基に，Glewwe & Kremer (2006) は，開発途上国の学校において，学力の向上が認められた事例の共通項は，学校投入物が学習指導法の弱さを補ったという点にあると分析している。

　以上のように，教育生産関数研究は，開発途上国においては，主に学校投入物が学習成果に影響を及ぼすという示唆を与えた。しかしながら，教育生産関数研究の結果には一貫性が乏しく，効果的な学校投入物の特定という点

に関しては，教育政策の基盤となり得るような確固たる規則性が見出されていない（UNESCO, 2004）。

2　効果的な学校研究

効果的な学校研究（Effective Schools Research）は，教育生産関数研究における一貫性を欠く研究結果を説明しようとして隆盛した研究アプローチである。効果的な学校研究は，主な分析単位を学校とし，学校内のプロセスに焦点を当てる。教育生産関数研究には，学校に投入された資源（インプット）と学習成果（アウトプット）の関係性のみを分析するために，「学校内のプロセスがブラック・ボックス化してしまう」という批判があった（三輪，2005）。したがって，学校内のプロセスに着目した新しい学校レベルの要因（e.g. 教師と生徒の関わり合い，学校投入物の使用方法，授業時間，教師の期待など）を分析に追加することにより，教育生産関数研究の不明瞭な研究結果が説明できると考えられたのである（UNESCO, 2004）。

効果的な学校研究の手法は，教育生産関数研究の手法に準じた定量的な分析が主流である。どの程度の学習成果が学校への異なった資源の投入によって説明されるかという点を解明するため，学校への資源投入と学校内プロセスおよび学習成果の因果関係を定量分析する（Heneveld & Craig, 1996）。教育生産関数研究と同様に，学習成果は主に生徒の学習成績とされている。

効果的な学校研究では，学校内要因を定量的に捉えるために，学級レベルのインプットや学校風土などを含む様々な学校レベルの要因の指標化が進んだ（三輪，2005）。また，生徒の学習平均点などの統計データを基に，突出して学習成果が高い学校と学習成果が低い学校を選出し，これらの学校を比較して効果的な学校の特徴を解明しようとするアプローチや，特に優秀な学校を特定して学校レベルの要因を深く研究するアプローチが生まれた（三輪，2005; Heneveld & Craig, 1996）。こうした手法を用いた研究では，定性的な調査分析が実施されることも多い。

効果的な学校研究の成果は，学習成果に関係している一定の学校内要因が示唆されたという点にある。1970年代の米国では，Edmonds（1979）

が複数の効果的な学校研究の結果（e.g. Brookover & Lezotte, 1979; Weber, 1976）と自身の研究調査結果の要約を基に，効果的な学校の「最も確実で不可欠な特徴」を示した。また，1970年代〜1980年代の英国でも，Rutter et al.（1979）とMortimore et al.（1988）によって，Edmonds（1979）の研究結果と類似の結果が示された（Heneveld & Craig, 1996）。Teddlie & Reynolds（2000）はこうした先行研究を要約し，表4にあるように，効果的な学校の特徴を9つの学校内プロセスの領域に分類して提示した。

開発途上国の学校を対象とした研究において特徴的な点は，基本的なイ

表4　効果的な学校におけるプロセス

プロセス	プロセスの構成要素
1. 効果的なリーダーシップのプロセス	a. 堅実で決断力がある b. 他者をプロセスに巻き込む c. 指導的なリーダーシップを見せる d. 頻繁で個人的なモニタリングを実施する e. 職員の選別と配置転換を行う
2. 効果的な学習指導のプロセス	a. 授業時間を最大化する b. 良好な結果をもたらすグループ化・組織化を行う c. 最も良い学習指導の取り組みを見せる d. 教室事情に合わせて取り組みを改造する
3. 学習を重視する体制の発展と維持	a. 学習を重視する b. 学校における学習時間を最大化する
4. 肯定的な学校風土の創出	a. 共通のビジョンを創出する b. 秩序ある環境を創出する c. 肯定的な強化を行う
5. 教職員や生徒に対する適度に高い期待	a. 生徒に対して b. 職員に対して
6. 生徒の責任と権利の重視	a. 責任 b. 権利
7. すべてのレベルにおける進捗のモニタリング	a. 学校レベル b. 教室レベル c. 生徒レベル
8. 学校における教職員のスキルの育成	a. 学校現場を拠点とした育成 b. 継続的な専門職能力開発に統合された育成
9. 生産的で適切な方法による両親の参加	a. マイナスの影響を緩和する b. 両親との生産的な関わり合いを奨励する

出所：Teddlie & Reynolds（2000）p.144を筆者訳

ンプットが学習成果に与える影響の大きさである。たとえば，Lockheed & Longford（1989）は，学習成果の秀でたタイの学校には，教育を受けた教師がおり，教科書がより頻繁に使用され，豊富なカリキュラムが存在していたと報告している。さらに，M. H. Levin & Lockheed（1993）は，開発途上国においては，効果的な学校を実現する要件として「基本的なインプット」，「促進条件」，「効果的な学校を実現しようとする意志」の3つの領域があり，各々の領域には次のような要因が含まれるとした。

基本的なインプット：
- カリキュラム（適切な範囲と順序，生徒の経験に関連する内容である）
- 指導用教材（教科書，教師の補助ガイドブック，教材，図書など）
- 学習時間（学校に通う日数と長さ）
- 学習指導（議論やグループワークを含む学習者主体の学習方法など）

促進条件：
- 地域の参加（学校とコミュニティの良好な関係や両親の参加を含む）
- 学校における職務の遂行（学校長のリーダーシップ，教員の同僚間関係や責任ある職務遂行，評価・監督・支援をとおした説明責任の遂行）
- 柔軟性（生徒の経験や将来に関連のあるカリキュラム，生徒のレベルやペースに応じた調整，教育体系の柔軟性，教育指導に関する柔軟性など）

効果的な学校を実現しようとする意志：
- ビジョン（ビジョンの実現を推進するためのすべてのレベルにおけるリーダーシップなど）
- 地方分権的解決法（学校の教職員に対して，地域のニーズに合った教育プログラムを策定する権限を付与するなど）

しばしば，開発途上国の学校では，基本的なインプット以外の要因と学習成果の関係性は，先進国に比べて法則性が乏しいと言われる。可能性のある理由として，Scheerens（2001）は，文化的偶発性（cultural contingency）

や指導内容の多様性の欠如を挙げている。しかし，開発途上国においても学習指導や組織に関する要因が，学習成果に及ぼす影響が必ずしも小さくないと示唆する研究もある。たとえば，コロンビアの農村部において開始された斬新な教育モデル"Escuela Nueva"（新しい学校）を採用している学校では，通常の学校に比べて生徒の学習成績が良いという研究結果が報告されている（e.g. McEwan, 1998; Psacharopoulos et al., 1993; Wang & Holcombe, 2010）。Escuela Nuevaの学習指導方法や学校組織方法は，開発途上国の一般的な方法とは大きく異なる（Forero-Pineda et al., 2006）。Escuela Nuevaでは，教師は伝統的な学習指導方法をとるのではなく，ファシリテーターとしての役割を果たし，小グループでの学習や自習および教室内図書館の利用を生徒に奨励しているのである（Suzuki, 2017）。本教育モデルは，カリキュラム，学校運営，コミュニティの参加，教員訓練を統合した戦略的システムであるため，基本的なインプット以外の要因が学習成果に影響を及ぼしている証左であると考えられる。

　総じて，効果的な学校研究は，学習成果と関係のある一定の学校内要因を示唆してきたという点において画期的である。ただし，効果的な学校研究には，規則性のうちにある理論の提示がなされていないという批判がある。効果的な学校研究の結果は，変数間の因果メカニズムを証明しているわけではないという点には，注意が必要である（McMahon, 2006）。

3　学校改善研究

　学校改善研究（School Improvement Research）は，効果的な学校研究に対する批判に基づき，1980年代に興隆した研究分野である（三輪, 2005）。学校改善研究は，学校の改善を個々の学校や教職員によってなされるプロセスであると捉え，成果よりも過程に着目する（Reynolds, 2005）。したがって，研究手法としては，教職員に対するインタビューや授業の観察をはじめとする定性的な調査分析が主流である。学校改善研究の強みは，学校システムにおいて変化が起こる過程に焦点を当て，教育の効果を高めるという長期的な目標に向けた戦略を提示しようとする点にある（Heneveld & Craig,

1996; Saunders, 2000)。

　開発途上国においては，ハイネマン・ロクスレイ効果が広く認知されてき
た結果，長らく教育生産関数研究が中心的であった。したがって，学校改善
研究の先行研究は僅少であり，学校改善の過程に関する知見のほとんどは
先進国の事例に依拠しているという批判がなされている（e.g. James, 2014;
McMahon, 2006）。しかしながら，先進国の先行研究が，開発途上国の学校
における改善の過程を探る上で何ら示唆を与えないというわけではない。

　学校改善研究における主な成果としては，Heneveld & Craig（1996）
が，先行研究の結果を基に，学校運営に関する主たる効果的要因を示した以
下のリストがある。当該リストにおいて特徴的な点は，学校関係者への支援
や学校関係者自身の態度や行動に関する要因が多く見られるという点であ
る。

- 効果的なリーダーシップ
- 学校レベルと教育区レベルの組織をとおして共有された学校改善の支援とビジョンの構築
- 学校改善のための活動に対する受容や取り組みを遂行する意志
- 活発な創始や参加
- 行動や信念の変容
- 協働的な計画策定や意思決定
- 組織の方針や活動に対する支援および改善に対する後押し
- 教職員の育成や必要資源の援助
- 改善や説明責任を果たすためのモニタリング
- 優秀な仕事に対する承認

　開発途上国において実施された学校改善研究としては，Dalin（1994）に
よるバングラデシュ，コロンビア，エチオピアの事例を対象とした研究報告
"How Schools Improve" が，他の研究者によって頻繁に言及されている。
Dalin（1994）の研究では，学校改善において優秀な開発途上国の学校の特
徴として，より具体的に次のような点が挙げられており，先進国の研究結果

と共通しているものも多く見られる（Heneveld & Craig, 1996, p.14）。

- 実地訓練が，よく実施されている。実地訓練は，定期的で当面の課題に関連性がある実践的な内容である
- 学校が，地元に適した学習指導教材やカリキュラムの生産に主体的に取り組んでいる（ただし，バングラデシュを除く）
- 学校長が，高いモチベーションを保持し，調整や支援といった活発な役割を果たしている。学校長は，指導的なリーダーであると同時に教員と緊密な連携をとりながら協働し，教員を支援し，教員と責任を共有している
- 学校内に団結心があり，教師が協働し，学校改善に対する生徒の姿勢が肯定的である。教員は，学習指導に関する問題において相助関係にある
- 監督は，定期的に，監督者と学校長が共同して実施している（ただし，コロンビアは例外）。監督には，圧力と支援が組み合わさっている
- 学校は，より成功を経験している。学校には，肯定的な生徒や彼らの変化（コロンビアの事例）が見られ，教師の協働があり，教職員間の，また他の人材（e.g.コミュニティからの人材）との交流がある
- 学校は，コミュニティから支援を受けている。両親は子どもの学校教育に関心を持ち，コミュニティは物質的な支援や金銭的な支援を行っている
- 優秀な学校と他の学校を差別化する要因には，国家特有の要因がある。たとえば，エンパワーメント（エチオピアの事例）や，地元における教材の採用（エチオピアの事例），圧力（バングラデシュの事例）などである

　こうした先進国と開発途上国における効果的な学校研究と学校改善研究から得られた知見を総合し，Heneveld & Craig（1996）は，サハラ以南のアフリカの初等教育を想定した「学校効果の決定要因の概念的枠組み」を発表した（図3）。同枠組みは，最も有用な概念的枠組みのひとつとして，開発途

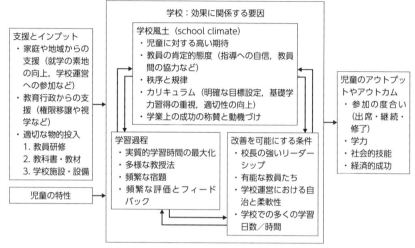

出所：Heneveld & Craig（1996）Figure 3-1を基に著者作成

上国における教育の質の改善に向けたプロジェクトや学術研究において，繰り返し参照されている。同枠組みは，並列的に捉えられることの多い学校効果研究の系統領域の研究知見を融合させ，開発途上国における効果的な学校の要因を包括的に捉えようとしている点で優れた概念的枠組みである。

さらに，近年ではAnderson & Mundy（2014）が，開発途上国における学校改善に関連する研究から得られた知見を要約し，先進国における知見とも比較しながら，以下の3つの点を指摘している。

第一に，効果的な学習指導は，学習者中心の形態をとり，低費用な教材を使用し，生徒が理解できる言語によって実施される必要がある。たとえば，集団的な指導に加えて，小グループでの学習形態を用いたり，学習活動の目的に対する生徒の理解を確認したり，生徒の学習の評価に基づいた個人的なフィードバックを行うといった学習指導方法である。

第二に，開発途上国の学校におけるリーダーシップにおいては，基本的な資源の不足に対処する学校長の役割やスキル，基本的な学校運営の実施，学校改善の取り組みにおける指導的なリーダーシップが必要である。ただし，

開発途上国の効果的な学校のリーダーシップの特徴に関しては，証左が不足しており，研究者間において合意が得られていない。

　第三に，開発途上国における両親やコミュニティの学校運営への参加の好影響は，先行研究によって裏付けられていない。複数の先行研究によると，両親に対して学校が説明責任を果たす社会的システムが脆弱である場合，学校の運営や教育の質の改善に両親を参加させるという地方分権的な施策は効果的ではない。また，学校統治への両親の参加と学習成果の向上の直接的な関係性を示す実証研究は，ほとんど存在していない（Anderson & Mundy, 2014）。

　開発途上国と先進国における研究結果には，多くの共通点があるものの，Anderson & Mundy（2014）が指摘するように，開発途上国により共通する特徴がある点には注意する必要がある。

4　非認知的能力の向上に関する学校効果研究

　学校効果研究（教育生産関数研究，効果的な学校研究，学校改善研究）において，学習成果は非認知的能力の向上ではなく，学習成績の向上として捉えられることが長らく一般的であった。特に，開発途上国の学校における学習成果は，より狭義に基本的な言語能力（言語の読み書き）や算数能力の獲得として捉えられてきた（Anderson & Mundy, 2014）。したがって，非認知的能力の向上を学習成果として捉えた研究は僅少である。

　また，非認知領域における学習の結果（アウトカム）に焦点を当てた学校効果研究の場合，研究者間において，着目するアウトカムの内容に多様性がある。非認知的能力とは，「思考のパターンや感情，行動」を意味する（Bloom, 1964）。非認知的能力は，認知的能力や概念的な理解，もしくは個人の性格とは異なり，社会情緒的なスキルや行動に代表される（García, 2014）。非認知的能力に関するアウトカムには，多岐にわたる側面が含まれる。たとえば，行動に関する側面（e.g. 非行，落第，暴力行為，無断欠席）や社会的な側面（e.g. 協力し合うことができる，仲間の生徒たちや教師と有意義な関わり合いを持つことができる，社会的に良好な状態である），道徳的な側面

(e.g. 文化的な価値観や規範，異文化間教育），感性（e.g. 芸術の真価の認識），学習科目や学習全般に対する態度や学校に対する態度などの情緒的な側面である（Knuver & Brandsma, 1993）。

　非認知的能力を学習成果として捉える際，非認知的能力と認知的能力は互いに影響を受けるため，切り離すことはできないと考えられている。したがって，Rutter et al. (1979) が，英国における研究を基に，認知的能力の向上に効果的な学校が，非認知領域におけるアウトカム（非行の生徒数）においても優秀であったと報告している点は，予想に即した結果である。

　一方，Mortimore et al. (1988) は，認知的能力を高める学校の効果は，少なくとも非認知的能力の向上に逆効果を及ぼすことはないとしながらも，学校の効果という点においては，2つの領域は比較的独立的であると結論づけている。Mortimore et al. (1988) やBrookover et al. (1979) の研究では，学習成績をはじめとする生徒の認知的能力の向上において効果的な学校が，必ずしも非認知的能力の向上においても効果的であるとは限らないことが示唆されたためである。たとえば，Mortimore et al. (1988) の研究は，生徒の行動，出席率，学習に対する態度をアウトカムとして学校の効果を検証しているが，学力などの認知領域における学校の効果は，非認知領域における効果と必ずしも一致していない。

　非認知的能力の向上に着目した研究の結果は，表5に示されるとおりである。主な研究結果としては，まずGarcía (2013) が，先進国における準実験的研究によって，学校へのインプットと非認知領域におけるアウトカムの関係性を検証し，教師の経験年数が関係しているという結果を示した。また，複数の研究が，効果的な要因として教師の協働をはじめとする教員間の協力（e.g. Opdenakker & Van Damme, 2000; Vandenberghe et al., 1994; Verhoeven et al., 1992）や生徒と教師の交流（e.g. Engels et al., 2004; Hofman et al., 1999）を提示している。そのほかに，非認知領域におけるアウトカムに影響している要因として，教室の雰囲気をはじめとする学習環境（e.g. Isac et al., 2014; Perliger et al., 2006）や意思決定への生徒の参加（e.g. Rutter et al., 1979）を提示した研究がある。

　さらに，学習環境と非認知領域のアウトカムの関係性を検証した研究がい

第3章 学校を基盤とした CSE の効果　069

表5　非認知領域に焦点を当てた学校効果研究

学習の結果（アウトカム）	効果的な学校レベルの要因	著者
生徒の良好な状態（well-being）（e.g. 学級における社会的統合，学習意欲，一生懸命取り組む意思，学校に対する肯定的な態度）	秩序ある学習環境	Van Landeghem et al., 2002; Opdenakker & Van Damme, 2000; Engels et al., 2004
	教師と生徒の交流	Hofman et al., 1999; Engels et al., 2004
	教師同士の協力	Opdenakker & Van Damme, 2000; Verhoeven et al., 1992; Vandenberghe et al., 1994
生徒の出席，生徒の行動	教師同士の協力意思決定への生徒の参加	Rutter et al., 1979
生徒の意欲と学業に対する自信	コミュニティスクールのアプローチ	Castrechini & London, 2012
生徒の民主的な態度	学校と教室の環境（雰囲気）	Isac et al., 2014; Perliger et al., 2006
生徒の平和的な社会的交流	教室の雰囲気Escuela Nueva（学習者中心の学習方法の実践など）	Forero-Pineda et al., 2006
生徒の内的および外的な問題行動の軽減	教師の経験	García, 2013

出所：筆者作成

くつか発表されているが，研究結果には多少の相違がある。たとえば，Van Landeghem et al. (2002) は，学習環境と非認知領域のアウトカムの間には相関関係があるという証左を示しており，Engels et al. (2004) も，規則に基づいて生徒の問題行動や暴力に対処することは，非認知領域のアウトカムに好影響を及ぼすと結論づけている。しかし，一方で，Opdenakker et al. (2000) は，秩序ある学習環境は，学習成果に対するモチベーションの高い生徒には有効であるが，モチベーションの低い生徒には効果的ではないと報告している。

　非認知領域における学習成果に着目した先行研究から示唆される効果的な学校の特徴を，前述の Heneveld & Craig (1996) の概念的枠組みに照らし合わせてみると，同概念的枠組みにおける学校風土（school climate）との関連性がうかがえる。学校風土の領域に分類されている要因は，生徒に対

する教師の高い期待や，教師の肯定的な態度（e.g. 指導への自信，教師間の協力），秩序と規律（Order and Discipline），カリキュラム（e.g. 明確な目標設定），学業上の称賛と動機付け（Rewards and Incentives）である（Heneveld & Craig, 1996）。学校風土の領域の大部分の要因が，先行研究が示唆する非認知領域における学習成果に効果的な学校の要因と類似している。こうした類似点は，非認知的能力を学習成果の目標とする学習プログラムにおいて，Heneveld & Craig（1996）の概念的枠組みの中でも特に着目すべき学校内要因を示唆していると考えられる。

第4章
タイの事例

　本章では，タイにおける学校を基盤とした性教育の発展と残された課題を理解するために，タイの学校教育と若者のリプロダクティブ・ヘルスについて概観した上で，HIV/エイズの疫学的動向と政策的背景を整理し，タイのエイズ政策が学校を基盤とした性教育の実施に与えた影響を明らかにする。また，タイにおいて，学校を基盤としたCSEがどのように出現し，政策レベルにおいて推進されてきたのかについて，タイ国内のアクターに着目しながら提示する。さらに，タイにおける学校を基盤としたCSEの普及と実施に関する課題を整理し，CSEの必要性を明確化する。最後に，本研究で焦点を当てるティーンパス・プロジェクトについて紹介する。

第 *1* 節　タイの教育と若者のリプロダクティブ・ヘルス

1　タイ王国の概要

　タイ王国は，東南アジアの中心部に位置し，51万4,000平方キロメートルの国土と6,609万人（2022年）の人口を有する中進国である（外務省，2023）。公用語はタイ語，政治体制は立憲君主制である。地域は，北部，東部，東北部，西部，中心部，南部の6地域，76県に分けられ，首都は中心に位置するバンコクである。国民の大多数はタイ族であるが，華人やラオ族やクメール族，マレー族等も共生している。華人とラオ族やクメール族は，文化的にも国民としてもタイ族とほぼ同化しているが，南部に暮

らすイスラム教徒のマレー族や北部に暮らす山地民族は，明確に異なった民族としてのアイデンティティを持っている（Royal Thai Embassy Ottawa Canada, n.d.）。宗教は主に仏教（94%）とイスラム教（5%）である（外務省，2023）。仏教は，国民統合の重要な精神的・政治的支柱として位置づけられ，公教育にも仏教教育が組み込まれている（坂元，2002）。

タイは，近年，目覚ましい社会的・経済的発展を遂げている新興の工業国であり，2011年には世界銀行の区分において低中所得国から高中所得国に格上げされた（The World Bank, 2017）。しかし，都市部と農村部の間において，国内の経済格差の拡大が指摘されている。農業従事者は就業者の約30%を占めるが，農業が国内総生産（GDP）に占める割合はわずか10%未満である（外務省，2023）。県別のジニ係数[4]は大きな格差を示しており，近年その差異は広がっている（神野，2014）。また，政治・経済的動向としては，2015年に近隣諸国と共に「政治・安全保障」，「経済」，「社会・文化」の3分野における協力を掲げたASEAN共同体を発足させたが，タイ国内では，政情不安，経済成長の鈍化，労働市場の縮小が目立つ（OECD/UNESCO, 2016）。

2 タイの学校教育

タイ国民は，1997年憲法によって12年間の基礎教育を無償で受ける権利を保障されている（The ASEAN Secretariat Jakarta, 2014）。

図4にあるように，公教育は6-3-3制，すなわち6年間の初等教育（Prathom, P1-P6），3年間の前期中等教育（Mattayom, M1-M3），3年間の後期中等教育（Mattayom, M4-M6）である。初等教育は，6歳から入学が可能である。2003年に義務教育は，初等教育の6年間のみから，前期中等教育を含む合計9年間に延長された（Ministry of Education Thailand, 2008）。また，2009年の法改正によって，無償で教育を受けられる期間は3年間の就学前教育を含む後期中等教育までの15年間と定められた（OECD/UNESCO, 2016）。

4）社会における所得の平等・不平等の程度を表現するために用いる指標の一種。

図4　タイの教育制度

平均的な年齢	タイの学年	教育レベル／教育課程	義務教育	無償	職業教育	短期職業訓練	ノンフォーマル教育	特殊教育
3		就学前教育					ノ　ン　フ　ォ　ー　マ　ル　教　育	特　殊　教　育
4								
5								
6	P1	初等教育	義　務　教　育	無　償				
7	P2							
8	P3							
9	P4							
10	P5							
11	P6							
12	M1	前期中等教育						
13	M2							
14	M3							
15	M4	後期中等教育			中等職業訓練	短　期　職　業　訓　練		
16	M5							
17	M6							
18		高等教育（学士課程）			高等職業訓練			
19								
20								
21								
22		高等教育（大学院）						
23								
24								
25								
26								

出所：OECD/UNESCO（2016）p.47, Figure 1.5を基に筆者作成

　タイにおける初等・中等教育の就学率は，男女ともに高い。UNESCOの統計によると，2021年時の初等教育の純就学率（Net enrolment rate）は，98.44%（男子98.38%，女子98.51%），前期中等教育の純就学率は，90.98%（男子89.74%，女子92.29%），後期中等教育の純就学率は68.24%（男子では62.03%，女子では74.79%）である（UNESCO Institute of Statistics, 2023）。タイ教育省の統計によると，2021年時の私立と公立の学校の生徒数は，初等教育において公立学校3,584,094人，私立学校1,090,325人，前期中等教育において公立学校1,937,188人，私立学校344,751人，後期中等教育において公立学校1,588,025人，私立学校403,506人である。

　タイの教育行政は地方分権化が進んでおり，地域／学校レベルにおいて，学校運営やカリキュラム策定に関する一定の権限が付与されている。2002年より教育省を中心とした新しい教育行政構造（図5）の下，初等教育と中

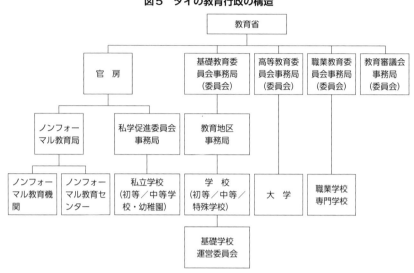

図5　タイの教育行政の構造

出所：村田（2007）を基に筆者作成

等教育を管理・運営する基礎教育委員会事務局（Office of the Basic Education Commission：OBEC）が国家レベルに設立された。OBECは，基礎教育に関する政策，開発計画，基準，コアカリキュラムを審議提案し，基礎教育レベルの教育運営の監督・点検・評価を行う（OECD/UNESCO, 2016）。

また，教育行政の地方分権化を促進するために，地域レベルには基礎教育と高等教育の一部の管理・運営を担当する教育区（Educational Service Areas：ESAs）が設置されている（Ministry of Education Thailand, 2008）。ESAsは，学校の設置・統合・廃止の審議などを含む教育運営のほかに，地域の環境に適合したカリキュラムの開発や教育省の基準に基づいた教員の採用を担当している（OECD/UNESCO, 2016；村田, 2007）。全国には，185のESAsが設置されており，各ESAの担当下には約200校の教育機関があり300,000～500,000人の生徒がいる（Ministry of Education Thailand, 2008）。

学校は，教育を実施するとともに，予算管理の責任を負っているが，教員の給与に関する決定権は持たない。また，学校には基礎学校運営委員会が設置され，学校経営に対する助言や支援を行う役割を担い，教育活動に対

する指導監督と評価にも携わっている（村田, 2007）。同運営委員会は，保護者，教員，地域社会組織・地方公共団体の代表，同窓生・宗教系組織の代表・有識者で構成される。

　タイの基礎教育カリキュラムは，初等教育と前後期中等教育を含む12年間の一貫したカリキュラムである。全国で統一された「コアカリキュラム」と各学校が教育省の定めた指針を基盤として策定する「学校カリキュラム」から構成され，2つの構成要素は7対3の割合での実施が推奨されている（村田, 2007）。カリキュラムは，必修科目と必修選択科目および自由選択科目と学習活動を含む。2008年に発行されたコアカリキュラムが定める学習分野は，1. タイ語　2. 数学　3. 科学　4. 外国語　5. 社会科・宗教・文化　6. 芸術　7. 保健体育　8. 職業と技術の8科目である。生徒は，初等教育の最終学年（P6）および前期中等教育と後期中等教育の最終学年（M3とM6）に全国統一テスト（O-Net）を受けることになっている。O-Netに含まれる科目は，8つの学習分野と同様の8科目である（EP-Nuffic, 2015）。

　タイの学校教育が抱える重要な課題のひとつは，生徒の学習到達度の低さである。UNICEFによる2018年度の複数指数クラスター調査（Multiple Indicator Cluster Surveys：MICS）は，タイの子ども（7歳〜14歳）の4分の1以上が基礎的な読解力と計算力を身に付けていないという結果を示している（UNICEF, 2021）。また，タイの子どもの学力は，学校や地域・家庭の社会経済状況の影響を受けており，基礎学力は都市部の子どもの方が高く，資源の少ない学校に通う農村部の子どもの方が低い傾向がある（UNICEF Thailand, 2022）。「OECD生徒の学習到達度調査（Programme for International Student Assessment：PISA）」の結果によると，公立学校に通う子どもの学力は，独立私立学校（私立の政府所管学校とは区別される）の子どもとの間に差が見られる。最低限の読解力レベルに到達していない生徒の割合は，独立私立学校では43％であるのに対し，公立学校では59％に上る（Word Bank, 2020）。さらに，裕福な家庭の子どもは貧困家庭の子どもに比べ，読解力と計算力が16％も高い（UNICEF, 2019）。

　タイにおける教育の課題として，OECD/UNESCO（2016）は学校間や都市部と農村部の間における学力の格差を指摘するとともに，社会経済的に

恵まれていない学校は教育資源（実験器具や教材，コンピューター・インターネット接続・ソフトウェア，図書館教材など）の質が劣っているなど，学校間における教育資源の差を指摘している。また，タイにおいて学校間格差が生まれる背景には，十分な訓練や教育を受けた教師の不足や，能力の高い教師が農村部で働くことを奨励するような工夫の欠如があると言われている（UNESCO, n.d.）。

3 タイの若者のリプロダクティブ・ヘルス

（1）リプロダクティブ・ヘルスの中心的課題

　タイの若者のリプロダクティブ・ヘルスに関する中心的な課題は，HIV/エイズと10歳代の妊娠である。タイの若者の間では，2000年代にSTIの感染率に増加傾向が見られたため，HIV感染の再流行が懸念される状況となった。21歳のタイ人男性が無作為に抽出される徴兵検査では，HIV感染率は2005年より概ね0.5%に留まっていたものの，若者（15歳〜24歳）のSTI感染率は，2008年から2012年の間に10万人中62.1人から93.2人に増加した（Thai National AIDS Committee, 2014）。近年もSTIの感染率の増加が指摘されており，最も感染率の高い年齢群は15歳〜24歳の若者であった（Thailand Handing out 95 million Condoms to Beat STDs, Teen Pregnancy, 2023）。こうした傾向は，若者の間においてSTI感染のみならず，HIV感染や望まない妊娠の予防の観点から安全ではない性的行為が増加していることを示唆している。

　また，タイの青少年の間では，HIV感染予防のために必要な医療的措置が十分にとられていない。HIV検査の利用は青少年にとって身近ではなく，タイの青少年期の女子の中で2カ月以内にHIV検査の結果を受け取った割合はわずか7%にすぎなかった（All In to #EndAdolescentAIDS, 2015）。さらに，調査対象となった12歳〜19歳のHIV陽性者の48.4%は，抗レトロウィルス薬（anti-retroviral drugs：ARV）の不適切な服用を行っていた（Xu et al., 2017）。ARVの服用が適切に行われない場合，HIV陽性者の青少年自身の健康維持が危ぶまれるだけでなく，他者へのHIV感染のリスクも

高まる。

　同時に，タイでは10歳代の妊娠が増加傾向にあり，特に女子のリプロダクティブ・ヘルスにおける深刻な問題となっている。タイにおける15歳〜19歳の出産率は，2001年から2011年の間に43％も増加した（UNICEF Thailand, 2013）。UNFPA（2018）によると，2016年の全出産数のうち，14％が青少年期の女子によるものであった。タイに暮らす女子にとって，10歳代の妊娠は健康へのリスクであると同時に，その後の人生における社会的負債となるリスクが高い。タイにおいて，17歳以下で出産した女子は20歳〜24歳で出産した女子に比べ，初等教育以降の学校教育を中断する可能性が2.7倍高く，将来的に最貧困層となる可能性が1.7倍高く，失業する可能性が1.8倍高く，パートナーと破局する可能性が4.0倍も高い（Panichkriangkrai, 2017）。

（2）リプロダクティブ・ヘルスのリスク増加の背景

　タイの若者のSTI感染と10歳代の妊娠の増加を招いている直接的な要因としては，若者の性的行動の変化，避妊具の不使用や誤った使用，予防に関する知識とスキルの不足などが挙げられる。

　近年のタイにおいては，世代間で性に関する認識に相違が見られ，若者の性的な行動が以前とは変化している。新しい傾向としては，まず，婚前の性交渉の増加がある。タイ疫学事務局の報告によると，後期中等学校のM5年生（16歳〜17歳）で性経験のある割合は，1996年には，女子が3.5％，男子が9.8％であったのに対し，2011年には，女子が16.4％，男子が28.0％に増加した（Techasrivichien et al., 2016）。特定の地域を対象とした研究調査では，北部都市チェンマイの17歳〜20歳のうちで性経験のある者の割合は，男子が62.4％，女子が34.4％であった（Tangmunkongvorakul et al., 2011）。

　もうひとつの傾向は，初交年齢の低年齢化である。Techasrivichien et al.（2016）により中部のノンタブリー県において実施された調査報告では，15歳以下での性経験の割合は，55歳〜59歳のグループにおいては，男性が0％，女性が0.8％であったのに対し，15歳〜19歳のグループにおいて

は男女ともに11.4%であった。東北部の都市コンケンのスラムで実施された調査では，性的経験のある青少年（10歳〜19歳）の群において，女子の初交年齢は14.8歳（±1.7歳），男子の初交年齢は15.2歳（±1.3歳）であった（Anusornteerakul et al., 2012）。

タイの若者の性に関する認識と行動の変化の背景には，近年のグローバル化に伴う西洋文化への曝露があると指摘されている。タイは，急速な西洋化と情報技術の革新に伴う生活習慣や社会習慣の変化を経験し，若い世代はメディアやインターネットを通じて，性的に刺激的な情報を入手しやすくなった（Tangmunkongvorakul et al., 2005）。西洋の映画やドラマには，婚前の男女がロマンチックな性的関係を持っている描写が溢れ返っており，タイの若者の手本となっていると言われている（UNICEF Thailand, 2015）。タイではインターネットが利用できるスマートフォンの普及が著しく，2014年のタイの農村部における調査では，自分の携帯電話を持っている学生（16歳〜18歳）の割合は，男子94.2%，女子84.2%であった（Aurpibul et al., 2016）。子どものインターネットの利用に大人の監督が行き届かない状況が生まれており，子どもはインターネットを介して性に関する不正確な情報を受け取っている（UNICEF Thailand, 2015）。また，インターネットは子どもにとって，性交渉に関して学ぶツールとなっており，若い世代における婚前の性交渉や低年齢での性的経験を促進していると考えられている（Techas-rivichien et al., 2016）。

同時に，タイには伝統的な社会文化的規範として，男女間で性に関する行動に関する異なった基準が存在し，青少年の行動に影響を及ぼしていると言われている。タイの17歳〜20歳の若者を対象とした調査では，男性の婚前の性経験は許容されるが，女性は許容されないという道徳の二重基準が家庭内に根強く存在している状況が示されている（Tangmunkongvorakul et al., 2011）。また，若い世代では，性的経験のある男子が格好良いとされ，男子は恋人と性的関係を持ったことを友達に自慢するという状況が一般的である一方，女子は女性の淑やかさや処女性，両親に対する従順さの価値を認めながらも，男性との交際や婚前の性的関係を望んで混乱しているとの指摘がある（Vuttanont et al., 2006）。

こうした規範に基づく女性への期待は、若い女性が性と生殖に関する情報の模索や、女性がパートナーに対して避妊具の使用や性交渉を持つタイミングに関する交渉力の獲得を困難にする（UNICEF Thailand, 2015）。また、タイ北部における若者（17歳〜20歳）を対象とした調査では、14.7％の女性が性的な関係を強要されたとの報告もあり、ジェンダーの不平等が女子のリプロダクティブ・ヘルスに深刻な影響をもたらしている可能性がある（Tang-munkongvorakul et al., 2011）。

タイの若者の間では婚前の性交渉が増加しているが、交際相手との間でのコンドームや避妊薬の使用が十分に普及しているとは言えない。2013年の調査によると、中等学校に通う性経験のある男子生徒の間において、女性交際相手との間でのコンドームの使用率は28.7％であった（Thai National AIDS Committee, 2014）。また、2014年のチェンマイの男女を対象とした大規模調査においても、10歳代の定期的なコンドームの使用率は約20％という結果であった（Pinyopornpanish et al., 2017）。若い女性の避妊薬の使用も一般的ではなく、2009年の生殖に関する健康調査では、15歳〜24歳の女性で避妊薬を使用したことのある女性は35.6％であり、15歳〜19歳の女性の避妊薬の使用経験割合は15.7％であった（National Statistical Office, 2010）。さらに、避妊薬を使用していたとしても、定期的に服用していなかったり、誤った服用方法をとっていたりしたために妊娠したという10歳代の証言が多く見られる（Kumruangrit & Srijundee, 2022）。

一因には、タイの若者の間におけるHIV感染の予防や避妊に関する知識やスキルの不足がある。2019年のMICSによると、HIV感染の予防知識を十分に備えている若者（15歳〜24歳）の割合は、女性が51.0％、男性が48.9％と半数程度であった（UNICEF, 2021）。また、妊娠に関する知識も十分ではなく、10歳代の予期しない妊娠の最も一般的な理由のひとつは、避妊に関する知識不足であったという報告がある（UNFPA Thailand et al., 2014）。若者の間では、効果の疑わしい避妊方法の使用は珍しくなく、緊急避妊薬や中絶という手段を用いればよいとの安易な認識も見られる（UNICEF Thailand, 2015）。

タイにおいては、2016年の法制定により性教育の実施が学校に義務付け

られるなど，性教育の実施が促進されてきた。結果として，ほとんどの青少年は学校において性教育を受けているが，性教育の内容への理解や避妊に関する知識やスキルは依然として不足している。10歳代で妊娠した母親に対する調査の結果によると，学校で実施されている性教育は，一方的に教師が話す講義型の授業であるために，生徒の関心を引くことや，批判的思考力などのライフスキルを育成することができず，生活に役立つ知識やスキルの獲得につながっていない（Kumruangrit & Srijundee, 2022）。

　以上のように，タイの若者のリプロダクティブ・ヘルスの促進のためには，ただ性教育を実施するのみでは十分ではない。タイの学校を基盤とした性教育においては，STIや避妊に関する正確な情報の提供とともに，ジェンダーの平等などの幅広い話題に焦点を当てる必要がある。また，社会心理的スキルを中心としたライフスキルの育成が必要であるという点から，質の高いCSEの実施が求められる。

第2節　タイのエイズ政策と性教育

1　タイのエイズ政策の歴史

(1) エイズ流行初期の政策（1984－1990年）

　タイ国内での最初のHIV感染は，1984年にバンコクの同性愛者の集まるバーで働いていた男性の性労働者の間で確認された（Chariyalertsak et al., 2008）。1980年代後半までのタイのエイズ政策は，HIV感染のリスクが高いと考えられる特定のグループ（key populations）に対するアプローチが中心であった。当時のタイにおいて，エイズは男性同性愛者（men who have sex with men：MSM），男性の性産業従事者，注射薬物使用者（injecting drug user：IDU）といった特定のグループのみが罹る病気であるという認識が一般的であり，政府もこうしたグループに対するアプローチに予防対策を集中させていた（Phoolcharoen, 2005）。したがって，一般の人々は，HIV/エイズは自分とは関係がないと考えており，HIV感染に対する危機意識は薄かった。しかし，IDU間におけるHIV感染率の上昇は極めて急速であり，

1989年にはバンコクのIDUの間でHIV感染率が30%を超えた（Weniger et al., 1991）。1980年代後半には，HIVの流行に対する懸念がNGOを中心として徐々に表明されるようになり，エイズ対策は，HIVの流行状況の監視，エイズ関連の医療と社会的ケア，血液の安全性の確保ならびに健康教育を含むようになった（Phoolcharoen, 2006）。当時のHIV感染の予防対策は，情報を提供するとともに恐怖心を煽るようなメッセージの発信によって危機意識を喚起するなど，個人のリスク管理意識と責任感を高める方策が中心であった（Phoolcharoen, 2005）。

(2) エイズの蔓延と革新的な政策（1991－1997年）

IDU間におけるHIV感染率の上昇から間もなく，タイ北部を中心に女性の性産業従事者（commercial sex worker：CSW）の間でのHIV感染率が急激に上昇した。1985年から1989年までの間には，タイのCSWのHIV感染率は1%以下であったが，1989年の調査ではチェンマイの安価な売春宿で働くCSWのHIV感染率が，44%に上っていた（Weniger et al., 1991）。さらに，1989年頃からは，性産業の利用者である一般男性の間でもHIVが蔓延し始めた。21歳のタイ人男性が無作為に抽出される徴兵検査では，1989年時には0.5%であったHIV感染率が，1991年には 2.9%に上昇している（Weniger et al., 1991）。性産業が盛んな北部における一般男性のHIV感染率は特に高く，チェンマイなどの北部5県全体における21歳の男性のHIV感染率は，1990年には10.3%にも上った（Weniger et al., 1991）。その後，一般男性の間でのHIV感染率は上昇し続け，全国定点調査における1994年の一般男性のHIV感染率は10%近い（Chariyalertsak et al., 2008）。この頃までに，HIV/エイズは全国に拡大し，1988年から1992年の間には3万件以上の新規感染が確認されている（Punyacharoensin & Viwatwongkasem, 2009）。

さらに，1990年代前半には，妊婦の間でもHIV感染率の上昇が認められるようになった（図6）。国家的な調査が実施された1991年時には，出生前ケアのクリニックに訪れた妊婦のHIV感染率は1%以下であったが，1995年のピーク時には2.25%に上った（Chariyalertsak et al., 2008）。北部のチェンライ病院では，1990年には初産を控える若い女性の間におけるHIV感染

図6 タイにおけるHIV感染の拡大（1983-2007年）

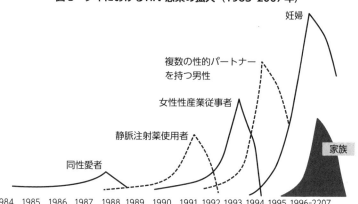

出所：Chariyalertsak et al.（2008）を基に筆者作成

率が1.3%であったが，1994年には6.4%にまで上昇した（Bunnell et al., 1999）。また，感染経路としては，1991年から1996年にかけてバンコクで実施された調査において，HIV感染が認められた女性の約半数（52%）が，特定の親密なパートナーからHIVに感染したことが示された（Siriwasin et al., 1998）。本調査結果は，リスクの高い行動をとらない女性のHIV感染を示唆しており，HIVの蔓延が家庭の領域にまで及び始めたということを意味している。

　タイ政府は，1990年に初めて公式にエイズ政策を打ち出した。そして，1991年に発足したアナン暫定政権下において，以前からエイズ対策の重要性を訴えていたメチャイ氏が内閣官房長官としてエイズ対策の責任を任され，精力的に政策を打ち出していった。同氏は，首相を総責任者とする国家エイズ対策委員会（National AIDS Prevention and Control Committee）を設立し，エイズ対策における省庁間の連携と政策決定へのNGOの参加の促進を図った。こうした体制の下で，首相府と保健省（Ministry of Public Health：MOPH）とNGOの連携体制が生み出された（The World Bank, 2000）。1991年から1997年のタイのエイズ政策としては，以下のような内容が代表的である。

a. 100%コンドーム・キャンペーン

1991年から1992年にかけて，MOPHの主導の下で，性産業における
コンドームの使用を義務付ける100%コンドーム・キャンペーンが開始さ
れた。タイにおいて売春は違法であるが，1989年時にタイ政府が把握し
ていた国内のCSWの数は8万5千人に上っていた（Rojanapithayakorn &
Hanenberg, 1996）。1980年代のCSWの圧倒的大多数は，売春宿やマッ
サージパーラーなどの性産業施設で働いていたため，タイ政府は売春を根
絶するよりも統制することを選択したと考えられている（Chariyalertsak et
al., 2008）。政府は，地域の公衆衛生官や地元警察，売春宿の経営者および
CSWと協力して，性産業におけるコンドームの使用を徹底して促進した
（Phoolcharoen, 2005）。性産業施設には，コンドームが無料で配布された
（Chariyalertsak et al., 2008）。そして，すべての性産業施設のCSWは，コン
ドームの使用を拒む客に対しては性的サービスを提供しないよう徹底的に指
導された。政府は，STIの流行を制御するための既存の公衆衛生システムを
活用し，コンドームを使用していないCSWを突き止めると，県警をとおし
てコンドーム不使用のCSWに制裁を科したというほどの徹底ぶりであった
（Rojanapithayakorn & Hanenberg, 1996）。また，CSWに定期的なSTI検査
とHIV検査を実施し，CSWがコンドーム使用を遵守しているかを監査した
（The World Bank, 2000）。そして，CSWのコンドーム使用に従わない性産
業施設に対しては，閉鎖に追い込むことをほのめかすなどの圧力が加えられ
た（The World Bank, 2000）。

b. エイズ啓発

100%コンドーム・キャンペーンの一環として，大衆に向けた大々的なエ
イズ啓発のキャンペーンが実施された。性産業におけるコンドーム使用の啓
発は，メチャイ氏が総裁を務めるタイのNGOであるPopulation & Devel-
opment Association（PDA）を中心として，1980年代後半から既に実行さ
れていた。たとえば，1989年にメチャイ氏は，バンコクの性産業の中心地
において，「Condom night with Mechai（メチャイとコンドームの夜）」と称
した啓発キャンペーンを実施した。キャンペーンでは，タイ人に馴染みの

PDAが設立したレストラン "Cabbages & Condoms"（2014年，筆者撮影）

左のレストランに飾られたコンドームで作られた人形（2014年，筆者撮影）

薄かったコンドームが身近に感じられるよう，奇抜な催しが実施された。たとえば，メチャイ氏は拡声器で大衆を引き付けると，通行人を巻き込んでTシャツを懸賞としたコンドーム膨らまし大会を行い，スーパーマンの恰好をした学生が，より安全な性交渉を訴えてバーを回った（Singhal & Rogers, 2003）。ユニークな啓発活動は国内外の注目を集め，メチャイ氏は「ミスター・コンドーム」の異名をとったほどである。

　アナン政権下のメチャイ氏の主導によって，HIV/エイズの予防キャンペーンも精力的に実施された。メディアをとおしたエイズ啓発が活発に行われ，テレビやラジオでは，毎時間1分以内のHIV感染予防を訴えるメッセージの放送が義務付けられた（Phoolcharoen, 2005）。エイズ啓発の多くの教材は，MOPHもしくはPDAによって作成されていた（Lyttleton, 1996）。特筆すべき点は，当時のメディアをとおしたHIV感染予防教育の目的は，性産業におけるコンドームの使用が主であったという点である。したがって，メディアで放送されるメッセージは，性産業を利用する男性にコンドームの使用を促す「露骨」で「率直な」内容であった（Rojanapithayakorn & Hanenberg, 1996）。また，メディア・キャンペーンが，HIV/エイズのリスクを非常に強調する内容であったという点も重要である。テレビで放映される30秒のエイズ啓発メッセージのほとんどは，エイズと死のイメージを結びつけた内容であり，IDUやCSWはあたかもHIVの感染源のように位置づけられた（Lyttleton, 1996）。本研究のキー・インフォーマントら[5]は，当時の啓

発内容を振り返り，エイズが死病として描かれると同時に，恐ろしい敵として表現されていたと話す。たとえば，エイズをボーリングのピンに見立て，ボールで一斉に薙ぎ倒すといった映像が放映されるなど，エイズは徹底的に闘うべき敵として非常に扇情的なイメージでもって放映されたのである[6]。

c. HIV/エイズ教育

各省庁は，エイズ啓発と並行して積極的に省内の職員や管轄領域の市民に向けたHIV感染予防教育を展開した（The World Bank, 2000）。たとえば，教育省（Ministry of Education：MOE）は，学童の間でのピア教育を開始し，HIV/エイズに関する作文の全国コンクールを毎年実施した（Phoolcharoen, 2006）。教育カリキュラム上も，初等教育高学年と中等教育の教育課程にHIV/エイズ教育が追加され，教師には生徒にエイズ啓発の指導を遂行するための研修が実施された。また，民間企業は，職場におけるHIV教育を推進して政府の取り組みを補完した。

当時のタイの学校におけるHIV/エイズ教育の内容や実施状況を記した文献は僅少であるが，Finger（1993）や笠井ほか（1999）によると，HIV/エイズ教育は「生活経験」という科目に含まれる生物の単元や，倫理や芸術を含む「性格形成」という科目の道徳教育や仏教教育の中に組み込まれていた。Finger（1993）は，当時のHIV/エイズ教育が，肯定的な態度の育成や個人や社会の問題を解決する能力の獲得，およびエイズに関する情報提供やHIV感染の予防に焦点を当てた内容であったと述べている。しかし，笠井ほか（1999）は，1995年から1998年にかけて北部の都市チェンマイの学校を調査したところ，実態がこのようなHIV/エイズ教育の内容とは大きく異なっていた様子を報告している。同報告によれば，タイのカリキュラムにおける学習到達目標は非常に緩やかな拘束力しか持たないため，HIV/エイズ教育の実施方法や

---

5) 既存の情報を補完するために実施したインタビュー調査の対象者。

6) The Path2Health Foundation（P2H）の職員1のインタビューによる。当インタビュー（半構造化面接）は，2014年9月に在バンコクP2H事務所にて実施した。P2Hはバンコクを拠点とするNGOであり，前身は国際NGOのPATHである。タイの保健領域における豊富な活動実績を有する。

実施時間数は学校によって多様であった。加えて，教師らは専門的知識が乏しいままにHIV/エイズ教育を実施しているため，結果として生徒はHIV/エイズに関する総合的な理解を欠いており，適切な予防行動を習得しているとは言い難かった。そこで，学校のHIV/エイズ教育は，保健所による講習会といった形態で実施されるケースもあったという。しかし，生徒がエイズに関する情報を得た媒体を調査したところ，テレビ（82.9%）やラジオ（69.8%）などのメディアが上位を占め，保健所からの講習会は5位（49.9%），授業は6位（49.7%）と下位であり，学校のHIV/エイズ教育はメディアのインパクトの強さには及んでいなかった（笠井ほか，1999）。笠井らの報告は，当時のタイの学校におけるHIV/エイズ教育に関して，カリキュラム上の学習目的と実際の指導内容が乖離しており，実施内容の不十分さが目立った状況を浮き彫りにしている。

　キー・インフォーマントらによると，そもそも当時のエイズ政策において，学校を基盤としたHIV/エイズ教育はあまり重視されていない施策であった。たとえば，MOPH元職員は，当時は青少年のHIV感染リスクは低いと考えられていたため，青少年はHIV/エイズ教育の主要なターゲット層ではなかったと話す。したがって，HIV感染予防における学校の役割は重視されていなかったという[7]。また，HIV/エイズ教育の内容に関しては，HIV/エイズのリスクが過度に強調されており，若者のエンパワーメントという視点は取り入れられていなかった。当時の学校で実施されていたHIV/エイズ教育は，生物の時間に一方的なメッセージを伝えるにすぎなかったという[8]。内務省元職員によると，青少年の間でピア・エデュケーターが募集されるなど，確かにピア教育は推進されていたものの，実際はNGOや病院などの外部の機関が出向いてHIV/エイズ教育を行っており，若者の参加は限定的であった[9]。The Path2Health Foundation（P2H）職員2は，NGO

---

7) MOPH元職員に対するインタビュー（半構造化面接）は，2014年12月に在バンコクUNICEFタイ事務所において実施した。

8) 同上。

9) 内務省元職員へのインタビューは，2014年12月に在バンコクのUNICEFタイ事務所において実施した。

を含む様々な機関が実施するHIV/エイズ教育においても，HIV感染のリスクが強調され過ぎており，HIV感染予防のための禁止事項を強調したり，恐怖心を煽ったりする教育内容が主流であったと話した[10]。

（3）HIV/エイズのインパクト緩和政策（1998—2011年）

100%コンドーム・キャンペーンなどのエイズ政策が功を奏し，1990年代後半から2000年代にかけてはHIV感染率が減少に転じた。1993年には4%に上っていた徴兵のHIV感染率は順調に減少し続け，1999年には1.56%にまで減少した（The World Bank, 2000）。また，1995年に2.3%であった妊婦のHIV感染率は，2003年には1.2%まで減少した（van Griensven et al., 2005）。同様に，CSWのHIV感染率も徐々に低下し，定点観測調査において，ピーク時には30%以上もあったHIV感染率が，2004年には10%以下に減少した（Chariyalertsak et al., 2008）。しかし，一方では若者の間でのHIV感染リスクの上昇が指摘され始めていた。

1998年から2011年までの間にタイ政府が展開したエイズ対策は，HIV/エイズのインパクトの緩和が中心となった（Phoolcharoen, 2006）。1999年度のエイズ対策費の内訳を見ると，HIV/エイズの治療とケアに最も多くの予算（63%）が費やされている（The World Bank, 2000）。HIV/エイズのインパクトを緩和する取り組みとして，HIVの母子感染の予防やエイズ孤児のケア，失職したHIV陽性者の生活保護や職業訓練などに予算が充てられたのである（The World Bank, 2000）。また，2003年からは，ARVが政府より無料で提供されることとなった（西山, 2013）。

しかし，1997年のアジア通貨危機の影響を受け，1990年代後半にはタイ国内におけるエイズ対策費は全体として大きく削減されている。中でも，最も削減されたのが，HIV感染の予防対策に充てる予算である。1997年から1999年の間にエイズ対策費は全体で27.8%削減されたのに対し，HIV感染の予防に充てる費用は半減している（The World Bank, 2000）。結果とし

10）P2H職員2に対するインタビュー（半構造化面接）は，2014年12月に在バンコクのP2H事務所において実施した。

て，1999年度のエイズ対策費において，HIV感染予防対策費が占めた割合は，わずか8％であった（The World Bank, 2000）。その後，2000年以降にエイズ対策予算自体は再び増加し，タイ国家エイズ予算査定（2000-2004）における2004年度の予算は2000年度の倍額近くになっている。しかし，HIV感染予防対策費は比較的少額に留まり，2003年度のエイズ対策費において HIV感染予防に充てられた費用は全体のわずか9％である。また，HIV感染予防対策費のほとんどは，母子感染予防の取り組みに充てられていた（UNAIDS, 2004）。したがって，1990年代後半以降は，若者のより安全な性的行動を促進するような HIV感染予防対策には，ほとんど予算が充てられなかった。

HIV感染予防対策への予算配分が減少する中，エイズ対策では次第に NGOやコミュニティの役割が強調され，その活動が支援されるようになっていった。たとえば，この時期のタイ政府は，NGOやコミュニティが独自の取り組みを始めるよう奨励し，HIV/エイズ関連のプログラムを支援するようなコミュニティのシステムには財政支援を行っている。つまり，NGOやコミュニティは，独自の資源を活用してHIV感染を予防し，エイズのインパクトを緩和できるようになることが期待されるようになったのである（Phoolcharoen, 2006）。

NGOが果たしてきた役割として最も顕著であったのは，HIV陽性者のケアや人権に関する取り組みである。たとえば，HIV陽性者の多い北部で，差別やスティグマ[11]を受けた HIV陽性者らが自然発生的に形成した自助グループが NGOの支援を受け，適切な治療へのアクセスと社会的再受容を求める活動を展開したことは広く知られている。

2 エイズ政策の結果

（1）流行初期〜蔓延期のエイズ政策の結果（1984—1997年）

1990年代半ば頃までのタイのエイズ政策，特に，徹底した性産業におけ

11）心理的な差別や偏見の意。

るコンドーム使用促進とエイズ啓発・教育を兼ね合わせたエイズ対策は，HIV感染率の劇的な減少をもたらし，世界的な成功事例としての評判を得た。まず，エイズ政策の効果として，多くの男性はHIV感染の恐れから性産業利用を控えるようになり，同時に性産業におけるコンドーム使用率も飛躍的に上昇した。1991年時と1995年時のタイ北部の徴兵に対する調査の結果を比較すると，性産業の利用率は81.4％から63.8％に減少し，性産業利用時のコンドーム使用率は61.0％から92.6％に増加している（Nelson et al., 1996）。特に，1998年のタイ北部の徴兵に対する調査の結果によると，性産業の利用率は38％にまで減少し，性産業利用時のコンドーム使用率も95％と高い水準であった（Nelson et al., 2002）。結果として，徴兵のSTI感染率は42.2％から15.7％に減少し，HIV感染率も12.5％から6.8％に減少した（Nelson et al., 2002）。1993年頃からの男性の行動変容は，仮に行動変容が起こらなかった場合，2000年までに発生していたと推定される20万件のHIV感染を防いだと言われている（The World Bank, 2000）。ただし，性産業におけるコンドーム使用が徹底された背景には，コンドーム不使用の摘発を恐れた性産業従事者側の行動変容があったという点は，付け加えておくべきである。

　一方で，1990年代のエイズ政策は，新たな問題の火種でもあった。まず，性産業の利用が減少するに伴い，タイの男性が性産業従事者以外の相手と性的な関係を持つ割合が増加した。しかし，性産業外におけるコンドームの使用率は，低いままであった。たとえば，1991年から1998年の間，交際相手や性産業従事者ではない女性と性的関係を持った北部徴兵の割合は23.1％から38.6％に増加している（Nelson et al., 2002）。しかし，1991年，1993年，1995年のいずれの北部徴兵群においても，交際相手との間におけるコンドームの使用は一般的ではなく，交際相手と性的な関係を持った徴兵の中で，交際相手との性交時にコンドームを使用したことがある徴兵はわずか31.9％であった（Nelson et al., 1996）。また，当時実施された質的調査の結果は，エイズに対する危機感によって，タイの若い男性が性産業の利用に消極的になり，交際相手と性的関係を持つことを好むようになった状況を示している（VanLandingham & Trujillo, 2002）。同調査において，男性ら

は交際相手との間にHIVの感染リスクがあるとは考えておらず，交際相手に対してコンドームを使用しない状況が一般的であることを明かしている。

さらに，エイズを死病として大衆の危機意識を喚起する過激なエイズ啓発とHIV/エイズ教育は，感染リスクの高いグループやHIV陽性者に対する差別とスティグマを生み出した。前述のように，HIV感染を予防するためにHIV/エイズに関連のある人々から遠ざかるように促しているとも解釈される啓発内容が，こうしたグループやHIV陽性者に対する差別とスティグマを助長したことは広く知られている。

(2) HIV/エイズのインパクト緩和政策の結果（1998－2011年）

エイズ政策のネガティブな側面の緩和を目指し，HIV陽性者に対する差別の緩和や若者のエンパワーメントにも着目した1998年から2011年の政策のインパクトに関しては，不明確な部分が多い。NGOやコミュニティによる活動の件数や規模に関する情報が僅少であり，全国規模でのインパクトが明確に示されていないためである。

確かに，コミュニティやNGOを中心としたHIV感染予防活動は，少なくとも，プロジェクト対象地域における新たなHIV感染者数の減少に一定の効果をもたらしたと考えられる。たとえば，1998年から2003年の間にパヤオ県において，日本の国立国際医療センター[12]とタイ保健省およびパヤオ県衛生局が，国際協力機構（JICA）の支援を受けて実施した「エイズ予防・地域ケアネットワーク・プロジェクト」は，HIVの新規感染予防の減少に寄与したとの報告がある。

同プロジェクトは，HIV/エイズの予防とケアに関する包括的な対策モデルをパヤオ県において開発し，全国に普及することを目標としていた。2005年に実施されたプロジェクト事後評価報告書によると，2003年時と2005年時の新たなHIV感染者数を比較すると，プロジェクト対象地域であった9県において新規感染者数の減少が認められた（JICA & Consulting, 2006）。ただし，同報告書は，タイ政府によるエイズ対策キャンペーンや

12）当時の名称。現在の名称は国立国際医療研究センター。

HIV/エイズ教育の効果といった本プロジェクト以外の要因が貢献した可能性もあると述べている。

また，別の事例としては，日本のNGOであるシェア＝国際保健協力市民の会（SHARE）が，1994年から2008年の間に東北タイ（通称イサーン）において，HIV陽性者に対するケアと支援，HIV陽性者の自助グループによる村民に対するHIV/エイズ教育を実施し，コミュニティ・レベルで一定の成果を上げている。

シェアによると，HIV教育は東北タイ2県の8つの村落において実施された。その結果，住民から差別を受けていたHIV陽性者がエンパワーされ，地域の予防啓発活動に活発に参画したことにより，コミュニティ全体が変容した（西山，2013）。また，エイズ・プロジェクトが実施された村では，HIV感染予防やHIV陽性者に対する地域住民の意識の変容が見られた[13]。

さらに，シェアは，ラチャパット大学の学生にHIV/エイズ教育のトレーニングを実施し，中等学校およそ10校においてピア教育を推進するエイズクラブを設立する活動も実施した。しかし，同プロジェクトに携わったシェア職員によると，2008年時に再訪問した際に，エイズクラブの活動の継続が確認された学校は2校のみであり，活動は必ずしも継続されていたわけではなかった[14]。

1990年代後半から2000年代にかけて，NGOやコミュニティの活動が，エイズ政策のネガティブな側面の緩和という点において，一定の成果を収めてきたことは間違いない。しかし，こうした活動が，HIV/エイズ教育における若者のエンパワーメントやHIV陽性者に対する差別の緩和に全国レベルでどの程度のインパクトを与えたのかは，データとして示されていない。

3　エイズ政策の影響

1990年代のタイのエイズ政策は，HIV感染率を劇的に低下させたという

13）シェア職員に対するインタビュー（半構造化面接）は，2017年3月3日に在東京のシェア事務所にて実施した。

14）同上。

点において，非常に効果的な政策であった。しかし，タイのエイズ政策によって実施された施策のいくつかは，近年のタイの若者のSTI感染率と10歳代の妊娠の増加の背景要因として，しばしば言及されている。したがって，本節では，タイのHIV/エイズ政策が近年のタイの若者のリプロダクティブ・ヘルスに与えた影響を考察し，残された課題と教訓について述べる。

第一に，性に関する現代の若者のリスク行動は，1990年代のエイズ啓発を含む100％コンドーム・キャンペーンの影響を受けているとの指摘がある。前述のとおり，キャンペーンと並行して実施された啓発活動では，性産業におけるHIV感染リスクと性産業利用時のコンドーム使用の重要性が強調された。結果として，男性の性産業の利用は減り，交際相手と婚前に性的な関係を持つケースが増加した。男性の行動変容に伴い，タイの伝統的な社会文化的規範では認められなかった女性の婚前の性交渉は徐々に一般化していった。しかし，CSW以外の相手との性交渉にHIV感染リスクはないという誤った認識が広まり，性産業外におけるコンドームの使用にはつながらなかった。こうしたタイの男性の行動変容とHIV感染リスクやコンドーム使用に関する認識は，世代を超えて引き継がれていったと考えられる。その証左として，2006年の調査時点において，若者（17歳～20歳）は，信頼しているパートナーや特定のパートナーとの性交渉ではHIV感染予防の必要性はないという認識を示している（Tangmunkongvorakul et al., 2011）。

さらに，タイのエイズ啓発は，コンドームに対するネガティブなイメージを作り上げた側面がある（UNICEF Thailand, 2015）。ネガティブなイメージとは，コンドームは性産業利用時にのみ使用する用具であるというイメージである。P2H職員1は，こうしたイメージにより，コンドームの使用は交際相手のHIV感染や品行の悪さへの疑いを暗喩するという社会通念が形成されたと述べている[15]。100％コンドーム・キャンペーンは，当時のHIV感染予防において非常に効果的な施策ではあったものの，現代の若者の婚前の

---

15) 当職員に対するインタビュー（半構造化面接）は，2014年9月に在バンコクのP2H事務所において実施した。

性交渉の増加とコンドームの不使用を招く要因となった可能性が高い。

　第二に，1990年代のHIV/エイズのリスクを強調したエイズ啓発により，HIV/エイズに関する差別やスティグマが助長され，非常に根強くタイ社会に残った。そして，世代を超えて現在の若者の行動に影響を及ぼしていると考えられる。2012年のMICSによると，HIV陽性者に対して受容的な態度を示した若い女性（15歳〜24歳）の割合は，わずか25.6%であった（National Statistical Office of Thailand, 2012）。また，HIV陽性者を対象とした調査では，調査対象者の約3分の1（34.3%）が，陽性者であることによってコミュニティへの参加を制限され，94.9%が宗教的な活動から排除され，64.4%が噂になることを恐れていると明かしている（NAPAC, 2010）。また，MOPH元職員は，学校におけるHIV陽性者に対する生徒への差別も根強く，HIV陽性者の生徒を転校させるなどのコミュニティにおける差別が報告されていると述べている[16]。

　上述のようなHIV陽性者への差別とスティグマは，HIV検査やARVの服用から若者を遠ざけている。たとえば，2015年にチェンマイの15歳〜24歳の若者を対象とした調査分析では，HIV検査の結果に恐れを抱く者ほどHIV検査を受診しないという結果が示されている（Musumari et al., 2016）。また，差別とスティグマは，若者のHIV陽性者のARVの不適切な服用につながっている（Xu et al., 2017）。たとえば，2010年から2011年までの質的調査において，HIV陽性者の若者（14歳〜21歳）は，自身がHIV陽性者であると周りに知られれば，友達や恋人を失うかもしれないと恐れており，ARVを服用する姿を見られたくないと話している（Udomkhamsuk et al., 2014）。HIV/エイズに関する根強い差別とスティグマの影響により，若者の間でHIV/エイズは隠され，遠ざけられ，結果的に若者のHIV感染リスクを高めているのである。

　第三に，タイの若者のHIV感染と望まない妊娠につながるリスク行動には，エイズ政策の一環として実施されてきたHIV/エイズ教育が関係してい

16）当職員に対するインタビュー（半構造化面接）は，2014年12月に在バンコクのUNICEFタイ事務所において実施した。

る。特に，HIV/エイズ教育に，若者のエンパワーメントや人権の視点が十分に取り入れられてこなかった点が，近年の若者のリスク行動につながっている。まず，1990年代のHIV/エイズ教育は，知識や禁止事項の伝達が主であったため，若者にはHIV感染のリスクに関する状況分析のスキルや批判的思考力を育む機会が十分に提供されなかった。2000年以降にはNGOやコミュニティが，HIV/エイズに関する知識や禁止事項の伝達に留まらない，より包括的なHIV/エイズ教育を実施し始めたものの，各々のプロジェクトの実施規模は比較的小規模であったと考えられる。したがって，2011年までのHIV/エイズ教育によって，若者がエンパワーされたとは言い難い。結果的に，タイの若い男性は，性産業の利用が危険であれば一般の女性と性的関係を持てばよい，コンドームは性産業利用時のみ使用すればHIV感染のリスクはないという考えに陥り，こうした行動パターンの変化や新しい認識は社会通念として世代間で引き継がれていった。

さらに，HIV/エイズ教育における若者のエンパワーメントという視点の不足は，現代のタイの女子のリスク行動の背景要因であると考えられる。前述のように，タイでは伝統的な社会文化的規範として，男女間において性に関する行動に対する異なった基準があり，近年でも一定程度維持されている。たとえば，2011年のタイの17歳〜20歳の若者を対象とした調査では，男性の婚前の性経験は許容されるが，女性は許容されないという道徳の二重基準が家庭内に根強く存在している状況が示されている（Tangmunkong-vorakul et al., 2011）。

若い女性は，婚前の女性の性的関係に不寛容な社会文化的規範により，性と生殖に関する情報の模索，および避妊具の使用や性交渉を持つタイミングに関するパートナーとの交渉が困難であると感じている（UNICEF Thailand, 2015）。結果的に，タイでは，学校での成績が良く，日常生活ではリスク行動を見せないような「良い子」が，性的な関係において自分を守る知識やスキルを持ち合わせていないために妊娠してしまうことが多い（Chirawatkul et al., 2012 cited in UNICEF Thailand, 2015）。こうした状況は，HIV/エイズ教育において状況分析力や批判的思考力，避妊具の使用に関するパートナーとの交渉力を育む機会が提供されてこなかった結果でもある。エイズ政

策によって若い男性の性に関する行動変容がもたらされた裏側で，若い女性は男性の行動変容に対応することができずにいる。

最後に，1990年代のHIV/エイズ教育は，HIV陽性者の人権に対する配慮や人権教育の不足により，HIV陽性者に対する差別とスティグマの形成に歯止めをかける役割を果たすことができなかった。一度形成された差別やスティグマは根強く，現代においてもタイの若者をHIV検査やARVの服用から遠ざけている。HIV/エイズ教育が，初期の段階において差別とスティグマを予防できなかったことは，現代の若者をHIV感染のリスクにさらす事態につながったと考えられる。

第 *3* 節　タイにおけるCSE

1　CSEの普及と抵抗

タイにおけるCSEの推進の動きは，国際的な潮流の中で2000年頃から始まったと考えられる。世界では，1990年代のHIV/エイズの蔓延に対応する国際的な動きとして，2001年に国際連合HIV/エイズ特別総会（The United Nations General Assembly Special Session on HIV/ADS：UNGASS）において，「HIV/エイズに関する誓約宣言」(Declaration of Commitment on HIV/AIDS) が決議された。本決議は，法的な拘束力こそないものの，エイズの蔓延を終結させるために各国政府が一丸となって取り組んでいくことを呼びかける内容であった。署名した国は，決議内容に沿った実施ができているかをモニタリングし，国連合同エイズ計画（UNAIDS）に報告するよう要請された。

UNGASSの決議内容は，若者（15歳〜24歳）の間のHIVの感染を減らしていく必要性を強調し，各国政府が何をすべきかを明示している。タイは，2年ごとのUNGASSへの報告書を滞りなく提出し，報告書においてCSEの推進への意欲を示してきた。2006年のUNGASS国別進捗報告書において，タイ国家エイズ予防撲滅委員会（The National AIDS Prevention and Alleviation Committee：NAPAC）は，HIV感染の蔓延がタイの若者にも拡大してい

ることに言及し，国家政策をとおしてHIV/エイズ教育を推進している点を強調している（NAPAC, 2006）。続いて，2010年のUNGASS報告書では，NAPACは，国内の青少年のHIV/STI感染および妊娠が増加していることを理由に，学校を基盤としたCSEの必要性を強調した（NAPAC, 2010）。

　UNGASSの報告書に見られるように，この頃，タイ政府は青少年を対象としたCSEの必要性を認識していたが，学校を基盤としたCSEの制度化に関しては依然として政策的な課題に直面していた（NAPAC, 2010）。2010年のUNGASS報告書は，学校を基盤としたCSEの実施をめぐり，タイの保健省と教育省の間に緊張関係があったことを示唆している。性教育は，保健体育の一環として教育カリキュラム（2001年基礎教育カリキュラム）に正式に組み込まれてはいたものの，内容は生物医学的側面に過度に焦点を当てたものであった（UNESCO, 2014）。そこで，保健省は，性教育をより包括的な内容にするためにカリキュラムを開発し，保健教育のカリキュラムに組み込むよう教育省に提案した（NAPAC, 2010）。しかし，教育省の政策官と教育現場の教師らは，CSEをコアカリキュラムに組み込むことに消極的であり，CSE の必要性を認めることに対して否定的な態度であった（NAPAC, 2010）。興味深いことに，タイの仏教当局は初期の段階から性教育を支援している[17]との報告がある（Smith et al., 2003）。

　2008年に基礎教育コアカリキュラム（The Basic Core Curriculum B.E. 2551/A.D.2008）が採用されると，初めてタイの教育機関におけるCSEの実施が公に奨励されるようになった（UNESCO, 2014）。カリキュラム上の性教育の内容には，より多様な話題が含まれ，ライフスキルの育成，性に関する健康，ジェンダーの平等といった社会心理的側面にも焦点が当てられるようになったのである。しかし，カリキュラムにおけるCSEの奨励は，教育省によるCSEに対する全面的な支持と同義ではなかった。依然として教育省は，CSEを必修化することはなく，CSEを単独科目としてカリキュラムに含めることも，卒業試験に相当する全国統一テスト（O-Net）の一部と

---

17) ただし，タイの仏教当局がどのような性教育をいつから支持していたのかについては，十分な情報が得られなかった。

して含めることもなかった。地方分権化の進んだタイの教育制度では，学校にカリキュラムのかなりの部分を策定する権限が与えられているため，CSEのこうした曖昧な位置づけはCSEの限定的な実施にしかつながらなかった。多くの学校において，CSEの実施は学校や教師のモチベーションに大きく左右され，内容的にも量的にも依然として不十分な状態が続いた（UNESCO, 2014）。

　一方で国際NGO等を中心とする市民社会は，「CSEをとおして性に関する正確で実践的な情報を得る青少年の権利」に言及しつつ，フォーマル・ノンフォーマルの教育制度におけるCSEの実施を促進するよう提言を続けていた（NAPAC, 2010, p.54）。たとえば，国際NGOのPATHは，2003年から2014年にかけて，タイ全土においてティーンパス・プロジェクトを実施した。本プロジェクトは，CSEカリキュラムを開発し，教師，教育関係者，教育監督官らに対する研修を実施することにより，中等学校と専門学校の学校カリキュラムにCSEが導入されることを目的としていた。PATHは，同時に，ピア・エデュケーターの生徒を育成するための青少年クラブ，すなわちCSEクラブの設立をとおして，CSEを推進する青少年のリーダーとネットワークを助成するよう学校に推奨した。本プロジェクトは，世界エイズ・結核・マラリア対策基金（世界基金）からの資金提供を受け，タイの保健省と教育省の協力の下で実施された。

　しかし，本プロジェクトにおいて開発されたCSEカリキュラムは，ガイドとして使用されるに留まり，本カリキュラムを使用するか否か，本カリキュラムを使用してどのようにCSEを教えるのかといった点は，教師や学校次第という状況であった（NAPAC, 2010）。本プロジェクトに携わったPATHの職員は，CSEのカリキュラムが学校に普及しない主な要因として，CSEの実施ではなく，学業成績に強い焦点を当てる教育省のビジョンを挙げている（UNESCO, 2014）。

　同時に，学校を基盤としたCSEの制度化に関する議論は，タイにおいて10歳代の妊娠が増加しているという国民の問題意識の高まりとともに注目度を増していった。特に，2010年に違法な中絶による数千人の胎児が仏教寺院の敷地内で発見されたと報じたBBCニュースは，タイの人々に衝撃を

与え，早期妊娠がにわかに社会問題として認識されるようになった。2014年には，UNFPAもタイの青少年の出生率が近隣諸国と比較して，顕著に高い値であると警鐘を鳴らした（UNFPA, 2014）。

早期妊娠率への意識が高まった結果，この時期に策定された様々な政策や開発計画では，学校を基盤としたCSE の必要性が強調されている。たとえば，保健省の下で策定された「2012-2016年国家青少年・子ども開発計画」，「2014-2016年国家エイズ予防と抑制政策・戦略」，「2015-2026年10歳代の妊娠予防・撲滅戦略」などである。

保健省による学校を基盤としたCSE推進の継続的な働きかけは，2016年に「青少年期の妊娠問題の予防と解決のための法」の制定という実を結んだ。この法律は，第6条において「教育機関は，次のとおり，思春期の妊娠問題の予防と解決に取り組むものとする。①児童や生徒の年齢に応じた性教育の指導と学びを提供すること」と定め，学校に性教育の実施を義務付けた。当該法律の制定により，首相が委員長を務める10歳代の妊娠に関する全国委員会が設立され，本委員会は教育省を含むすべての関係省庁の省令の策定を監督することとなった。こうして，タイの6つの省，教育省，高等教育省，保健省，内務省，労働省，社会開発・人間の安全保障省の間の10歳代の妊娠の予防のための協働の枠組みが構築された。

タイ国内のCSEの推進プロセスを見ると，国内政策のレベルにおいてCSEを普及させようとする動きと抵抗する動きのせめぎ合いが起こっている様子がわかる。国連機関や世界基金，国際NGOなどの外部アクターは，青少年のリプロダクティブ・ヘルスに関する提言やCSEのカリキュラム開発，人的資源の開発，学校を基盤としたCSEを促進するプロジェクトの実施などをとおして，タイ国内におけるCSEの普及に直接的または間接的な影響を及ぼしている。

タイにおける省庁と教育機関などの国内アクターは，学校を基盤としたCSEの実施政策に関して長らく一致せず，リプロダクティブ・ヘルスや教育に関する思想の相違などにより軋轢が生じていた。保健省を中心とした国内のアクターは，CSEを推進する外部アクターとの関わりの中でCSEの重要性を強く認識し，教育省などの他の国内アクターの説得を行ってきた。保

健省による様々な働きかけは，教育省による学校を基盤としたCSE実施の実質的な許容を引き出すために欠かせない動きであったと考えらえる。

2 CSEの実施と課題

(1) タイの学校を基盤としたCSE

タイにおける若者に対する性教育の発展に焦点を絞って見てみると，まず，タイの性教育は1978年から学校教育カリキュラムの一部として位置づけられている。しかし，性教育では，主に生物医学的な内容や思春期の体の変化に対する理解に重点が置かれてきた（PATH, 2007）。タイの性教育では，性的な感情の対処法や性的行動の社会的影響の考察などがほとんど含まれていなかったため，青少年が実生活で役立てられる内容ではなかったと言われている（PATH, 2007）。また，1990年代には，エイズ政策によって学校におけるエイズ教育の実施が推奨されたが，当時のエイズ教育の内容はHIVの感染リスクを強調したり，性産業の利用とHIV感染を結びつけたりする内容が中心であった。

2001年の基礎教育カリキュラムにおいては，学習分野が8つに分類され，性教育とライフスキル教育が，「保健体育教育」の学習分野の項目として位置づけられた。しかし，性教育の内容としては，依然として生物医学的な内容が重視されており，社会心理的なスキルなどには焦点が当てられていなかった（UNESCO, 2014; Vuttanont et al., 2006）。

2008年の基礎教育のためのコアカリキュラムでは，性教育をとおして学ぶべき内容として，性に関する健康やライフスキルおよびジェンダーの平等などが含まれ，CSEと同等の内容を学ぶことが推奨されるようになった。また，職業学校のためのカリキュラムにおいては，2004年以来，CSEが1年時（15歳〜16歳）の選択科目のひとつとなっている。背景には，国家エイズ計画2007-2011が，若者のHIV感染予防の戦略としてCSEを中心に据え，教育省の役割に期待が高まっていたという事情があった（UNESCO, 2014）。

2008年のコアカリキュラムにおいても，CSEは独立科目や必修科目とし

ては設定されておらず，結果として多くの学校では十分な実施がされてこ
なかった（Thammaraksa et al., 2014）。タイ教育省とUNICEFの全国規模の
調査によると，調査対象となった公立の中等学校の80%以上の生徒が，自
身の通う学校で性教育（sexuality education）が実施されていると回答して
いる（Ministry of Education Thailand & UNICEF Thailand, 2017）。しかし，
CSEの実施内容に関して見てみると，学校間におけるCSEの実施形態や教
授内容の多様性が浮かび上がる。同レポートは，公立の中等学校と職業学校
で実施されているCSEの状況について，次のように報告している。

・公立の中等学校の教師の約半数（51.3%）が，自身の学校においてCSEは
　独立の科目として教えられていると回答したが，48.6%の教師は，他の
　科目（健康教育，社会科，科学，タイ語，仏教など）の一部として教えられ
　ていると回答した。
・健康教育の一部としてCSEを教えている学校では，1年間に同教科の18
　単元のうちの2〜4単元がCSEに充てられており，健康教育以外の教科に
　CSEが含まれている学校では，毎回の単元の5〜10分がCSEの内容に充
　てられている。
・CSEにおいて最も一般的に教えられている内容は，解剖生理学的な話題
　であり，性の多様性や安全な中絶，同性愛者の安全な性交渉，性的少数者
　に対する虐めに関しては，ほとんど教えられていない。
・中絶やセクシュアリティに関しては，一般的にネガティブな側面が強調さ
　れている。たとえば，いかに中絶が罪であるかを仏教の教えを引用しなが
　ら説くなど，道徳的な価値観や特定の価値判断に基づいた内容が教えられ
　ている。
・同性愛者の話題に関しては，同性愛者に対するスティグマや虐めを助長す
　るような指導内容が見られる。たとえば，同性愛者の性交渉に関する生徒
　からの挑戦的な質問に対して，教師が教室内の同性愛者の生徒に答えるよ
　う指名するといった状況が確認されている。
・CSEの教授法は，講義が中心である。CSEにおいて参加型の手法が用い
　られていると回答した生徒は，20%以下であった。また，実物のコン

ドームを提示した使用法の説明を受けた生徒は，4人に1人であった。

　上述の報告は，タイの学校におけるCSEの実施内容が，量的にも質的にも十分であるとは言えない状況を示している。まず，調査結果において示されているCSEの一般的な実施時間数は，CSEの効果発現に必要であるとされている時間数に遠く及んでいない。さらに，実施されている内容としては，①性の多様性などのセンシティブな話題が避けられる傾向にあり，②セクシュアリティや中絶のネガティブな側面が強調され，③婚前の性交渉の予防を主たる目的に置いている，という点において禁欲的性教育に近い内容となっている。中絶を罪として強調する教授内容は，生徒の違法な中絶につながる可能性があるという点から，タイでは特に大きな問題である。青少年の性に関する権利や性の多様性などのセンシティブな話題が教えられていないという点は，多くの先行研究の指摘とも一致している（Boonmongkon et al., 2019; UNFPA Thailand et al., 2014）。CSEでは知識伝達型ではなく参加型の学習が効果的であるため，講義を主体とした教師中心のCSEは，生徒の学習効果を十分に引き出していない可能性がある。したがって，タイのCSEは，実施時間数や内容と教授法の観点では，十分な実施状況にあるとは言えない。

（2）CSEの実施に関する課題

　タイの学校におけるCSEの実施が不十分であるという状況には，学校レベルにおける多くの事情が関係している。これまでのタイにおける研究や調査の報告から，CSEの実施が滞る要因としては次の点が挙げられている。

a. 教師の価値観と信念

　タイでは，多くの教師が，CSEの内容に本来含まれるセンシティブな話題への言及に否定的な価値観を持っている。その結果，教師によってCSEカリキュラムが大きく変更され，多くの学校では禁欲的性教育に近い内容が教えられている（Ministry of Education Thailand & UNICEF Thailand, 2017; Vuttanont et al., 2006）。

タイの性教育の教師の多くは，CSEを教えることは恥ずかしい，もしくは性に関する直接的な言葉を使用するのは困難であると感じている（Kay et al., 2010; Thammaraksa et al., 2014）。CSEに対する教師のこうした不快感は，性交渉について公の場で語ることをタブー視するタイ文化の影響を受けていると指摘されている（Nimkannon, 2006; Noppakunthong, 2007）。また，婚前の性交渉は不道徳であるという価値観や，性について教えることは10歳代の性交渉を促進するという信念，性教育の教師自身が過去に受けた性教育のイメージが，CSEに対する教師の不快感につながっている（Vuttanont et al., 2006）。タイ教育省とUNICEF（2017）の報告によると，「妊娠やSTIの予防をし，互いに愛し合ってさえいれば，婚前の若者の性交渉には何ら問題がない」という点に同意した性教育の教師は，わずか25〜38%であった（Ministry of Education Thailand & UNICEF Thailand, 2017）。

タイにおいて，宗教とセクシュアリティに関する否定的な信念の結びつきはあまり指摘されていないが，多くの国民がタイと同じ上座部仏教を信仰するカンボジアでは，伝統的な仏教の教訓に抵触するためにCSEを実施することは困難であるという政府高官の発言がある（Smith et al., 2003）。

b. 学校風土

タイの学校で実施されているCSEにおいて，教師中心の一方的な教授法が一般的であるという状況は，タイの学校風土の影響を受けていると考えられている。タイの学校においては，生徒と教師間のコミュニケーションが，通常は厳しい上下関係に基づいており，あまり開放的ではない（Hodal, 2012）。さらに，こうした学校風土は，若者が年長者に対して自分の意見を自由に話すよりも，年長者を敬い，年長者の言葉を真摯に受け止めるというタイの文化を反映している（Hodal, 2012）。したがって，授業中に自由に発言したり，生徒と教師の双方向のコミュニケーションを重視するような参加型の教授法は，タイの教師にとって馴染みのない教授法であると言える。

c. CSEの研修と教材

教師に対するCSEに関する充実した研修や教材の不足が，CSEの不

十分な実施状況を招いていると指摘されている。たとえば，タイ教育省とUNICEF（2017）の調査によると，中等学校のCSE教師の約半数は，CSEに関する訓練を受けたことがない（Ministry of Education Thailand & UNICEF Thailand, 2017）。

同調査報告によると，CSEの研修を受けた教師と受けていない教師を比較すると，研修を受けた教師の方が，生徒中心の活動に重点を置いた参加型の教授法を用いる率や，実際のコンドームを提示した説明を実施する率が高かった。さらに，CSEの研修を受けた教師の方が，より多くの話題を授業で扱っていた（Ministry of Education Thailand & UNICEF Thailand, 2017）。また，婚前の安全な性交渉の是非に関しては，研修を受けた教師では35%が同意し，研修を受けていない教師の同意率（25%）よりも高かった（Ministry of Education Thailand & UNICEF Thailand, 2017）。

d. CSEに対する学校長の態度

タイの伝統的な規範を重んじる学校長の信念が，性教育の実施状況に影響を及ぼしている可能性がある。タイ教育省とUNICEF（2017）の報告からは，調査対象となったほとんどの学校長が，青少年の性に関して，伝統的なタイ文化に則した信念を持っている状況が示されている（Ministry of Education Thailand & UNICEF Thailand, 2017）。たとえば，多くの学校長は，生徒の年齢における親密な交際は「不適切」で「間違い」であると考えている。また，学校長の多くが，生徒は生まれながらの性別に基づいたジェンダーの役割に則した振る舞いや服装をしなければならないという信念を持っている。性教育はタイの文化に基づく道徳的な規範の遵守を促進するべきだとする学校長の信念は，学校におけるCSEの実施の障害となっている可能性がある。

さらに，タイの多くの学校長は，性教育よりも全国統一テスト（O-Net）や成績評価の対象となる学習教科を優先事項であると考えている（e.g. Tanasugarn et al., 2012; UNESCO, 2014）。自身の学校において，10歳代の妊娠や性的少数者の生徒に関する問題があると認識している学校長はごく少数であり，性教育よりも他の学習領域により高い優先順位を付けている（Ministry of Education Thailand & UNICEF Thailand, 2017)。

e. CSEに対する親の態度

　学校におけるCSEの実施内容は，性に関する青少年の行動に対する親の価値観を反映している可能性がある。中等学校と職業学校に通う子どもを持つ親は，10歳代の妊娠が増加傾向にある現状に危機感を持っており，ほとんどの親（80%）が学校における性教育を支持している（Ministry of Education Thailand & UNICEF Thailand, 2017）。しかし，東北タイの農村部において実施された15歳〜19歳の子どもを持つ親に対するインタビュー調査の結果では，親は，自分の子どもが性交渉の話題を含む性教育を受けるにはまだ若すぎると感じている（Sridawruang, Pfeil et al., 2010）。また，多くの親が，タイの青少年の初交年齢は低いと認識しているにもかかわらず，性教育がなくても自分の子どもは親の言いつけを守り，リスク行動をとらないと信じているという報告もある（Fongkaew et al., 2012; Sridawruang, Pfeil et al., 2010）。

　さらに，タイの親に共通して見られる認識は，青少年が性的な行動に関する知識を得ると実際に試したくなるので，性教育は危険であるというものである。結果として，親は，性交渉についての話題やコンドームの使用法が，学校の性教育に含まれることに賛成していない（Sridawruang, Pfeil et al., 2010）。また，多くの親は，学校の性教育では実際のコンドームを提示した説明を実施するのではなく，講義に留めておくべきであると認識している（Ministry of Education Thailand & UNICEF Thailand, 2017）。

　タイの伝統的価値観では，女子には婚前に性経験がないということに価値が置かれる。たとえば，Sridawruang, Crozier et al. (2010) による東北タイの農村における調査によると，同地域では現代においてもタイの伝統的価値観が根強く，両親の半数以上が，女子は婚前に性経験を持たないことが重要であると認識している。そして，両親は，女子の婚前の性経験が村の噂話の対象となることを恐れていた。両親の認識では，婚前の女子の性経験は，タイの社会では女子の価値を下げる行為であると同時に，コミュニティにおける家族の面子を潰す行為であった（Sridawruang, Crozier et al., 2010）。

CSEの内容に関する親の理解は限定的であり，どのような話題が含まれる教育なのかを正確に理解していない。親は，CSEが妊娠とSTIの予防に関する情報提供であると捉えており，ジェンダーの平等や性に関する権利についての話題がCSEに含まれるとはほとんど認識していない（Ministry of Education Thailand & UNICEF Thailand, 2017）。

以上のように，タイにおいては，CSEに関する研修や教材の不足とともに，CSEに対する教師・学校長・親の不支持が，学校におけるCSEの十分な実施を妨げていると考えられる。CSEを支持しない関係者の認識は，タイの伝統的な価値観に深く根差している可能性が高い。したがって，CSEに本来含まれる教育内容と伝統的な価値観の間に齟齬があるタイにおいては，CSEに対する関係者の支持をどのように拡大するかが，CSEの十分な実施を実現する戦略における鍵である。

3　ティーンパス・プロジェクト

2003年，タイにおいて国際NGOのPATHが，青少年を対象とするCSEの推進を目的としたティーンパス・プロジェクト（Teenpath Project）を開始した。PATHは，技術革新をとおした世界の健康格差の是正を使命とし，1970年代から40年以上にわたる活動経験を有する（PATH, n.d.-a）。ティーンパス・プロジェクトを実施したPATHのタイ事務所は，現在はタイの現地NGOのP2H（The Path2Helath foundation）となっている。PATH/P2Hによるティーン・パスプロジェクトをとおして蓄積された，タイの学校におけるCSEの推進とCSEプログラムの実施経験は，本研究の研究目的と関連が深い。

（1）ティーンパス・プロジェクトの概要
PATHのティーンパス・プロジェクトは，タイの教育省（MOE）と保健省（MOPH）の協力および，Global Fundの資金援助を受け，2003年から2014年までの11年間にわたり，タイ全国において展開された。青少年を

対象とするCSEの実施拡大を主な目的とした同プロジェクトは，大別すると3つの目標を掲げていた。すなわち，①教育現場の人材のCSEに関する基本的な理解と技術の向上，ならびにCSEに関連する青少年活動の促進，②CSEの実施と性に関する健康を促進する政策の策定，ならびに地域的環境の形成，③青少年が利用しやすい性に関する健康に寄与する保健サービスの発展，ならびに教育機関と当該保健サービスの連携強化，である（UNESCO, 2014）。本研究では，当該3目標のうち，特に①の目標に関する活動内容に焦点を当てる。

　同プロジェクトの目的達成のための戦略的枠組みは，CSEが前後期中等学校と職業訓練校のカリキュラムに統合され，定期的に全生徒に対して実施されること（年間16時間以上の実施），および学習者中心の参加型教授法を推進することであった（UNESCO, 2014）。まず，同プロジェクトは，教師に向けたCSEカリキュラムと指導の手引き（マニュアル）を開発し，教員に向けたCSEの研修を実施した。CSEカリキュラムとマニュアルは，当該研修を受講した教員に配布された。また，同プロジェクトは，地方レベルにおいて，教師の指導技術向上のためのモニタリング体制と継続的なサポート体制の構築を促進した。当該戦略によって，学校におけるCSEの十分な時間数の確保と，質の高い内容の実施が目指された。

　PATHによる教員を対象とするCSEの研修と支援体制は，地方機関との連携を中心としている。県レベルにおいて，ティーンパス・プロジェクトの調整や実施を担うパートナー機関が募集され，パートナー機関は，CSEの研修を実施するマスタートレーナーや同プロジェクトに参加する学校を募り，教員を対象とする研修や学校への職業的な支援を提供する（Clarke, 2010）。パートナー機関は，多くの場合，県の保健事務局や教育地区（ESAs）事務局である。教員に向けた支援としては，定期的な学校におけるCSEの査察や指導技術のモニタリングと追加的な指導が実施される。教員を対象とする研修の内容は，PATHのCSEカリキュラムを構成する6つの要素，①人間の発達，②人間関係，③個人のスキル，④性に関する行動，⑤性に関する健康，⑥社会と文化，に関する理解とマニュアルの使い方に関する指導を含む。また，研修では，CSEに関する知識の獲得と概念の理解の促進だけで

なく，参加型の教授法の習得も目指される。研修は，毎年1回，4日間実施され，研修に参加した学校には，マニュアルに記載されている活動に必要な教材（e.g.コンドーム，注射器）がPATHから提供される。

（2）ティーンパス・プロジェクトによるCSEの推進

ティーンパス・プロジェクトはタイの43県において展開され，2004年から2014年までの間に同プロジェクトに参加した学校は延べ2,749校（中等学校2,039校，職業学校293校）である。最初の8年間には1,899校（うち中等学校は1,304校），最後の2年間には1,546校が参加している（Department of Disease Control Thailand, 2014; UNESCO, 2014）。ただし，最後の2年間の参加校数は，PATHのCSEカリキュラムを年間6時間以上実施した学校のみを対象とした数である。

プロジェクトの結果として，PATHのCSEカリキュラムは多くの学校に採用され，実施されるようになった。しかし，PATHが掲げる16時間以上のCSEの実施を継続している学校は，限られている（Department of Disease Control Thailand, 2014）。PATHによると，少なくとも191校の学校が年間16時間以上CSEを実施しており，これらの学校は，ティーンパス・プロジェクトのモデル校として認定されている。モデル校の認定要件は，①CSEを学校のカリキュラムに組み込み，CSEの責任者を任命し，学校長がCSEの計画策定や実施に関わっていること，②すべての生徒に対して少なくとも1学期に16時間以上のCSEを実施し，学校内外の研修や査察を受けていること，③CSEを担当するすべての教師がセクシュアリティや青少年の発達および学習者中心の教授法に関する研修を受けていること，とされている（Ministry of Education Thailand & UNICEF Thailand, 2017）。

2016年におけるモデル校の地域的な分布は，中部に38校，北部に48校，東北部に88校，南部に17校である。モデル校の中には，CSEを独立科目としてカリキュラムに組み込んでいる学校も存在する。そして，多くのモデル校は，PATHのカリキュラムやマニュアルに沿って質の高いCSEを実施している。モデル校の数は，プロジェクトに参加した全学校数に比べると限られているという点から，プロジェクト参加校の中には，CSEの十分な実

施が実現された学校と滞った学校があるという状況が示唆される。

（3）ティーンパス・プロジェクトのCSEカリキュラム

PATHのCSEカリキュラムは，アメリカ性情報・性教育評議会（SIECUS）が開発したCSEカリキュラムに倣い，性に関する多様な話題を取り扱いライフスキルの育成をも含む内容となっている。また，タイで誤って信じられている一般常識に焦点を当てるなど，タイの事情に適合するように開発されている。

PATH（n.d.-b）によると，学習者はPATHのCSEカリキュラムをとおして，性に関する適切な情報を実生活において活用するために，知識と理解および自信の獲得を目指した様々な活動に参加する機会を得ることができる。そして，表6に示されるように，学習者は，自分自身の心理的および感情的な側面や性に関する充足感について学び，自尊心を高めていく。その結果，学習者が他人とより建設的な関係を築き，批判的思考や青少年時代における有益な決定を自分自身で下すことができるようになると想定されている（PATH, n.d.-b）。また，誠実さや責任感および他者と自分に対する尊敬の念を持ち，自分の性的な側面を表現できるようになるとされる。

こうした学習成果を得るための後期中等学校の生徒（15歳～18歳）を対象とした教育計画は，表7に示されるとおりである。表内に見られる「ジョーム」や「トン」「オー」は，生徒と同年代の男子や女子の名前である。たとえば，M4年生の教育計画6「ジョームの話」は，主に，生徒がジョームさんとペーンさんの考え方や物事の感じ方の共通点と相違点を考察する授業内容である。授業計画の多くが，事例や参加型の学習形態を用いた内容であることがわかる。

以上のように，PATHが開発し，ティーンパス・プロジェクトにおいて使用されているCSEカリキュラムは，SIECUSが定義するCSEの概念に沿って作成されている。カリキュラム内容は，生徒の年齢に配慮した参加型学習を基本としており，扱う話題は性に関する健康から文化や人間関係まで多岐にわたっている。

表6　ティーンパスのCSEカリキュラムが目指す学習成果

性の発達
- 生徒は，人生の多様な段階における性の発達について説明することができる
- 生徒は，生殖に関する機能とヘルスケアについて説明することができる
- 生徒は，性交渉は人間の一部分であると理解し，生殖と性的な快楽の双方を受け入れることができる
- 生徒は，道徳的な審判を下すことなく，他人や個人による違いを尊重し，人はそれぞれ身体的，心理的，性的指向に関する面において，そもそも異なると理解している
- 生徒は，自身の身体的特徴に満足し，性的な能力と性器の大きさの相関に関する作り話を見抜くことができる

関係性
- 生徒は，互いに幸せな関係を築くことのできる友達や伴侶および家族の重要性や役割，期待および基本的特徴を見分けることができる
- 生徒は，個人間の違いはライフスタイルの問題であって，善悪とは関係ないという点を受け入れられる
- 生徒は，自身が付き合っている人たちが不満を抱いているような時にも，誠実なコミュニケーションをとり，攻撃的な対応をするのではなく，状況を打破できるような建設的な方法を見つけることができる
- 生徒は，相互理解に基づいた関係を開始し，継続する方法を理解すると同時に，自分自身の感情をコントロールし，関係性をどう終焉させるのかを理解している

個人的なスキル
- 生徒は，自分自身の信念に従う態度や行動をとり，意見を表明することができ，関連する問題に対して意見交換を行うことができる
- 生徒は，個人間の相違を受容し，個人の性に関する態度に関して，道徳的な判断を他者に下さない
- 生徒は，決断を下す際には，選択肢に関する情報を収集し，各選択肢の結果を考慮することができる
- 生徒は，自分自身が必要とする事柄や，他者に対する尊重を基盤とした意見および感情を伝えることができる
- 生徒は，情報に明るく，情報検索のスキルを持ち，必要な際には他者からの援助を求める方法や問題に対処する方法を知っている

性的な行動
- 生徒は，自分自身の性的なアイデンティティを表現し，人生の各段階において，自分自身の性に関する価値観を反映した生活に満足している
- 生徒は，性や年齢に関する相違について冷やかしたり，嘲笑したりすることなく，他者を平等に扱い，セクシャリティや年齢に基づいた人間の尊厳に関する価値判断を許容することができる
- 生徒は，自己や他者を搾取したり，傷つけたり，苦しめたりすることなく，性的な快楽の価値を評価することができる
- 生徒は，信頼に足る情報源を選び，性に関する情報を得る方法を知っている
- 生徒は，詐欺や不当な利益のない，責任ある性的な関係性を持つ
- 生徒は，親密な関係性において起こり得る身体の反応をよく理解した上で，その反応をコントロールできるようになるために，性器や他の性的な刺激のある身体の部位に関して学んだり，触れたりすることを恐れない

表6の続き

性に関する健康

・生徒は，妊娠やSTIおよびHIVの感染を予防するために，適切な避妊方法を選択することができる

・生徒は，軽率に判断を下すことなく，決断を下す前に，大人や性に関する健康の専門家に援助や助言を求めることができる

・生徒は，性的なハラスメントに直面した際に，自分をどう守り，どのように助けを求めるかを知っている

社会と文化

・生徒は，性に関する価値観が時代に応じて変化し，性に関する価値観がジェンダーと性別の概念に影響を与えていることを説明することができる

・生徒は，現在の法的な枠組みにおける性に関する権利について説明することができる

・生徒は，性に関する様々な課題に関する行動や，大衆によって導き出された価値観およびプロパガンダを分析することができる

出所：PATH（2007），pp.16-18を基に筆者作成

表7　後期中等学校の生徒を対象とした「性教育の理解と成長」の教育計画

教育計画	M4年生	M5年生	M6年生
1	若者の外見をとおして	私にとって大切なこと	M6年生の人生
2	私，あなた，彼（彼女）	肉体と身体	時代に遅れないように知る
3	体の中を見てみよう	女性は左へ，男性は右へ	それぞれの人　それぞれの理由
4	様々な機会……本当に？	若者の間の性教育	ゴの話
5	性病とHIVを知っておこう	トンとオーの話	No condom, No sex
6	ジョームの話	理解して生きる	親になるための許可書
7	安全を買わせて	愛を選ばなければならない時	タイの文化と性
8	口から口へ（口コミ）	霊のささやき	ランランの話
9	考える私　考えるあなた	これぞ男	冗談と本気
10	何を考えているか知りたい	チットとトイ	チャンスはみんなのもの
11	失恋なんてへっちゃら	これは妊娠？	人生大学
12	選んだ道	若者の心の友	若い男女の力
13	熱い愛　冷たい愛	話さない？	性の掟
14	様々なものがあるこの地球	様々な味，様々な形	
15		人生を描く	
16		私たちの家族	

出所：PATH（2008a），PATH（2008b），PATH（2008c）を基に筆者作成

(4) ティーンパス・プロジェクトによるCSEの成果

ティーンパス・プロジェクトの成果として，CSEに関する教師の指導力の向上や生徒の一定の学習成果が報告されている。2014年のプロジェクト終了時報告によると，教師を対象とする研修や追加指導の結果として，教師は心を開いて青少年と性に関して話そうとする態度を獲得し，CSEにおける指導能力が高まったとされる（Department of Disease Control Thailand, 2014）。また，同プロジェクトに参加した教師は，性交渉や性に関する健康の話題について青少年と議論する技術を身に付け，苦手意識が軽減したという（Department of Disease Control Thailand, 2014）。

2008年〜2009年に，PATHから受託した外部機関が実施した調査の結果，学校カリキュラムにPATHのCSEカリキュラムが組み込まれている調査対象校（8校）の生徒は，CSEが実施されていない学校（8校）の生徒に比べて，①知識，②コンドーム使用に対する態度，③交際相手との性に関するコミュニケーション，④コンドームの使用，の項目における点数が有意に高かった（UNESCO, 2014）。ただし，項目③と④は，性経験が既にある青少年に対する調査であった（Department of Disease Control Thailand, 2014）。同調査のサンプルサイズは小さいものの，PATHのCSEカリキュラムの有効性が示されている。

しかし，2012年度にPATHからの依頼を受けたマヒドン大学の研究チーム（Tanasugarn et al., 2012）が実施した調査では，PATHのCSEカリキュラムを実施している学校間において，生徒のCSEの学習成果に差異があることが明らかになった。すなわち，同CSEカリキュラムを実施している学校の中には，望ましい成果を上げている学校もあれば，成果が極めて限定的な学校も存在していたのである。当該調査報告の概要は，次のとおりである（Tanasugarn et al., 2012）。

・調査は，PATHのCSEカリキュラムを実施している学校のみを対象とし，8県の142校に対して実施された（調査対象の詳細は表8を参照）。主な調査手法は混合研究法であったが，生徒のCSEの学習成果の評価は，生徒に対する質問紙調査の点数を基に行われた。

表8　2012年度のプロジェクト評価における調査対象校

地域	県名	学校数	生徒数
中部	チャチュンサオ県	39	145
	スパンブリ県	18	73
北部	ロプブリ県	15	79
	ウッタラディット県	21	114
東北部	チャイヤプーム県	16	138
南部	ウドンタニ県	18	95
	ナコンシータマラート県	7	50
	サトゥーン県	8	70
		合計 142校	合計 764人

出所：Tanasugarn et al., 2012を基に筆者作成

・学習成果の評価項目は6項目，①自己認知，②態度，③スキル／ライフス
キル，④リスク認知，⑤感情，⑥知識，であった。分析過程では，学習成
果を示す生徒の点数が3つのレベル，①高い学習成果／60％以上，②中程
度の学習成果／50〜59％，③低い学習成果／50％以下，に分類された。
・分析の結果，大多数の学校（70％）において中程度の学習成果が得られて
おり，3％の学校では高い学習成果が得られていた。27％の学校では低い
学習成果しか得られていなかった。
・CSEにおける総合的な学習成果が高かった学校では，知識のみでなく，
各評価項目における点数が他の学校に比べて有意に高かった。
・地域別に見ると，学習成果の高い学校が比較的多かった県は，チャイヤ
プーム県（東北部）とナコンシータマラート県（南部）であり，学習成果
の低い学校が多かった県は，サトゥーン県（南部）とロプブリ県（北部）
であった。

　同調査の結果は，ティーンパス・プロジェクトに参加した各校が，同様に
PATHのCSEカリキュラムに沿って授業を実施したにもかかわらず，生徒の
CSEの学習成果に差が出ている状況を表している。また，CSEの学習成果
の差異は，宗教事情などを含めた地域の特色を反映した差異ではなく，学校
間における差異であるという点が示唆されている。したがって，調査対象と

なった各学校におけるCSEの実施に関する何らかの要因が，学習成果に影響を与えたと考えられる。

　CSEの学習成果の差を生む実施要因に関して，同調査報告は，高い学習成果が得られた学校とその他の学校を比較し，次のように分析している(Tanasugarn et al., 2012)。

・効果的な学校では，CSEが保健体育に組み込まれる傾向があったが，その他の学校では，CSEは「アドバイス」の授業や科学や社会科の授業に組み込まれていた。
・効果的な学校の学校長は，CSEが基礎教育に役立つと考えていたが，その他の学校の学校長は，CSEは教員や学校にとって余分な負担であると考えていた。
・効果的な学校は，ESAsからの支援を受けていたが，その他の学校はESAsからの支援を受けていなかった。ESAsや学校の多くは，O-Netを重要視していた。
・効果的な学校は，性に関する問題を解決するために学校基礎委員会を活用していたが，その他の学校では，性に関する問題は家族や社会，地域文化に根差していると考えられていた。
・効果的な学校の学校長は，教員の異動があった際には，CSEの追加的な教員研修の機会を模索していたが，その他の学校では措置が何もなされていなかった。
・効果的な学校では，CSEにおいて生徒の分析スキルを育成する活動が用いられ，外部の評価者からもCSEの教授法に関して高い評価を得ていた。

　上述の点から，高い学習成果に寄与する学校内要因として，CSEの十分な時間数や参加型の教授法が浮かび上がる。また，こうした要因を実現する環境要因としては，CSEに対する学校長やESAsの支持とCSE教師の育成が示唆されている。しかし，効果的な学校におけるCSEの実施に関する要因が，どのようにCSEの高い学習成果に結びついているのかという点に関しては検証されていない。

第5章
タイにおける調査研究の手法

　本研究では，開発途上国の学校におけるCSEの普及の過程と，学校を基盤としたCSEの効果的な実施要因の解明を目指し，ティーンパス・プロジェクトに参加したタイの学校の事例研究を実施した。本章では，まず，本研究で用いた定性的な研究手法と研究デザインを紹介する。次に，事例研究の道のりとして，データ収集に至るまでの過程および調査対象校の選定と調査過程について振り返りたい。最後に，収集したデータの概要として，調査対象地と調査対象校，収集したデータの内容と分析方法について述べる。

第 *1* 節　研究手法

　本研究は，タイにおけるティーンパス・プロジェクトに参加した学校の調査分析をとおして，開発途上国の学校におけるCSEの普及の過程と，学校を基盤としたCSEの効果的な実施要因の解明を目指して実施した。本研究の研究手法は，少数の効果的な学校の定性的な事例研究である。定量的な研究手法を重視する研究者の一部からは，体系的な統計分析こそが社会科学における唯一の妥当な研究手法であり，数量的な測定に基づかない定性的な研究手法を否定する主張がなされている（キングほか，2004）。しかし，定性的研究法の強みは，数量化や統計分析には馴染まない情報を収集・分析ができる点や，現象のどの側面がどの程度近似しているかといった性質における判断ができる点にある（キングほか，2004）。本研究には，統計分析に馴染まない代表例である「人々の間でのアイデアの広がり方や傑出したリーダーシッ

プの効果」（キングほか，2004, p.3）の分析が含まれるため，定性的手法が最適である。

　また，事例研究に対しては，「攪乱をもたらす第三の変数による影響を制御する機会が最も少ない」という批判や，「得られた結果は，他の事例に一般化することができない」という批判がある（エヴァラ，2009）。しかし，事例研究は，事例内部の詳細な分析による過程追跡をとおして，特定の現象が生じる因果メカニズムの推論を可能にする（久米，2013）。過程追跡とは，様々な初期条件が結果に変換されていく過程を詳しく調べるアプローチである（キングほか，2004）。結果が生まれた因果プロセスをさかのぼって追跡し，因果プロセスに必要な先行条件を推測し，結果を引き起こす主要な原因に到達することを目指すのである（エヴァラ，2009）。

　過程追跡によって因果メカニズムの推論が可能であるという点は，仮説の構築や修正における事例研究の強みである。キングほか（2004, pp.269-270）は，因果メカニズムを調べる試みは「仮説を反駁する観察を探す試みでもある」と述べた上で，因果メカニズムの検証をとおして「どの因果メカニズムが作動しやすいかについて，一般的に記述することができるようになる」可能性や，「それぞれのメカニズムが作動する条件を知ることができる」可能性を指摘している。また，久米（2013, p.211）は，「仮説がもっとも妥当しそうな事例で，少なくともその一部分が予想と異なる結果を示すなら，それは理論仮説を改善する重要な手掛かりになるだろう」と述べ，事例研究の価値を強調している。

　定性的な事例研究は，効果的な学校研究（Effective Schools Research）の研究手法としても，定量的研究手法と並んで用いられてきた。効果的な学校研究の最も一般的な研究手法は，平均学力が突出して高い学校（および低い学校）を選出し，事例の比較によって効果的な学校の特徴を探る方法である（三輪，2005）。中でも，少数の効果的な学校の事例を関係者に対するインタビューや授業の観察によって詳しく分析する方法は，効果的な学校研究において古くからとられてきた手法である（e.g. Glenn & McLean, 1981; Weber, 1976）。さらに，効果的な学校研究の分析手法の曖昧さに対する批判を受けて登場した学校改善研究（School Improvement Research）では，効果的な

学校における教育活動の改善プロセスを分析する定性的研究手法が主流である。こうしたパラダイムシフトは，教育研究における定性的な事例研究の有用性を示している。

　以上の理由により，本研究では，過程追跡のアプローチに基づいた事例研究を主たる研究手法として採用した。学校を基盤としたCSEの普及については，調査対象校における関係者へのインタビュー調査を基に，CSEが質の高い状態で継続的に実施されるようになった過程をさかのぼって追跡し，主要な成功要因の明確化を目指した。CSEの効果的な実施要因については，関係者に対するインタビューや授業の観察による定性的な調査データを基に，先行研究において示唆されている要因がCSEの学習成果に貢献する因果メカニズムを検証した。さらに，現象学的なアプローチに基づき，こうした実施要因以外の第三の要因がCSEの学習成果に関与している可能性を探求した。本手法は，効果的な学校研究において用いられてきたWeber（1976）らの研究手法に準じている。また，学習成果が向上するプロセスに着目するという点においては，学校改善研究の視点を採用している。

　本研究においては，補完的に，生徒に対する質問紙調査を実施した。主たる目的は，少数の生徒へのインタビュー結果と生徒全体の認識に大きな相違がないかを確認するためである。質問紙調査は，生徒の認識が有益な情報源となる一部の調査項目に関してのみ実施した。

第 *2* 節　研究デザイン

1　タイの学校におけるCSEの普及

（1）問い1の設定

　本研究の第一の目的は，学校への効果的なCSEの導入アプローチを解明することであった。そこで問い1として，タイの学校にCSEが導入される過程において，質の高いCSEの継続的な実施に寄与した主な要因は何か，という研究設問を立てた。また，問い1に答えるためのより具体的な3つの問い①～③（従属的な設問）を以下のように設定した。

①CSEの導入当初，センシティブな内容を含むCSEの実施に対する学校レベルの関係者の賛否を分けた要因は何であったか

②CSEの実施推進過程において，学校はCSEの実施に対する関係者の支持の拡大に貢献したか

③CSEの実施推進過程において，子どもはCSEに対する学校レベルの関係者の支持を拡大する役割を果たしたか

タイのティーンパス・プロジェクトに参加した学校の中には，プロジェクト参加後にCSEを学校カリキュラムに組み込み，年間16時間以上という十分な時間数のCSEの授業を数年にわたって継続的に実施している学校が存在している。さらに，こうした学校の多くは，PATHのCSEカリキュラムに忠実に沿った質の高いCSEを実施している。ティーンパス・プロジェクトにおいて，量的にも質的にも十分なCSEの継続的な実施を実現した「効果的な学校」にCSEがどのように導入されたのかを検証することは，タイの学校における効果的なCSEの導入アプローチの解明につながると考えられる。

問い①では，タイの伝統的な価値観が，性教育に対する調査対象校の教師や親の意見に否定的な影響を与えていることが予想される。先行研究によると，タイの伝統的価値観によって多くの学校レベルの関係者が禁欲的性教育を支持しているためである。本研究では，学校レベルの関係者に対するインタビュー調査によって，具体的にどのような伝統的価値観がどの程度CSEの実施の是非を決定づけているかという点の明確化が期待される。また，タイの伝統的な価値観への抵触にもかかわらず，教師や親が始めからCSEを支持していたのならば，CSEの実施に支持が集まった要因の明確化が期待される。

問い②では，学校や外部機関からの働きかけが，CSEに対する学校レベルの関係者の態度に一定の影響を与えたことが予想される。リプロダクティブ・ライツ推進派は，性と生殖に関する権利を推進する社会改革の役割を学校と教師に期待している。しかし，先行研究によると，タイにおいては，教師らの間でもCSEに対する支持が弱い。したがって，学校レベルの関係者に対するインタビュー調査によって，誰がCSEに対する支持拡大の取り組みを積極的に実施し，どのような取り組みがどの程度，CSEに消極的な関

係者の態度に影響を与えたのかという点の解明が期待される。

問い③では，CSEの実施過程において，生徒がCSEに対して肯定的な反応を示したと予想される。先行研究によって，タイの多くの青少年がCSEの必要性を感じている様子が示されているためである。CSEの実施推進過程において，CSEの実施に対する教師や親の態度に生徒の意見がどの程度影響したかという点の解明が期待される。

（2）学校の選択

事例研究の対象としては，ティーンパス・プロジェクトに参加した学校の中から，以下の基準に合致する3校を選定した。

A）学校カリキュラムにCSEを組み込んでいる

B）年間12セッション以上のCSEを実施している

C）CSEを独立科目として実施している

D）年間12セッション以上のCSEの実施を少なくとも2年間以上継続している

E）すべての学年の生徒に対してCSEを実施している

F）PATHのCSEカリキュラムの内容を質の高い状態で実施している

G）前後期中等教育を実施する公立の中等教育機関である

H）タイにおける典型的な学校である（宗教，民族，社会経済に関する事情が一般的である）

I）農村部に位置する学校である

選択基準のA）とB）は，CSEを量的に十分実施している学校を選択することを意図している。年間12セッション以上の実施は，Kirby（2011）が提示したCSEの効果発現に必要な時間数である。C）は，学校がCSEを独立科目として実施しているという状況は，CSEを既存の科目の一部として実施している学校以上に，CSEの実施に関係者からの支持が得られていると考えられるためである。D）は，CSEの実施の継続性，E）とF）は，CSEが質の高い状態で実施されている状況を確認するためである。本文脈における「質の高い状態」とは，PATHのCSEカリキュラムに含まれるセンシティブな話題が明らかに割愛されたり，同カリキュラムが禁欲的性教育に近い

内容に変更されたりしていない状態を指す。G）を設けた理由は，タイでは前後期中等教育を実施する教育機関以外にも，初等教育機関が前期中等教育を実施する「延長学校」と呼ばれる公立学校が存在するためである。研究倫理上の配慮から，本研究では15歳未満の生徒に対する調査を実施しないため，本研究は延長学校を研究対象としていない。また，同質の教育機関におけるCSEの導入プロセスに焦点を当てるためにも，前後期中等教育を実施する公立の学校に的を絞っている。H）とI）は，事例研究の結果の汎用性を考慮してのことである。タイの大多数の国民は，①仏教徒，②タイ民族，③農業従事者であるため，この3点を満たす学校をタイの典型的な学校とみなす。また，タイの生徒の学習成果は都市と農村の間で大きな差があり，農村部には教育に関する資源が乏しいという状況がある。したがって，本研究では，豊かな教育資源や特別な機会といった影響を排除するため，社会経済的に恵まれた状況にない学校における成功例に焦点を当てるため，農村部の学校を研究対象としている。

2　学校を基盤としたCSEの効果的な実施要因

（1）問い2の設定

　本研究の第二の目的は，学校を基盤としたCSEの学習成果の向上に寄与することであった。そこで問い2として，タイの学校を基盤としたCSEの実施において，HIV感染と早期妊娠の予防に寄与する非認知的能力の向上に効果的な学校内要因は何か，という研究設問を立てた。本研究設問には，性教育研究と学校効果研究における先行研究の知見を基に，概念的な枠組み（図7）を設定した上で取り組むこととした。

　本概念的枠組みにおける「1. 効果的な学校の『学校風土』」は，学校効果研究におけるHeneveld & Craig（1996）の「学校効果の決定要因の概念的枠組み」（図3）から抽出している。先行の学校効果研究が示す非認知領域のアウトカムに効果的な学校内要因は，Heneveldらの枠組みにおける学校風土との関連性が見られるためである。ただし，Heneveldらの枠組みにおける学校風土には，カリキュラムに関する要件が含まれているが，本研究の概

図7　学校におけるCSEの効果的な実施要件の概念的枠組み

1. 効果的な学校の「学校風土」	2. CSEの効果的な実施要因
1-1. 生徒に対する教師の高い期待 1-2. 教師の肯定的な態度 1-3. 秩序と規律のある学校や教室の雰囲気（Order and Discipline） 1-4. 生徒の学習成果に対する称賛と動機付け（Rewards and Incentives）	2-1. 権限を付与する現地の機関や役職者からの最低限の支援 2-2. CSEを実施する教師の選定・訓練・モニタリング・監督・支援 2-3. 若者が参加できる安全な社会環境 2-4. カリキュラムに含まれる大部分の活動の実施 2-5. 12セッション以上の実施

出所：筆者作成

念的枠組みからは除外した。本研究では，CSEの実施に関する学校内要件に焦点を絞っており，カリキュラムの内容に関する検証を目的としていないためである。一方，本概念的枠組みにおける「2. CSEの効果的な実施要因」は，性教育研究におけるKirby（2007）のカリキュラムを基盤とした効果的なHIV/性教育プログラムの特徴のリストから，学校におけるCSEの実施に関する要因を抽出している。なお，本研究では，本概念的枠組みに含まれる各々の要件を，Heneveld & Craig（1996）とKirby（2007）による各要因の定義に基づき，次のように定義する。

a. 効果的な学校の「学校風土」

生徒に対する高い期待（High expectations of students）

教職員が全生徒に対して，高い期待を保持している。生徒に期待する行動や学習成果に関する明確な目標が学校内で設定され，生徒に繰り返し伝えられている。また，学校は学習の場であるというメッセージが学校長や教師から生徒に明確に伝わっており，生徒の学習態度には教職員からの十分な注意が払われている。生徒は学校内の活動において，何らかの責任を任される機会を多く得ている。たとえば，生徒がクラブや委員会に所属し，役割を担う機会を得るなどである。

教師の肯定的な態度（Positive Teacher Attitude）

教師は指導力に自信を持っており，自身の指導方法／内容や生徒に高い関心を持っている。また，教師同士は，生徒の指導や学校における問題の解決

のために協力し合っている。

秩序と規律のある学校や教室の雰囲気（Order and Discipline）

生徒が学習するに当たって，秩序の保たれた環境が実現されている。教室や学級の組織方法は学習に適しており，教室には清潔感がある。明確に定められた学校規則が，教職員や生徒から受け入れられ，維持されている。教職員や生徒は時間どおりに授業に出席し，無断欠席や遅刻は少ない。

生徒の学習成果に対する称賛と動機付け（Rewards and Incentives）

学校内において，生徒の高い学習成果や良い行動に関する公式的な承認がなされている。たとえば，生徒の良い取り組みに対する表彰や褒美の授与などである。もしくは，学習成果や期待される行動などに対する生徒のモチベーションを高める何らかの工夫が，学校内で講じられている。

b. CSEの効果的な実施要因

権限を付与する現地の機関や役職者からの最低限の支援

CSEプログラムの実施に対して，学校長や視学官，現地の青少年団体の部長など，CSEの実施に関する権限を付与するような現地の機関や役職者からの承認が得られている。また，当該機関や役職者から，CSEプログラムの実施に対する一定の支援が得られている。

CSEを実施する教師の選定・訓練・モニタリング・監督・支援

若者と関わることを得意とし，保健教育に関する背景知識や経験のある教師が選定されている。教師に対してCSEを指導するための訓練が実施され，権限を付与する現地の機関や役職者によって，CSEの実施に対する継続的なサポートやモニタリング・監督が実施されている。

若者が参加できる安全な社会環境

生徒が安心してCSEの授業に参加できる環境が創出されている。たとえば，授業中には個人的な内容は聞かない，他人の意見を尊重するといった授業への参加に関するルールが授業開始前に設定されている。場合によっては，男女別のグループでセッションが実施されている。

カリキュラムに含まれる大部分の活動の実施

CSEカリキュラムに含まれるほとんどの活動が，内容や手法の大きな変

更を伴わずに実施されている。

（2）従属的な問いの設定

　本概念的枠組みに従い，問い2に答えるためのより具体的な3つの問い①〜③（従属的設問）を以下のように設定した。ただし，これらの従属的な問いの中には，概念的枠組みにある「CSEセッションの実施時間数」を含めていない。CSEカリキュラムの実施時間に大幅な差異がある場合，学習成果に差が出るのは当然であると考えられ，他の要因の影響を著しく弱める可能性があるためである。

① 　CSEの高い成果が確認された調査対象校には，CSEの実施において効果的であると予想される次のような特徴が存在するか。

　A）権限を付与する現地の機関や役職者からの最低限の支援

　B）CSEを実施する教師の意図的な選出と訓練・モニタリング・監督・支援の提供

　C）若者が参加できる安全な社会環境の創出

　D）カリキュラムに含まれる大部分の活動の実施，また，確認された特徴は，HIV感染と妊娠の予防に寄与する生徒の非認知的能力の向上にどのように影響しているのか。

② 　CSEの高い成果が確認された調査対象校には，CSEの実施に効果的であると予想される学校風土に関する次のような特徴が見られるか。

　A）生徒に対する高い期待

　B）教師の肯定的な態度

　C）秩序と規律のある学校や教室の雰囲気

　D）生徒の学習成果に対する称賛と動機付け

③ 　CSEの高い成果が確認された調査対象校において，学校風土とCSEの実施要因はどのように関係しているか，CSEの成果に直接的な影響を及ぼしているか。

　本文脈において，HIV感染と妊娠の予防に寄与する非認知的能力は，HIV感染と早期妊娠に関するリスク認識およびHIV感染と妊娠の予防に関する価値観，態度，意図，自己効力感，スキル・ライフスキルを意味している。

HIV感染と早期妊娠の予防の観点から、CSEプログラムの成果の拡大における課題は、知識の向上だけでなく、非認知領域に属する内的要因にいかに効果的に影響を及ぼすかという点にあった。そこで、本研究は、CSEの効果をこうした非認知的能力の向上と位置づけ、本CSEによる非認知的能力の著しい向上をCSEの高い成果であるとする。

タイのティーンパス・プロジェクトで高い成果を上げた学校において、CSEがどのように実施されているかを検証することにより、こうした非認知的能力の向上に効果的なCSEの実施要因の解明が期待される。ティーンパス・プロジェクトに参加した学校では、教師が一様にPATHのCSE研修を受け、CSEのカリキュラムとマニュアル、および必要な教材の提供を受けている。したがって、プロジェクトの参加校の間に見られるCSEの学習成果の差異は、各学校におけるCSEの実施環境によるものと考えられる。

問い①は、Kirby（2007）が提示した効果的なCSEの実施要因が、HIV感染と妊娠の予防に寄与する非認知的能力の向上につながる過程に焦点を当てている。本設問のA）〜D）のうちのほとんどが、本研究の調査対象校に存在することが予想されるが、非認知的能力の向上に直接的に影響していない可能性も視野に入れる。本設問への解答の分析をとおして、各要因がHIV感染と早期妊娠の予防に寄与する非認知的能力の向上につながるメカニズムと、中心的で重要な実施要因の特定が期待される。

問い②は、学校効果研究の先行研究から示唆される、非認知領域のアウトカムに効果的な学校内要因の検証を意図している。基本的には、仮説検証型の実証主義的アプローチをとるが、現象学的アプローチによってA）〜D）の要因以外にHIV感染と妊娠の予防に寄与する非認知的能力の向上に影響を与えている要因の発見も目指している。

問い③は、問い①と②の要因の関係性を検証することによって、因果プロセスの解明に接近することを意図している。学校風土の中には、性教育研究において提示されているCSEの効果的な実施要因が、HIV感染と妊娠の予防に寄与する非認知的能力の向上につながるための先行条件があると予想される。また、学校風土の一部は、こうしたCSEの効果的な実施要因とは独立して、CSEの学習成果に影響を与えているかもしれない。

（3）学校の選択

事例研究の対象としては，ティーンパス・プロジェクトに参加した学校の中から，以下の基準に合致する3校を選定した。

A）HIV感染と妊娠の予防に寄与する生徒の非認知的能力の向上において，CSEによる突出した学習成果を得ている

B）前後期中等教育を実施する公立の中等教育機関である

C）タイにおける典型的な学校である（宗教，民族，社会経済に関する事情が一般的である）

D）タイにおける社会経済的に恵まれた地域に位置する学校ではない

選択基準A）は，本研究が定義する「効果的な学校」の選出を意図している。すなわち，CSEの学習成果として，生徒の知識の向上のみでなく，HIV感染と妊娠の予防に寄与する態度やスキルなどの育成において高い学習効果が認められた学校である。B）とC）に関しては，CSEの普及に関する設問で述べた理由と同様の理由から，選択基準とした。D）は，先行の学校効果研究において，生徒の属する社会経済環境が生徒の学習成果に影響を及ぼすという指摘があるためである。また，タイで実施された調査においても，社会経済的に比較的優位な環境にある都市部や市街地の学校では，村落部に比べて学習成果が高いという傾向が示されている。したがって，CSEの学習成果に対する非学校投入物の影響を制御するため，本研究は，タイの中でも社会経済的に恵まれない地域に位置している学校を調査対象とする。

第3節　研究の過程

事例研究においては，調査者による研究対象の背景的理解が研究の本質に深く関わると言われている。たとえば，キングほか（2004）は，「研究対象の文化に熱中し，深く理解しなければ，正しい問いを立て，有益な仮説を構築することはできない」（pp.44-45）と述べ，研究対象の文化に対する調査者の深い理解の必要性を強調している。そこで，本節では，著者がタイについて理解を深め，事例の選択に至った道のりを紹介したい。

1　タイの社会的背景についての理解

　本テーマの着想に至る以前より，筆者はタイの農村社会に関心があり，2014年にはタイ文化の理解を兼ねて東北タイのコンケン県に滞在し，簡易的な調査を実施した。調査は，農村に暮らす人々が抱える課題や学校教育の現状に関する聞き取り調査であり，調査対象者はコンケンとウドンタニの初等・中等教育機関の学校長，教師，親，教育行政官，コンケン教育科学センターの職員であった。本調査では，厳密な研究手法を用いてはいなかったものの，教育や職業に対する調査対象地域の人々の期待，学校と親の関係性，教育現場における人的資源の不足，10歳代の妊娠という社会的な課題を認識することができた。また，調査期間中は，コンケン大学病院に勤務する青年海外協力隊員の住居に宿泊させてもらい，同隊員から現地の事情や日々の暮らし，文化的慣習や人々との関係性の築き方について学ぶことができた。

　同年には，バンコクのタマサート大学に交換留学し，UNICEFタイ事務所において勤務した。この期間は，タイのエイズ政策や青少年を対象としたHIV感染予防の取り組みに関する情報収集の機会に恵まれた。UNICEFのHIV/エイズと青少年の部署において，タイの学校におけるCSEの全国調査の計画・準備に携わることができたためである。本全国調査の成果物である報告書が，本書でも複数回参照しているタイ教育省とUNICEFタイ事務所による調査報告書"Review of Comprehensive Sexuality Education in Thailand"（2017）である。同調査の準備を進める中で，タイのCSEに関する多くの情報に触れ，ティーンパス・プロジェクトの実施団体であるPATHの職員ともネットワークを構築することができた。結果として，ティーンパス・プロジェクトに関する詳細な説明や関連資料，評価レポート，モデル校のリストなど，多くの情報提供が得られた。また，2014年は，Global Fundの出資によるティーンパス・プロジェクトの終了年であったため，プロジェクト評価報告会に出席し，本プロジェクトに関する理解を深める機会を得ることができた。

　タイへの留学期間中には，タイの生活習慣や慣習をより深く理解するとと

ともに，語学学校に通いながらタイ語の学習にも努めた。タイ語学習は，帰国後も継続した。さらに，留学終了後も，タイの文化や社会事情をより一層理解しうる機会を積極的に模索した。たとえば，2015年には，チェンマイ大学で開催されたタイ研究のセミナーに参加し，北部に多い山地民族の村落を訪問した。また，英国のロンドン・スクール・オブ・エコノミクス(LSE)に留学し，タイの地域研究者やタイ人博士候補生と交流した。2016年には，タイのチェンマイとコンケンの初等・中等学校と職業訓練校において，ボランティアとして日本語と日本文化の授業を実施し，タイの生徒と直接関わる機会を得た。こうした経験をとおして，タイにおける社会的多様性や地域間格差に関する理解が深まった。

2　調査対象校の選択過程

2015年3月，本研究の調査対象校の選択を開始するためにバンコクのP2H事務所を訪問し，ティーンパス・プロジェクトに携わった職員との面談を行った。また，マヒドン大学の研究チームによるプロジェクト終了時調査報告会に参加し，情報収集を行った。当初，調査対象校の選択のためには，ティーンパス・プロジェクトの中間評価レポート (Tanasugarn et al., 2012) の素データを入手したいと考えていた。同レポートでは，ティーンパス・プロジェクトに参加した学校における生徒のCSEの学習成果が定量的に比較分析されていたが，学習成果が高かった学校の序列は匿名で記載されていたためである。効果的な学校研究の一般的な研究手法に従い，「突出して学習成果の高い学校」を数量的に選択するためには，同レポートの素データもしくは学校名の入手が必要であった。しかし，調査を実施したマヒドン大学に問い合わせたところ，同大学内の研究倫理規定により素データは外部に譲渡できないとの回答があった。また，P2Hからは，学校のプライバシー保護のため，学校名は開示できないとの回答があった。そこで，本研究の調査対象校は，P2Hの職員との個人面談をとおして前述の学校選択基準に合致する学校を選択することとなった。

順番は前後するが，まず，成果に関するより厳密な学校選択が求められる

問い2の学校（HIV感染と早期妊娠の予防に寄与する生徒の非認知的能力の向上において，CSEによる突出した学習成果を上げている学校）の選択過程について述べる。P2Hの職員からの情報提供によると，PATHとマヒドン大学の研究チームは，2014年のプロジェクト終了時にティーンパス・プロジェクトのモデル校である全国191校の生徒に対するCSEの学習成果を評価する質問紙調査を実施した。モデル校では，等しくPATHのCSEカリキュラムが年間16時間以上実施されていた。したがって，同調査においては，各学校のカリキュラムの開発，カリキュラムの内容，カリキュラムの実施時間については，同じ条件であると判断した。

　職員によると，終了時調査の結果，HIV感染と妊娠の予防に寄与する態度とライフスキルの項目において，高得点を示した学校が多かった県は，チャイヤプーム県（東北部），ランプーン県（北部），ナコンシータマラート県（南部）の3県であった。これら3県の中では，東北部に位置するチャイヤプーム県が，次のような点から，本研究の調査対象地にふさわしいと考えられた。第一に，タイ東北部の主要産業は農業であり，大部分が農村部である。タイにおいては，都市部と農村部の間の経済格差が大きく，農村部の経済状況は依然として厳しい。第二に，イスラム教徒が多く居住する南部や少数山地民族の多くが暮らす北部と比べて，東北部は，仏教徒のタイ族（もしくはタイ族と同化しているラオ族）が暮らす地域として知られている。第三に，東北部では，タイの伝統的価値観のひとつである女子の婚前の処女性を重視する社会通念が強く残っている。以上の点から，東北部に位置するチャイヤプーム県には問い2の学校の選択基準に合致する「タイにおける典型的な学校」と「社会経済的に恵まれた地域に位置していない」学校が多いと判断した。

　チャイヤプーム県に位置するティーンパス・プロジェクトのモデル校は，全部で27校である。これら27校のうち，前後期中等教育を実施する学校は18校であった。18校のうち，終了時評価の質問紙調査において，HIV感染と妊娠の予防に寄与する態度とスキルの向上に関する高い成果が認められた5校が職員から候補として挙げられた。次に，これら5校のうち，同職員が終了時評価の調査チームとして定性調査を実施した際に，生徒の態度の変

容とライフスキルの向上が顕著であった2校が提示された。職員によると，これら2校においては，特に一般の生徒（CSEのピア・エデュケーター以外）が，①CSEの概念を理解している，②自信を持ってCSEに含まれるセンシティブなテーマについて話すことができる，③性に関する自分の個人的な問題について大人に積極的に質問することができる，という変化が顕著であった。

　さらに，職員からは，チャイヤプーム県と同じ東北部に位置するウドンタニ県において，同様に生徒の態度やスキルの向上が著しい前後期中等教育を実施するモデル校1校が紹介された。ウドンタニ県のモデル校は全8校あり，そのうち前後期中等教育を実施する教育機関は5校である。ウドンタニ県のモデル校全体としての成果は，全国的には突出して高くなかったが，紹介されたモデル校の生徒には，上述の2校と同様の態度とライフスキルの顕著な変化が認められていた。また，各学校が収集した生徒の統計データから，これら3校（チャイヤプーム県の2校とウドンタニ県の1校）においては，CSEの実施後に生徒の妊娠率が大幅に減少したという点も確認された。また，3校はいずれも公立学校であり，市街地から離れた農村部に位置しているため，社会経済的に恵まれた地域に位置していなかった。したがって，本研究では，学校選択基準に合致する，CSEの成果が突出して高かった「効果的な学校」として，これらの3校を調査対象にすることにした。

　問い1の学校選択過程は，上述の問い2で選定した学校を調査対象校の候補として開始した。問い2において選定された3校の調査対象校は，問い1の学校の選択基準である「前後期中等教育を実施する公立学校」，「タイにおける典型的な学校」，「農村部に位置する学校」という条件を満たしていたためである。チャイヤプーム県とウドンタニ県の全モデル校のうち，カリキュラムにCSEを組み込んでおり，なおかつ年間16時間以上のCSEの実施を2年間以上継続しているモデル校はチャイヤプーム県に14校，ウドンタニ県に4校あった。CSEを独立科目として実施している学校の数に関しては正確な情報がなかったが，チャイヤプーム県においてもウドンタニ県においても，保健体育と「アドバイス」の授業の一環として実施している学校が数校あった。そのため，問い2で選定された3校に直接確認したところ，いずれ

の学校においても，CSEが独立科目としてカリキュラムに組み込まれていた。また，3校とも，年間16時間以上のCSEの実施を2年間以上継続していた。以上の点から，問い2で選定した3校はすべて問い1の学校選択基準を満たしていることが確認された。したがって，本研究は，チャイヤプーム県とウドンタニ県に位置する3校を問い1と問い2に共通する調査対象校とすることとした。

3　データ収集過程

　本研究の主要なデータ収集方法は，調査対象校における関係者に対するインタビュー調査である。補完的に，学校と生徒の基本的な情報と生徒のCSEに関する認識を知るために，生徒に対する質問紙調査を実施した。調査は2015年の8月に1回目の調査を実施し，追加データの収集のために2016年の10月と12月に再調査を実施した。各回の調査は，現地に約2週間程度滞在して実施した。

（1）調査準備
　調査対象校への初回の調査依頼は，LSEの教授から紹介されたタイ出身の博士候補生の協力の下で行った。まず，各調査対象校のCSEのコーディネートを担当している教師に対して電話で調査依頼を打診したところ，すべての調査対象校から学校長の内諾が得られたため，正式に各校へ調査依頼のレターを送付した。
　同時に，本研究の主なデータ収集手法は，インタビュー調査であるため，東北タイの方言を話すタイ語の通訳者を探す必要があった。東北タイの大学に通う学生に依頼しようと考えたが，調査予定期間がタイの大学の授業期間と重なっていたため，大学生の中から通訳を探すことは困難を極めた。しかし，結果的には，コンケン大学の大学生や大学を卒業して間もない東北タイ出身の通訳者など，本研究の目的に合致する人物に通訳を依頼することができた。
　調査の準備は，まず，筆者が生徒に対する質問紙とインタビューのガイ

ドラインを作成し，通訳者が質問紙のタイ語をチェックした。また，調査前に，知人の協力の下でウドンタニ県の市街地の中等学校（本調査の対象校ではない）においてプレテストを実施し，質問紙の内容を確定した。通訳者とは，各回の調査前に打ち合わせを実施し，研究の目的および背景とインタビューのガイドラインに関する理解を共有した。

（2）データ収集方法

問い1については，各校の学校長[18]とCSE教師に対して半構造化インタビューを実施した。ただし，C校においては，CSEを導入した当時の学校長が既に退職していたため，CSE導入当時の当該学校長と現在（調査時）の学校長の両方にインタビューを実施した。生徒については，CSEクラブに所属しているピア・エデュケーターの生徒と，所属していない生徒それぞれに対し，男女別の半構造化グループインタビューを実施した。生徒に対するインタビューグループの人数は，各グループ5名程度とした。

また，補完的に，2つの学校において，保護者に対する半構造化グループインタビューを実施した。在学中の生徒の保護者は，CSEが導入された当時の保護者とは異なるため，保護者グループに対するインタビューは，補完的な位置づけである。保護者のインタビューグループの人数は，各グループ3〜6名であった。

問い2については，学校長とCSE教師に対して半構造化インタビューを実施した。また，CSEクラブに所属しているピア・エデュケーターの生徒と，所属していない生徒それぞれに対し，男女別の半構造化グループインタビューを実施した。生徒のインタビューグループは，各グループ5名程度とした。さらに，各校において，CSEの授業の観察と生徒を対象とした質問紙調査を実施した。

生徒に対するグループインタビューは，各回，平均30分〜40分程度であった。CSE教師と学校長に対するインタビューの所要時間は，調査対象

18）A校とB校の現在（調査時）の学校長は，CSEを導入した当時の学校長と同一人物であった。

者による個人差が大きく，30分〜1時間半程度であった。調査対象者が積極的に話を続ける状況が多かったため，調査対象者の負担にならないと判断した場合には当人の意思を尊重してインタビューを続行した。保護者に対するグループインタビューは，30分〜40分程度であった。

　質問紙調査は，すべての調査対象校において，M5〜M6年生の生徒（16歳〜18歳）から無作為に2クラスを抽出し，生徒に対する質問紙調査を実施した。個人を特定される可能性に関する生徒の心理的な負担を軽減すると同時に，正直な回答を促すため，質問紙調査は無記名とし，追跡不可能な形態をとった。「どちらでもない」という回答への集中を避けるため，質問紙には4段階のリカート尺度を用いた。

（3）調査対象者の選択過程

　教師へのインタビューについては，少数の教師がCSEを担当している調査対象校においては，可能な限りCSE教師全員の調査への参加を得た。多数の教師がCSEを担当している場合には，各校におけるCSEの責任者の紹介に基づき，教師の背景（性別，年齢，CSEの実施を開始した時期）を考慮した上で，調査対象となるCSE教師を選択した。

　生徒に対するインタビュー調査は，主にM5〜M6年生（16歳〜18歳）の生徒を対象とした。M5〜M6年生が不在の場合に限り，16歳以上のM4年生をインタビューの対象とした。インタビュー調査に参加する生徒は，著者の依頼を受けて各校のCSE教師が選択した。CSE教師は，調査に参加する意志のある生徒を募る場合もあれば，クラスの中から無作為に指名する場合もあった。CSE教師に選出された生徒に対して調査に参加する意志を確認し，生徒自身の承諾を得た。

　保護者へのインタビューについては，M5〜M6年生の子どもを持つ保護者を調査対象とした。調査に参加する保護者は，CSE教師が選択して学校に招聘した。結果的に，A校の調査に参加した保護者は，すべてCSEクラブに所属している生徒の保護者であり，B校の調査に参加した保護者は，すべてCSEクラブに所属していない生徒の保護者であった。

（4）データ収集過程

調査はすべて，調査対象校の教室において実施し，調査対象者，調査者，通訳のみで実施した。タイでは，学校長—教師，教師—生徒，親—教師の関係において，上下関係が存在している。したがって，調査対象者の真意を聞き出すためには，調査対象者の意見が立場を異にする関係者に知られる可能性を排除する必要があった。また，男子生徒と女子生徒の間やCSEクラブに所属している生徒と所属していない生徒の間では，意見や認識が異なっている可能性があるため，グループを分けてインタビューを実施した。結果的に，調査内容のセンシティブさにもかかわらず，生徒からの積極的な発言が得られた。

インタビューと授業の観察は，タイ語—日本語の通訳をとおして実施した。調査対象者の多くは，通訳をとおしたインタビューに慣れていないため，質問に対して通訳を挟みながら回答することが困難な様子であった。また，通訳者は同時通訳のスキルを持ち合わせてはいなかったため，調査対象者が積極的に発言している際には，なるべく途中で通訳を挟まないようにした。ほとんどの調査対象者は調査に対して非常に協力的であり，積極的に自身の経験を語った。半構造化インタビューでは，自然な語りの中に重要な示唆が含まれていることが多いため，インタビューにおいては発言者の意思や会話のやりとりを重視した。著者自身も大筋はタイ語で理解することが可能であったため，この通訳方法は効果的であった。ただし，発言内容を正確に分析するため，調査対象者の承諾を得た上でインタビュー内容を録音し，後日，通訳とともにインタビュー内容を文字化しながら確認した。

4　研究倫理

本調査の質問内容には，青少年の性に関する行動や認識などの文化的にセンシティブで個人的な話題が含まれる。したがって，本調査は調査対象者の心理的な負担の軽減に努め，子どもの安全に十分配慮して実施した。

まず，タイにおいて，結婚や性交に対する承諾が法的に有効と認められる年齢（承諾年齢）は，性別に関係なく15歳とされている（タイ刑法，279条）

ため，調査対象は15歳以上の生徒とした。インタビュー調査は，学校の教室において第三者が立ち入らない環境で実施した。また，調査の侵襲性を低減するため，生徒に対しては個人インタビューを実施せず，グループインタビューとするよう徹底した。さらに，女子生徒の心理的負担を軽減するため，インタビューは男女別とし，通訳者は生徒と年齢の近い女性とした。調査に参加した生徒と保護者は，インタビュー調査に匿名で参加し，後に個人を特定できるような質問を避けた。質問紙調査は，生徒番号や氏名を記載しない追跡不可能な形態とした。

　本調査への参加は，自由意志に基づくよう徹底した。質問紙の冒頭には，「この調査は，効果的な性教育とその成果がどのようなものかを明らかにすることが目的です。アンケートは匿名で，回答結果はこの調査の目的にのみ使用されます。アンケートへの参加は自由です。また，答えたくないところは空欄にしても構いません」（原文はタイ語）と記載した。また，インタビューの前には毎回，自由参加の調査であることを調査対象候補者に対して説明し，調査への参加意思を確認した。同時に，インタビュー対象者には，質問への回答を自由に拒否でき，調査を中断したい時にはいつでも退出できることを伝えた。さらに，調査データは本研究以外の目的には使用せず，調査対象校の学校関係者を含むいかなる第三者とも共有されない点，および本調査における発言内容は善悪の判断にさらされる可能性がないことを伝えた。

　以上の過程を経て，すべての調査対象者から研究調査の趣旨に対する理解と調査への参加承諾を得た。また，インタビュー内容の録音に関しては，録音内容を本研究の目的以外に使用しない旨を説明した上で，インタビュー前に全調査対象者の承諾を得た。授業のビデオ撮影も同様の方法によって，教師からの承諾を得た。

第4節 データの概要と分析方法

1 調査対象の地域と学校の基本情報

(1) 調査対象地域

調査対象地域となった東北タイ（通称イサーン）は，20県から構成される地域であり，人口約2,200万人（タイの総人口の33%）を有する地域である(Lao et al., 2019)。イサーン地方はタイの主要な農業地帯であり，農業総人口の約半分が同地域に居住している（室屋，2004）。しかし，痩せた土壌と未発達の灌漑によって農業生産性は低く，タイの他地域に比べて最も所得水準が低く，貧困率が高い(Lao et al., 2019)。バンコクなどの都市部の出稼ぎには，イサーンの農業従事者が多いことが知られている。チャイヤプーム県はイサーンの西部に位置しており，コンケン県やナコンラチャシーマ県と県境を共有している。コンケンがイサーンの経済的中心都市であるのに対し，チャイヤプーム県の市街地は非常に小規模である。ウドンタニ県は，イサーンの北部に位置しており，南側の県境をコンケン県と共有している。ウ

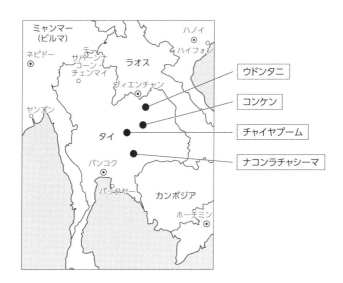

ドンタニの市街地は，農村地帯に囲まれた商業都市として知られている。

(2) 調査対象校

　ウドンタニ県の調査対象校（A校）は，ウドンタニ（中心部）から車で1時間程度離れた農村に位置している。ウドンタニは空港やラチャパット大学のある活気ある街であるが，A校の位置する農村まではバスの路線もなく，公共交通機関ではアクセスできない。A校の周辺には村落と農地があり，ごく小規模な小売店が点在している。学校の生徒数は600人強であり，比較的小規模な学校である。質問紙調査の結果（表9）によると，1割以上の生徒が祖父母や親戚と暮らしている。家庭の生業はほとんどが農業であるため，親の不在は出稼ぎによるものと考えられる。生徒は主に仏教徒である[19]。

　チャイヤプーム県の調査対象校（B校）は，チャイヤプームもしくはナコンラチャシーマの市街地から車で1時間程度離れたチャイヤプーム県南部の農村に位置している。在籍する生徒数は1,000人超と比較的多く，学校の敷地面積や校舎も広い。生徒の家庭の生業のほとんどは農業である。質問紙調査の結果によると，2割近い生徒が祖父母や親戚と暮らしている。多くの親が出稼ぎによって，家を不在にしている状況であると考えられる。生徒のほとんどは仏教徒であるが，イスラム教の生徒も少数存在する[20]。

　チャイヤプーム県のもうひとつの調査対象校（C校）は，コンケン県に近いチャイヤプーム県北部に位置し，コンケンの市街地から車で約1時間〜1.5時間かかる。イサーンの中心都市コンケンからの距離は遠くないが，C校の位置する農村までは公共交通機関によるアクセスが確保されていない。周辺には広大な農地が広がっており，小売店や飲食店は数少ない。生徒の人数は500人程度の小規模な学校である。ほとんどの生徒の家庭の生業は農業であるが，両親が不在の家庭に暮らす生徒は比較的少ない[20]。生徒は，仏教徒である[20]。

---

19) 本研究の質問紙調査の結果である。

20) 同上。

表9　本研究における調査対象校の詳細

	A校	B校	C校
県	ウドンタニ	チャイヤプーム（南部）	チャイヤプーム（北部）
立地	市街地から車で1時間程度	市街地から車で1時間程度	市街地から車で1.5時間程度
生徒数	600人強	1,000人超	500人程度
生徒の宗教	仏教（97%），不明（3%）	仏教（98%），イスラム教（2%）	仏教（100%）
親不在の生徒の割合	12%	17%	9%

※生徒の宗教と親不在の生徒の割合は，本調査の質問紙調査の結果

表10　インタビュー調査対象者の内訳

	A校	B校	C校
学校長	1人	1人	2人
CSE教師	1人	5人	3人
保護者	6人	3人	―
CSEクラブの男子生徒	9人	10人	5人
CSEクラブの女子生徒	4人	10人	9人
一般の男子生徒	5人	5人	5人
一般の女子生徒	5人	5人	6人

2　収集したデータの内容

　質問紙調査では，A校において74人（男子24，女子50），B校において60人（男子11，女子48，トランスジェンダー1），C校において57人（男子19，女子38）からデータを収集した。ただし，A校では，M5・M6年生の1クラスずつに調査を実施したものの，カリキュラム編成の都合で調査実施時にはM5年生に対する独立科目としてのCSEが実施されていなかった。したがって，M5年生のデータは基本情報の収集にのみ用い，CSEの授業に関する質問の回答は，M6年生（N=33，男子12，女子21）の回答のみを有効とした。

　インタビュー調査は，学校長，CSE教師，生徒，保護者（A校とB校）に

表11　調査対象の教師と保護者の属性

仮名	性別	年齢	担当教科／職業	役職／役割	学校
A	男性	50歳代	―	学校長	
B	男性	50歳代後半	保健体育	CSE教師	
C	女性	40歳代	農業従事者	保護者（母親）	
D	女性	30歳代〜40歳代	農業従事者	保護者（母親）	
E	女性	50歳代	農業従事者	保護者（母親）	A校
F	女性	40歳代	農業従事者	保護者（母親）	
G	女性	40歳代〜50歳代	農業従事者	保護者（母親）	
H	男性	40歳代〜50歳代	農業従事者	保護者（父親）	
I	女性	50歳代後半	―	学校長	
J	男性	20歳代	保健体育	CSE教師	
K	男性	20歳代	物理	CSE教師	
L	男性	40歳代	保健体育	CSE教師	
M	男性	50歳代	保健体育	CSE教師	B校
N	女性	50歳代	IT教育	CSE教師	
O	女性	40歳代	商店経営者	保護者（母親）	
P	女性	40歳代	小学校教諭	保護者（母親）	
Q	女性	60歳代	中等学校教諭（元）	保護者（祖母）	
R	男性	60歳代	―	学校長（前）	
S	男性	40歳代	―	学校長（現）	
T	女性	40歳代	タイ語	CSE教師	C校
U	男性	40歳代前半	IT教育	CSE教師	
V	女性	40歳代	家庭科	CSE教師	

対して実施し，調査対象者の数は，A校で31人，B校で39人，C校で30人であった。調査対象者の内訳は，表10のとおりである。

　前述のとおり，CSE導入時と調査時の学校長は，C校以外は同一人物であった。A校では，CSE教師は1人であり，同一の教師が全学年のCSEの授業を担当していた。B校では複数の教師がCSEを担当していたため，属性に偏りがないように考慮した上で，全CSE教師の中から5人に対して調査を実施した。C校のCSE教師は全3人であったため，全員にインタビューを実施した。生徒に関しては，A校においては，CSEクラブに所属する生徒13人（男子9，女子4）とCSEクラブに所属していない「一般の生徒」10人（男子

5，女子5）にグループインタビューを実施した。B校では，CSEクラブに所属する生徒20人（男子10，女子10）と一般の生徒10人（男子5，女子5），C校では，CSEクラブに所属する生徒14人（男子5，女子9）と一般の生徒11人（男子5，女子6）にグループインタビューを実施した。調査対象となったほとんどの生徒は，M5・M6年生（16歳〜18歳）であった。ただし，調査対象者の中で，A校の一般の生徒（男女）は16歳以上のM4年生であった。

　インタビュー対象となった学校関係者（学校長，CSE教師，保護者）の属性は，表11のとおりである。表内にある対象者の年齢は，基本的にはインタビューから得た情報だが，一部外見による判断が含まれている。保護者の職業は，A校では調査対象のすべての保護者が農業従事者であったが，C校の保護者の職業は，商店経営や教職であった。CSE教師の担当教科は，CSE以外の教科を意味している。調査対象のCSE教師の多くは，保健体育の担当であったが，IT教育や物理，タイ語などの科目を担当している教師も含まれている。C校のCSE教師は，すべて保健体育以外の担当をしている教師であった。

3　データ分析方法

　質的調査のデータに関しては，まず，録音音声の文字化を行った。通訳者と共に録音音声を聞き，調査対象者のすべての発言内容の正確な翻訳を行った上で，文字に起こした。次に，文字化したインタビューデータの「コーディング」と「深い解釈」を行い，概念を生成した。概念の生成には，修正版グラウンデッドセオリーの分析ワークシート（木下，2003）を使用した。研究設問ごとに分析テーマを設定し，生成された概念を論理的関連性に従いカテゴリー分けした。さらに，確認された概念は，複数の調査対象者の間で共有されている概念，少数の調査対象者のみに見られるが重要な概念，特定の事象について詳細な説明を述べている記述的な内容に分類した。分析単位は学校単位とした。

　質問紙調査によって得られた量的なデータの分析方法は，記述統計である。CSEの授業に関する質問項目にはリカート尺度を使用した。同じ項目

下の質問群の中に有効でない回答が含まれる生徒のデータは，当該項目を「無回答」とみなしている。分析過程における質問ごとの重みづけは行っていない。分析単位は，学校単位としている。

第6章

タイの学校を対象とした調査の結果

第 *1* 節　学校におけるCSEの普及

　調査対象となったA校では，約10年前に1人の保健体育教師（CSE教師B）が，生徒のHIV感染と妊娠の予防の必要性を認識し，学校長AにCSEの導入を提案した。学校長Aは同教師の提案に理解を示し，CSEの導入に向けて他の教師や保護者，基礎学校運営委員会との調整を開始した。CSE導入当初は，教師や保護者の一部からCSEの実施に対する反対があった。しかし，学校長AとCSE教師Bは，保護者や教師に対してCSEに関する説明や研修を積極的に実施し，CSEの導入の必要性やCSEの内容に関する理解を促した。現在では，CSEは教師や保護者から幅広く支持を得ており，学校カリキュラムにおける独立科目として実施されている。

　B校では，約10年前にCSEが学校カリキュラムに導入された。生徒の妊娠の増加を問題視した学校長Iが，PATHと保健局が実施するCSEの研修に教師を派遣し，学校カリキュラムにCSEを導入した。CSEが導入された当初は，教師や保護者からCSEの実施に対する反対があった。しかし，学校長Iは，強い姿勢でCSEの継続的な実施を推進した。すると，CSEの実施は，次第に保護者を含む学校関係者から広く支持されるようになっていった。

　C校におけるCSEの導入は，約10年前に，学校長RがPATHと保健局によるCSE研修に教師数名を派遣したことがきっかけであった。以後，同校

図8 分析結果の概念図

CSEの実施に対する関係者の賛否を分けた要因	CSEの実施に対する支持が拡大した要因	
社会的心理的障壁 ・学校を基盤とした性教育への期待 ・社会文化的規範への抵触 ・CSEに対する認識と信念 ・教師の仕事量 **問題意識** ・「青少年のリプロダクティブ・ヘルスとリスクのある行動」に関する認識 ・「青少年のリプロダクティブ・ヘルス」に対応しようとする意志	**学校長の効果的なリーダーシップ** ・強いリーダーシップとCSE教師への支援 ・CSEに反対している教師に対する理解 **CSE教師の能力強化** **効果的なコミュニケーション** ・教師と保護者に対する説明と研修 ・CSEの結果のモニタリング，評価，報告	**CSEの肯定的な結果の認識** ・CSEが生徒に与える良い影響の認識 ・CSEに対する生徒の好ましい学習態度 **CSEクラブの肯定的な結果の認識** ・ピア・エデュケーターの生徒の成長 ・CSEクラブの活動に対する称賛 **社会環境の変化** ・携帯電話やインターネットの普及

出所：筆者作成

　長の主導により，CSEが学校カリキュラムに導入された。CSEの導入当初は，CSEの実施に対する教師や保護者からの抵抗が強かった。しかし，CSEの実施が継続される過程において，次第にCSEに反対する教師と保護者の態度は軟化していった。現在では，CSEの実施は，保護者を含む学校関係者から広く支持されている。

　以上が，調査対象となった3校においてCSEが導入され，学校関係者に受け入れられていくまでの概要である。次に，学校関係者が最初にCSEに賛成または反対した理由と，CSEに対する支持が広まった理由について，図8の分析概念に沿って詳しく調査結果を示す。

1　CSEの実施に対する関係者の賛否を分けた要因

（1）HIV感染と妊娠に対する問題認識

　各校におけるCSEの導入の発端には，CSEに対する学校長や一部の教師の関心や前向きな態度があった。CSEの実施に対して一部の教員らが前向

きであった理由として，最初に浮かび上がった要因は，生徒のHIV感染や妊娠によって生じる問題に対する強い危機感と問題意識であった。こうした教師らの意識は，タイの統計やニュースといった情報から形成されたわけではなく，多くの場合は教員としての自らの経験から形成されていた。たとえば，子どものHIV/エイズに対する問題意識である。A校において，保健体育教師の立場からCSEの導入を学校長に提案したCSE教師Bは，積極的な行動に踏み出した動機として，自身が受け持っていた生徒をエイズで亡くした経験について語った。同教師によると，生徒は登校を続けていたが，翌年にエイズで亡くなった。同教師は，当時の経験を非常に悔やんでいる様子で次のように話した。

> 私は，この生徒を助けることができませんでした。ですから，どうしてもHIVの感染予防の仕方を教えたかったのです。生徒たちが妊娠しないように，HIVに感染しないように教えることが私の目標となりました。(CSE教師B，50歳代男性，保健体育)

　同教師の語り口には，強い使命感がうかがえた。CSE教師Bが「この生徒を助けることができなかった」と話した背景には，予防教育の不足のみでなく，HIV感染者への理解が十分でなかった状況に対する後悔も含まれていた。同教師は，当時の様子について，「その時は生徒だけでなく，教師も含めて誰もがHIVに感染した子が恐かったのです。その子が教室に入ってくると，少し離れたところに座らせたりしていました」と話した。HIVの感染経路や予防方法に関する知識の不足により，教師も生徒もHIVに感染した生徒にどう接してよいかわからない状況だったのである。CSE教師B自身も適切な接し方がわからないまま，HIVに感染した生徒が不遇な環境の中で亡くなってしまったという後悔や，根本原因のひとつである知識不足に対する歯がゆさが，同教師をCSEの導入に向けての行動に駆り立てていた。
　C校においても同様に，CSEの導入が検討されていた当時，HIV感染のリスクや予防方法に関する人々の理解は乏しく，HIV/エイズは必要以上に恐れられていた。村ではHIV感染者が座った椅子をほかの人が直後に熱湯で

洗い，HIVに感染した生徒に他の生徒たちは誰も近寄らなかった。このような状況に直面し，C校のCSE教師UもHIV/エイズが重大な問題であると感じ，「HIVに感染した生徒を少しでも助けたい」という思いを持ち，「私たちが助けてあげなければならない問題だ」と主体的な解決意欲を持つようになったと述べている。

　生徒の妊娠に対する教員の問題意識もまた，主体的な経験に基づいていた。B校では，CSEの導入を主導した学校長Iと早い段階からCSEの実施に賛成したCSE教師らのほとんどが，女子生徒が妊娠し，退学していく状況を目の当たりにし，問題意識を強めたと話した。B校では，妊娠した生徒が出産のために休学した後の復学を許可しているが，出産した生徒の多くは結果的に復学できなかったという。B校のインタビュー対象のほとんどのCSE教師が，妊娠しても生徒は学習の継続を希望していたと述べ，学習を継続できなかった状況に関して「もったいないと思った」と発言した。C校の学校長は，妊娠によって生徒が退学していった際の状況を振り返り，次のように話している。

　　その時，一年に生徒が2〜3人妊娠して，学校を退学しました。妊娠した生徒は，自分が妊娠していることが恥ずかしくて，友達と一緒に勉強ができなくなりました。私はこの問題を解決したいと思いました。(中略)明るい未来に向かっているはずの生徒が，勉強する機会と自分が成長する機会をなくしてしまったので悲しかったのです。(学校長R，60歳代男性)

　また，CSE教師Uは「子どもたちは自ら学校を辞めたわけではありません。退学したのは，社会や両親に責められたからです。彼女たちには選択肢がありませんでした」と述べ，コミュニティや学校がとってきた従来の対応に疑問を感じたと話した。CSEの導入に前向きであった教員らの発言には，生徒が実際に妊娠して退学していく状況に対する遺憾の念が表われている。さらに，CSE教師Uは，長年にわたって生徒らを観察する中で，同じ問題が繰り返されている現状を認識していた。

問題が何度も何度も繰り返されてきました。妊娠した子は退学して、出産したら（場合によっては）子どもを母親に育ててもらって、他の学校を卒業したり働いたりします。そして、その子の子どもが大きくなって中学2〜3年生くらいになったら、母親のように妊娠してしまったりしています。このような繰り返しです。このような状況を知って、「ああ、これじゃいけないな。ちゃんと最初から予防していくべきだな」と思うようになりました。(CSE教師U，40歳代男性，IT教育)

　CSE教師Uの発言は、妊娠した子どもを退学させることによって状況は改善されないという主体的な理解が、多くの生徒の事例に接する中で形成されていった様子を示唆している。同様に、学校長Aも、「私たちは教師なので、生徒がどのような問題を起こしているのか、そして毎年、同じ問題が繰り返されているということを知っています」と述べている。教員らは、大勢の生徒を長年にわたって観察している立場にあるからこそ、問題が起こる頻度や傾向、問題の結末を一般化して捉えることが可能である。その結果として、生徒の妊娠に対する強い問題意識を抱くようになり、根本的な解決意欲を求めるに至ったと解釈できる。
　一方、大勢の子どもを日常的に観察する機会のない保護者らは、自分の子どもに限ってリスクは高くないという考えに陥りがちであった。A校の教員らによると、CSE導入当初から保護者の間には子どもの妊娠というリスクに対する懸念が見られたものの、多くの保護者は、子どもに婚姻前の性交渉を禁止すれば、妊娠のリスクがないと考えていた。また、多くの保護者は、自分の子どもが性経験を持っていることを知らなかった。反対に、男女交際を禁止しても、子どもが恋人と遊びに行っていることを認識している保護者は、性教育の実施に賛成する傾向があった。
　また、C校の教員らによると、保護者らはHIV/エイズに関しては、自分の子どもに関係のある問題であるとは考えていなかった。

　HIV/エイズの問題は、社会が受け入れていませんでした。保護者も受

け入れていませんでした。自分の子どもはHIVに罹っていないと信じ切っていました。(CSE教師T, 40歳代女性, タイ語)

　教員の語りから, 子どもの妊娠やHIV/エイズに対する危機感や問題意識は, 主体的な経験や実際の観察をとおして形成される傾向があることがわかる。したがって, より多くの子どもを長期間観察している教師らに比べ, 保護者らが同様の危機感や問題意識を持つことは難しかったと考えられる。保護者によるCSEへの不支持の背景には, 自分の子どもの妊娠のリスクやHIV感染に対するリスク認識の低さと当事者意識の薄さが影響していると考えられる。

(2) 学校を基盤とした性教育への期待

　HIV/エイズと妊娠に対する強い問題意識を持った教員には, 予防の重要性に対する気づきや性教育に対する一定の期待があった。たとえば, B校において, CSEを推進した学校長Iと早期にCSEの実施に賛成したCSE教師らの間には, 問題の根本原因は生徒の性に関する知識や予防スキルの不足であるという共通認識があり, こうした認識がやがて性教育の実施に対する期待に結びついていった。学校長Iは, PATHと保健局が合同で実施する研修に教師を派遣した際の心境について,「生徒たちに性教育を勉強するチャンスを与えたかった」と話した。また, CSE教師らからも, 性教育の実施が知識不足やスキル不足の解消と問題解決につながると考え, 賛成したという発言が多く聞かれた。

　しかし, 早期にCSEの実施に賛成するようになった教師であっても, 問題の解決策は性教育であるという考えに直ちに至ったわけではなかった。A校のCSE教師Bのように性教育を解決策として進んで認め, 主導的な立場に立った場合もあるが, 多くのインタビュー対象のCSE教師らが性教育を肯定するようになったのは, PATHのCSE研修を受講した後であった。たとえば, C校のCSE教師らは全員, PATHのCSE研修には学校長の指示によって「仕方なく参加した」と述べている。CSE教師らは, 生徒の妊娠やHIV/エイズに対する問題意識と解決欲はあったものの, 性教育に抵抗感を抱

いていたと話した（後述）。しかし，CSE教師らはPATHの研修を受講し，CSEの内容を理解した際に性教育が問題の解決策であると考えるようになり，CSEの実施を強く支持するようになったという。

　一方，CSEの導入当時の保護者の多くは子どもの妊娠を問題視してはいたが，問題の解決策として，性教育にはほとんど期待していなかった。保護者らは，子どもの妊娠の問題を家庭の問題とみなし，そもそも学校に対して子どもの妊娠やHIV/エイズの問題を解決する役割を期待していなかったのである。たとえば，A校の教員と保護者らは，コミュニティにおける子どもが妊娠した場合の古くからの解決策は，子どもが結婚して学校を退学することであると述べている。現在でもこうした風習は残っており，息子を持つ母親Cは，少年が少女を妊娠させた場合には「お金を貯めて被害者をお嫁にもらいに行かないといけない」と述べた。母親Cは，妊娠させた少年は加害者のように社会から扱われると説明し，妊娠した少女を「被害者」と表現した。A校の地域では，妊娠した少女との結婚は，少年とその家族が社会的な責任をとることを意味していた。

　学校長Aは，こうした慣習こそが，妊娠の予防教育が重視されてこなかった一因であると話した。

　　　社会文化的に保護者は，もし自分の子どもが妊娠したら結婚することを
　　　期待します。学校を辞めても構わないと思っていますが，結婚すること
　　　を望みます。それは普通のことだと思っています。（中略）妊娠を予防
　　　することを重視していなかったのです。放っておいて，あまり真剣には
　　　考えていませんでした。（学校長A，50歳代男性）

　CSE導入当初の保護者の間では，子どもの妊娠に対する懸念はあったものの，結婚ができれば社会的には問題がないという認識が一般的であった。妊娠した女子の退学は，比較的問題視されてはいない。背景には，女子の教育に対する期待の低さがあると考えられる。CSE導入当初の保護者にとっては，性教育を実施して早期妊娠の問題を未然に防ぐという発想はあまりなく，学校が予防策を講じるという点に対する期待も高くなかったため，保護

者らの多くが性教育の実施に対して否定的であったと解釈できる。

(3) 社会文化的規範への抵触

　保護者や教師がCSEの実施に反対した主な理由は，性について公の場で話してはならないというタイの伝統的な社会文化的規範にCSEの内容が抵触するためであった。C校の教員らによると，こうした規範に基づく反対は根強く強固であった。

　　（周りの教師や保護者は）最初は，何があっても反対しました。受け入れ
　　ようとしませんでした。不必要だ，関心がない，カリキュラムに入れて
　　ほしくないと。（中略）反対した人たちは，古い文化の考えを持ってい
　　ました。そのこと（性に関する話題）は恥ずかしいことだから，公共の
　　場で話すような内容ではない，隠しておくべきだ，教えるべきではない
　　と言っていました。そして，そのこと（性に関する内容）を生徒に教え
　　たら，それはタイ社会にとって良いことではない，恥ずかしいことだ，
　　汚らわしいことだと言っていました。（CSE教師T，40歳代女性，タイ語）

　CSEに反対した教師や保護者は，時期がくれば，性に関して子どもたちは自分で自然に学べると主張し，性に関する情報提供は子どもたちを悪い方向に導くと考えていた。A校においても，インタビュー対象の保護者や生徒の多くが，A校の地域には性に関する話題をタブー視する規範が現在も残っていると認めている。CSEのピア・エデュケーターとして活動する生徒のグループでは，「性に関してストレスなく話せるようにしたい」という発言が多く聞かれた。たとえば，CSEクラブに所属する男子生徒グループでは，次のような発言があった。

　　小さい頃から学んだのは，性について話してはいけないということで
　　す。その考え方がまだ残っています。（性の話をしてはいけないと言って
　　いるのは）両親だけではないですね。色んな人が言っています。たと
　　えば，年配の人とか。「なんでこんなことを話しているんだろう，嫌だ

わ」って大人たちは言っていました。大人たちがこう言っていたから，大人と（性に関して）話す勇気がなくなりました。(CSEクラブ所属の男子生徒1)

　CSEクラブの生徒の発言は，社会文化的規範が人々の考えの奥深くまで浸透している様子を示している。

　調査対象校のように性に関する話題をタブー視する規範が強固に存在するコミュニティにおいて，セクシュアリティや性交渉についても触れるCSEの内容は，教師らにとっても直ちに受容できる内容ではなかった。たとえば，B校のIT教育担当の50歳代の女性教師Nは，「タイ人であること」を理由として挙げ，自身を含めたほとんどの教師が性に関して話したくなかったと述べている。同様に，A校にCSEが導入された際には，ほとんどの教師がCSEの指導を拒否した。学校長Aによると，教師らの指導拒否の理由は，性教育を教えるのが恥ずかしい，または性教育という言葉を使うこと自体が恥ずかしいといった点であった。

　C校のインタビューでは，CSE教師らは，口をそろえて「ほかの先生の気持ちがわかります」と述べ，CSEに反対した教師や保護者に対して同情的な態度を示した。そして，CSE教師ら自身も，学校長RからPATHのCSE研修を受講するように指示された際，CSE研修への参加には大いに抵抗感を抱いたと話している。学校長の指示によって，CSE研修に参加することになった際の心境は，以下のようであった。

　　（学校長は）私たちには，宗教的な信念がないと思っているのかと思いました。そんな卑猥な内容の研修に行かせるのかと思いました。私たちにとっては，（研修の参加には）問題がありました。(CSE教師T，40歳代女性，タイ語)

　　とても気が重かったです。（中略）私たちにとっては，（研修の参加には）問題がありました。(CSE教師U，40歳代男性，IT教育)

CSE教師らは，CSEの内容とタイ文化との齟齬に繰り返し言及し，CSEの概念や重要性は「すぐには理解が難しい」と述べた。性別や指導科目の別を問わず，教師らはCSEに係る研修への参加や指導に携わることに対して，問題を抱えていた。C校のCSE教師らの言葉は，CSEの実施に反対し，指導を拒否する教師らの感覚が，いかに自然な考えであったかを物語っている。

　しかしながら，A校の学校長AやCSE教師B自身は，当初からCSEの指導や推進を困難に思ったり，恥ずかしいと感じたりすることはなかったという。以下の発言では，学校長Aの強い意欲と信念が，社会文化的規範から生じる困難さを克服している様子が示されている。

　　(CSEの推進については) 全く恥ずかしいとは思いませんでした。他校向けの研修を任せられた際，他校の学校長から，私は「性教育校長」だと揶揄されました。ですが，私は恥ずかしいとは思いませんでした。(中略) 私たちには，生徒にHIV感染や妊娠の問題があるということがわかっていました。そして，その問題を解決すべきだと思っていたのです。(学校長A，50歳代男性)

　性に関する話題をタブー視する規範が根強く残る地域において，CSEは多くの教員にとって抵抗を感じる内容であった。しかし，A校の学校長やCSE教師の言葉は，生徒の抱える問題を解決しようとする強い解決意欲が，CSEに対する抵抗感の自発的な克服につながることもあるという点を示唆している。

(4) CSEに対する認識と信念

　教師と保護者らがCSEに反対した理由には，性教育に対する理解不足も関係している。CSE導入当時，性教育は対象校の地域の人々にとって馴染みがなく，内容を認知している人はほとんどいなかった。A校のCSE教師Bは，CSEの概念や内容が保護者から理解されず，性教育という用語が保護者の誤解を招いたと話した。学校長Aは，「性教育には『性』という言葉が

入っているので，（保護者は）性交渉について教えることだと理解したのです」と述べている。性に関する話題を公の場で話さないタイの人々にとって，CSE（phètsuksaa robdaan）であれ，性教育（phètsuksaa）であれ，性（phèt）という用語の入る教育名は，抵抗感を生む響きであり，誤解を生じやすかったと推察される。インタビューグループの保護者の中でも，母親Pは「性教育の内容をまだ知らなかったので，性交渉の方法を教えるのではないかと思っていた」と述べ，誤解に基づいた懸念を抱いていたことを明らかにしている。C校のCSE教師Tも，CSEの実施に反対した保護者が「子どもたちに性交渉に関する知識を与えて，性交渉をしろと言っているのですか」といって反対していたと記憶している。コミュニティにおいて，CSEはHIV/エイズや妊娠の予防を目的とする教育であるとは認識されていなかった。

　さらに，CSEの実施を容認しなかった教師や保護者の間には，性に関する情報提供と青少年の性交渉に対する支援の同一視があった。B校のインタビューグループの保護者らは，教師からCSEを実施するという説明を聞いた際には戸惑ったと述べ，性教育の実施を危険視していた状況が明らかになった。

　　（私たち）保護者は，最初はどうして性教育をするのか理解できませんでした。もし教えたら，実際に（性交渉を）してしまうんじゃないかと思いました。（中略）こういう性に関することは，あまり教えてはいけないという考えを持っていました。（母親P，40歳代）

　性に関する情報を提供すると子どもが性に興味を持ち，子どもの性経験が早まるという払拭し切れない懸念が，CSEに対する抵抗感を生んでいる様子がわかる。インタビューグループの保護者らは，自身の子どもの性別にかかわらず，CSEを危険であると感じていた。また，こうした性に関する情報提供を危険視する考えは，インタビュー対象の保護者の年齢にかかわらず共通していた。性に関する話題をタブー視する社会文化的規範が存在するため，青少年に対する性に関する情報提供は，ほとんど実施されてこなかった

と考えられる。したがって，青少年は，性に関してほとんど何も知らないと信じられ，性に関する情報に接触しなければ性経験を持たないだろうと考えられてきた可能性がある。

CSEの実施に反対した教師の間にも，同様の考えが見られた。A校の学校長Aは，教師の間においても，性教育の実施が危険視されていたと記憶している。B校の学校長IとCSE教師Kは，教師らが「性交渉をサポートしているのか」といってCSEの実施に反対したと述べている。B校では，CSEが導入される以前に生徒にコンドームの配布がされたことがあったが，多くの教師はコンドームの配布にも反対していた。CSE教師Lによると，コンドームの配布に反対した教師らは，コンドームや性に関する情報を生徒が「悪い方向に使ってしまう」と恐れていた。CSEに反対した教師にとっては，CSEやコンドームの配布は，青少年の性交渉を助長する有害な教育であり，子どものために反対すべき内容だったのである。

（5）教師の仕事量

C校では，仕事量の増加が，CSEの導入に教師が反対する一因であった可能性もある。学校長Rは，CSEの実施は教師の追加的な業務の発生を招くため，教師らが反対したと話している。教師は，既に通常業務として多くの仕事を抱えていた。確かに，CSE教師らも，自らがPATHのCSE研修に派遣された際の状況を振り返り，研修への参加は仕事量の面からも負担であったと話している。同教師らが派遣されたCSE研修は春休み中の開催であり，タイで盛大に祝われるソンクラン祭りの前日であったという。CSE教師らは，通常業務外の時間を費やして外部の研修に参加することを負担に感じていた。

しかし，一方でインタビュー対象のCSE教師らは，ほかの教師がCSEの実施に反対した理由として仕事量には言及していない。CSE教師らがCSE研修の参加に抵抗を感じたとして強調した点は，追加的な業務であるという側面よりも，タイの社会文化的規範や信念への抵触であった。上下関係の厳格なタイの学校において，学校長に教師らが反対意見を述べることは一般的ではない。仕事量は，教師らがCSEに反対する理由として，学校長Rに対

して最も表明しやすい建前に近い理由であったとも考えられる。

　したがって，あくまでも教師らがCSEの実施に反対した主な理由は，社会文化的規範や信念への抵触であったと解釈するのが妥当である。CSE研修への参加が教師らの負担になったのは事実であるが，仕事量の増加は二次的な反対要因であったと考えられる。

2　CSEの実施に対する支持が拡大した要因

（1）学校長の効果的なリーダーシップ

　CSEの実施が容認されるようになった過程には，各校の学校長の効果的なリーダーシップがあった。学校長らは，CSEの導入や推進の過程において，自らの方針と態度を明確に示していた。CSEの実施に反対する教師や保護者に対しても，CSEの実施を支持する学校長の態度は非常に明確であった。B校のCSE教師Kによると，学校長Iは，教師らにどんなに反対されても，「研修を受けに行ってください」と言って断固として譲らなかったと証言している。A校の学校長Aも，CSEの実施実現までの場面においても，強力なリーダーシップを発揮している。たとえば，基礎学校運営委員会からの承認を得て，実際にCSEを開始する際，学校長AはCSEの授業を担当する任を決定したものとして特定の教師に通達し，指名された教師には有無を言わせず任務に当たらせた。

> 　その先生が反対しても，「もう打ち合わせをしたので，そうしなければいけません。あなたは選ばれたのですよ」と私は言いました。もし，その先生が「教えられません」と言おうものなら，「もう一度研修をしてあげます」と言うつもりでした。（学校長A，50歳代男性）

　当時，CSE教師B以外の教師は，一様にCSEの担当を拒否するという状況であったため，CSEの授業を成立させるためには，学校長は権力を行使し，CSEを担当する教師を確保する必要があったと推察される。

　しかし，学校長らは，教師に強い態度で指示を出すだけではなかった。

学校長らは，様々な場面で自らが矢面に立ち，反対者を説得したりCSE教師を擁護したりするなど，CSEの継続的な実施に向けた働きかけを行っていた。たとえば，B校の学校長Iは，教師や保護者からCSEに対する支持を得るために，CSEの導入当初，自ら保護者会議や職員会議においてCSEを開始する理由を説明し，質疑応答にも対応していた。CSEが開始された後は，学校長IはCSEの授業のフォローアップをするのみならず，CSE教師らにCSEの成果のモニタリングと報告を指示している。CSE教師らからの報告によってCSEの成果が明らかになると，学校長Iは保護者会議や職員会議において成果を積極的に公表し，CSEの意義を保護者や教師に説いていた。学校長Iによる取り組み，特にCSEの成果のモニタリング体制の構築と関係者に対する説明は，CSEに対する支持の拡大に欠かせない要因であった。

C校の学校長Rは，保護者からの反対や授業へのクレームがあった際には，自ら対応し，CSEに関して保護者会議で丁寧に説明した。インタビューにおいて，CSE教師らは，学校長Rが自分たちを逆風から守ってくれたと表現している。A校の学校長Aも同様に，指導のために必要な支援を最大限提供するよう努めており，当初はCSEの指導に消極的であったCSE教師らも，指導開始後は異議を申し立てることがなくなった。

また，学校長らのリーダーシップは，権力を振りかざすような高圧的なリーダーシップではなく，教師らから高い評価を受けていた。学校長の人柄やリーダーシップはどのようであったかという質問に対して，B校のCSE教師Kは，「指示する時には厳しい人になった」と話す一方で，「優しい女性」であると回答している。また，学校長はビジョンを持っており，リーダーシップのレベルが高かったと評価した。C校のCSE教師Tは，学校長Rについて「優しくて，子ども好きで，礼儀正しい人」であり，「よくお寺にも行く」と述べている。学校長Rが教師らから慕われ，信仰心の篤い人物であったことがわかる。学校長Rのリーダーシップにおいて特徴的であった点は，教員間で協力して学校を運営するという方針であった。学校長Rは，教師の意見に耳を傾け，CSEの導入や実施に関する問題点について彼らと話し合いながら解決策を模索していた。

学校長らは，反対した教師らの考えを否定したり，CSEに賛同するように強制したりしてはいなかった。インタビューにおいて，学校長Iは，「その人たちの考えが間違っているわけではありません」と繰り返し述べ，CSEに反対した教師らに対して一定の理解を示していた。C校の学校長Rも同様に，CSEに関する理解の促進を重視していた。

> 校長先生は，CSEの実施に抵抗している先生に反対はしませんでした。ただ，理解してほしいと思っていました。抵抗している先生には，少しずつ勉強させました。ポジティブな方法を用いていました。(CSE教師U，40歳代男性，IT教育)

　学校長らは，性に関する話題をタブー視する社会文化的規範を重視する教師らの考え方を否定するのではなく，CSEに関する理解を促進する機会を創出し，教師らからのCSEに対する支持が拡大するよう努めていたと言える。信念に基づいた力強い指導と，個々の教師の考えの尊重という両側面を兼ね備えているという点において，学校長らのリーダーシップは高度である。

　学校長Iや学校長Rのように，教師の意見や意思を尊重するという姿勢は，タイの学校長には一般的ではない。この点は，C校の後任の学校長Sと比較すると明確である。学校長Sは，比較的若い男性の校長であり，インタビューでは理論や外部の評価を重んじる発言が目立った。教師らに対する学校長Sの姿勢は，寛容とは言い難かった。たとえば，もし，CSEに反対する教師がいれば，どのように対応しますかという質問に対して，学校長Sは次のように回答している。

> 反対している先生はもういないです。もし，そういう人がいれば，たたきます。非常に良い授業なので，教える側も幸せに教えることができるはずです。良いことをやっているので，反対したら叱ります。(学校長S，40歳代男性)

ここで言う「たたく」は，攻撃したり懲らしめたりするという意味である。学校長Sの姿勢は，学校長Iや学校長Rが他の教師の意見を尊重し，CSEに関する理解を深める機会の提供をとおしてCSEの支持を広めようとした姿勢とは明らかに異なっている。CSE教師らは，CSE導入当時の学校長をただ慕って褒めたたえているのではなく，リーダーシップが効果的であったと認め，高く評価しているのである。教師らとの協議や他者の考えを尊重する学校長の姿勢は，CSEの実施をめぐる学内の衝突を最小限に抑え，CSEの実施が頓挫する事態を回避することにつながったと推察される。また，CSEに反対する教師に対しても，学校長が一定の理解を示すことによって彼らの立場を擁護したことが，CSE教師らの安心感や積極性を引き出したと考えられる。

(2) 教師と保護者に対する説明と研修

保護者を含む学校関係者に対するCSE実施前の説明と研修は，CSEに対する教師と保護者の理解を促進し，関係者による賛同を一定程度拡大していた。A校では，CSE教師Bが教員向けのPATHの研修を受講した後に，PATHから入手したCSEカリキュラムや指導マニュアルを活用して学校関係者に対する研修を実施した。CSE教師Bは，研修実施後に生徒から保護者の感想を聞き出すように努め，理解していない保護者の名前をメモして再び研修を実施した。B校では，保健体育教師全員がPATHと保健局の共同開催のCSE研修に参加し，研修を受けた教師が保護者やほかの教師に研修を実施した。C校では，PATHの講師が，2日間の教師向けの研修プログラムを実施し，後にCSE教師が保護者に対する説明会を実施した。説明会や研修では，実際に各校で発生した過去の事例が紹介され，HIV/エイズと妊娠の問題に焦点が当てられた。また，CSEの目的や概念，内容について丁寧な説明がなされ，CSEが予防手段であるという点が強調された。

こうした校内研修の結果として，一部の教師や保護者の間にはCSEに対する考え方の変化が見られた。CSE教師Bは，一部の保護者は研修をとおして，「性教育はライフスキルを教えることであって，性交渉を教えることではない」と理解するようになったと話している。インタビュー対象の保護者

らの間でも，教師の説明によって誤解が解けたという話があった。また，学校のCSE研修を受けた経験のある保護者からは，「研修を受けることでわかることがある」という肯定的な意見が聞かれた。

各校では，CSEの導入以来，毎年保護者会議においてCSEに関する説明を実施している。新入生の保護者は，CSEの内容や実施理由を理解していないためである。CSE教師らは，毎年の説明会をとおして保護者からの納得を得るには一定の法則があると気づいたと話した。CSE教師Tは，「身近な例を挙げることで，保護者たちも賛成してくれるようになった」と述べている。たとえば，勉強に熱心な子が妊娠して退学してしまった実例を示し，保護者らに「心配ではないか」と問う。そして，原因のひとつとして，保護者が成長過程の子どもたちに追いつけず，子どもたちを理解できていない例を示す。CSE教師Tは，身近で具体的な実例を示すことによって，保護者が問題と予防方法に関心を抱き，教師の説明に熱心に耳を傾けるようになると感じていた。保護者らは，HIV感染や妊娠が自分の子どもに関係のある問題であるという認識を持ち，CSEが解決策であるという理解を得ることによって，CSEを支持する姿勢に転じてきたと考えられる。

ただし，調査対象のすべての学校において，説明会や研修の効果はやや限定的であり，研修が教師と保護者からのCSEに対する全面的な賛同をもたらしたわけではない。CSE研修後に保護者や教師からの抵抗はある程度弱まったものの，しばらくCSEの実施に対する反対は続いた。C校のCSE教師Uは，「一気に人の考えを変えることはできないですね」と当時を振り返ってしみじみと述べている。同教師の発言は，一部の教師の反対がいかに強固であったかを示唆している。また，同教師は，多くの保護者は，説明を聞いて「不思議に思っている」様子であり，最初は何を教えるのか，どうやって教えるのか，なぜ教えるのかという点を理解しなかったと述べた。

A校のCSE教師Bは，研修が与えた肯定的な影響は，参加者の間で個人差があったとして，次のように述べている。

　人によって納得するのにかかった時間は違いましたね。何人かは「なるほど，わかったわかった」と言っていました。「そういうことを教えて

いるのですね。性交渉をすることを教えると思っていたのですが，こういうことを教えるのですね」と言った人もいました。考えを変えるのに時間がかかった人もいました。（CSE教師B，50歳代男性，保健体育）

　特に年齢の高い教師や保護者は，CSEの概念を理解するために長い時間を要したという。そして，CSE教師Bは，保護者がCSEの実施に賛同するようになった背景には他の要因もあり，1回の研修の効果は限定的だったと述べている。同教師は，他の要因として，後述する社会環境の変化に言及した。また，効果が限定的である理由としては，研修の実施頻度が1学期に1回のみであった点を挙げた。
　CSEに関する説明や研修は，直ちに保護者や教師からのCSEに対する支持に結びついたわけではなく，CSEの支持の拡大に及ぼした効果は限定的であったと結論づけられる。しかし，CSEへの支持を拡大するために必要な要素であった。

（3）CSEを担当する教師の能力強化
　CSEに関する情報提供や指導技術の訓練といったCSEを担当する教師の能力強化は，CSE教師と保護者の抵抗を和らげる一因であった。B校のCSE教師は，CSE研修の受講による新しい知識や指導方法の獲得により，CSEの指導に勇気が持てるようになったと話した。

　研修を受ける前は，内容が正しいかどうか曖昧でわからない時があったのですが，（研修を受けたことにより）話す勇気を持てるようになり，指導ができるようになりました。（CSE教師M，50歳代男性，保健体育）

　また，CSE教師Nは，研修の成果として性に関して偏見なく周囲の人々を理解できるようになったり，性教育のイメージが変わったりしたと話した。自身のCSEの指導に関する心境の変化について，次のように述べている。

（PATHの講師は）タイの社会で認められていない話題などを面白く話してくれて，新しい教え方のテクニックがわかりました。（中略）昔は，（自分は）頭が固かったのですが，今では恥ずかしがらずに教えられますね。（CSE教師N，50歳代女性，IT教育）

　CSE教師Nの発言は，性教育に対する肯定的なイメージの形成と，センシティブな内容を指導する教師の技術の向上によって，CSEの指導に対する教師の抵抗感が軽減された様子を示している。現在ではCSEを熱心に教えているCSE教師Nであるが，CSEの担当になった当初は生徒の前で性に関して話すことは，非常に困難であったという。B校の多くの教師がCSEの担当になることを恐れ，実施に反対していたように，CSE教師Nも「タイ人だから，ちょっとなーと思った」と指導内容に抵抗感を抱いた当時の心境を語っていた。したがって，教師に対するCSE研修は，CSEの実施や指導に対する教師の心理的な負担を軽減し，CSEの実施に対する支持の拡大に貢献したと言える。また，研修後の定期的なフォローアップや学内におけるサポート体制も，教師らのCSEの指導に対する心理的な負担を軽減する役割を果たしていた。

　また，校内における研修やフォローアップは，保護者からCSEへの賛同を引き出すために必要な措置でもあった。たとえば，C校では，CSEの授業の質がCSEに対する保護者の賛否に影響していた。学校長Rは，次のような経験を語っている。

昔，ちょっとした事件が起こりました。ある先生は，まだ研修を受けていなかったのですが，生徒にCSEを教えたいと言って，CSEを実施しました。ですが，（授業中の性に関する）言葉の使い方が悪く，聞いた生徒は恥ずかしい思いをしました。生徒は家に帰って，先生が言った言葉を親に伝えました。次の朝，その生徒の親は学校まで来て，私に「この先生は生徒にいやらしいことを教えたのだ」と言いました。私は話を聞いて，生徒の親に「私からその先生に話します。このようなことが二度と起こらないように注意します」と答えました。（学校長R，60歳代男

性)

　学校長Rが経験した出来事は，CSEの授業にはセンシティブな側面があるため，指導技術が伴わなければ保護者の反対を強めてしまうリスクを露呈している。この出来事の直後に学校長Rは，CSE研修を受講した教師に問題のCSE教師を指導するよう指示し，フォローアップ体制を築いた。結果として，CSEを担当するすべての教師の指導技術が向上し，指導内容が改善されていった。指導技術の向上に伴い，CSEに対する保護者からの反対の声は少なくなっていったという。したがって，CSE教師の能力強化は，CSEの実施に対する保護者からの支持を獲得するためにも必要であったと言える。

（4）CSEに対する生徒の肯定的な反応
　CSEを実施するようになると，生徒からはCSEに対する肯定的な態度が見られるようになった。たとえば，A校のCSE教師Bは，授業を重ねるごとに生徒がCSEを好むようになった様子を次のように話している。

　　生徒たちは，最初は恥ずかしがりました。でも，勉強してからは楽しいと思うようになりました。CSEの授業の時間には，早めに教室に来たりするようになりました。(CSE教師B，50歳代男性，保健体育)

　同教師によると，生徒らはCSEの授業中の活動に恥ずかしがらずに取り組むようになり，参加型の新しい指導方法を用いた学習プロセスを次第に好むようになったという。インタビューグループにおいても，生徒らはCSEが好きであると述べ，CSEの授業は楽しいという発言が多く聞かれた。
　C校においても，同様に，CSEを実施した際の生徒の肯定的な態度が顕著であった。CSE教師Tは，当時の様子を振り返って興奮気味に次のように話した。

　　子どもたちは慣れてくると，興味を持って質問するようになって，

（CSEの授業を）楽しむようになってきました。そして，次の授業がCSEだと，授業が始まる前に教室で待つようになりました。教室に来て待っていたんですよ！　（中略）生徒たちはほかの授業よりも，この授業に興味を持って，この授業のことばかり話すようになりました。(CSE教師T，40歳代女性，タイ語)

　C校の教師らは，自分たちの生徒は優秀なわけではないとインタビューで発言しており，生徒らはさほど勉強熱心ではないと感じていた。したがって，教師らにとって生徒が授業前に教室に来て，授業が始まるのを楽しみに待っているという状況は異例の出来事であった。
　生徒がCSEの授業を楽しむ姿は，CSEの実施に対する教師らの考えに影響を与えた。CSE教師Bは，当初はCSEの実施に反対していた教師が，CSEの授業を実際に見学したり，CSEに対する生徒の感想を聞いたりすることをとおして，「性教育は子どもにとって身近なことで，卑猥なことではない」と考えるようになったと話している。また，C校のCSE教師らによると，CSEに反対していた教師らは，生徒の様子を見て，「なぜ生徒たちはCSEの授業をさばらないのか」，「なぜ生徒たちはこんなにCSEの授業が好きになったのか」と不思議がり，疑問に思うようになった。そして，CSEに対する生徒の肯定的な反応を見続けるうちに，CSEに反対する教師らの考えは変化していったという。C校のCSE教師Vは，教師が生徒の反応を見て態度を変えていった過程を振り返り，「生徒たちは鏡のようですね。自分が良いことをしていると言わなくても，ほかの先生たちは（そのことが）わかるようになりました」と述べている。CSEの授業内容や学習プロセスに対する生徒の肯定的な反応は，CSEの実施に対する教師らの賛成意見を拡大した要因であったと言える。
　ただし，こうした生徒の反応が，CSEの実施に関する保護者の考えに与えた影響は限定的であった。A校のCSE教師Bは，「CSEが導入された当初に生徒が，『性教育を勉強したよ，面白かったよ』と両親に伝えると，両親は反対した」と話している。家庭において，子どもがCSEの授業に関する肯定的な感想を保護者に伝えても，必ずしも，保護者はCSEの内容に好

印象を抱かなかった状況が読み取れる。前述のとおり，CSEの導入当初には，多くの保護者が性教育という用語に抵抗感を抱いたり，性教育は青少年の性経験を促進すると考えたりしている状況があった。さらに，子どもが保護者に話したCSEに関する感想は，断片的であったと考えられる。したがって，CSE導入当初，CSEの授業に関する子どもの感想には，保護者のCSEに対する抵抗感や信念を覆すほどの影響力はなかったと推察される。

(5) CSEの成果

　多くの関係者がCSEの実施に賛成するようになった重要な要因は，教師や保護者によるCSEの成果の認識であった。たとえば，A校では，CSEを導入してから間もなく，期待どおりに生徒の行動変容や妊娠率の低下が認められ，生徒の間におけるHIVの新規感染がなくなった。B校では，CSEの実施を開始して1年ほど経った頃，生徒の妊娠率が以前の3分の1以下に低減した。C校では，HIVに感染した生徒に対する他の生徒の態度が，肯定的に変容するなどの成果も認められた。

　すべての調査対象校において，CSEの成果の認識により，教師や保護者の考えに変化が起こっていた。たとえば，A校では，成果が多くの関係者によって認識されるようになると，CSEに対する保護者の意見が肯定的に変化していった。

　　CSEの授業を始めてからは，（保護者や教師らに）成果を見せていきました。CSEを実施し，「あなたたちは反対しているけど，間違っている」と成果に主張させました。（中略）「私たちは，生徒たちに性交渉をしろと言っているわけではありません」と。それから，反対する親が少なくなり，賛成してくるようになりました。そして，CSEに賛成する考えは，コミュニティに広がりました。（学校長A，50歳代男性）

　さらに，学校長Aは，教師や保護者の間でCSEの成果が認識されるにつれて，CSEが青少年の性交渉を助長するという意見はなくなっていったと話した。CSEは，HIV感染や妊娠の予防に寄与する教育であると認識され

るようになり，青少年の性交渉を助長するか否かは議論の的ではなくなったという。保護者の主な関心事は，CSEが実際に子どもに何をもたらすのかという点であった。したがって，成果を目撃することによって，CSEは自分の子どもの健康を守る有益な教育であると理解するようになり，賛成に転じたと解釈できる。

　同様に，B校のCSE教師Kや学校長Iは，生徒の妊娠率の低下を見て，CSEの実施に反対していた教師の考えが変わっていったと述べている。ただし，学校長Iは，成果が表れ始めたCSE開始後1年の時点では，反対していた教師らの考え方が変わったか否かはわからず，3年ほど経った頃に反対派の教師と保護者の考えが変わったと感じていた。したがって，成果の認識は，関係者のCSEの実施に対する見解に確かに影響を与えたが，CSEに対する支持の拡大には一定の時間を要した可能性がある。

（6）CSEクラブの活動

　多くの教師の考えに肯定的な影響を与えた要因には，CSEクラブに所属する生徒の態度の変容やピア・エデュケーターとしての成長もあった。A校ではCSEの導入から間もなくしてCSE教師Bが中心となり，学校長Aの支援を受けてCSEクラブを設立した。CSEクラブは，CSEに関する生徒同士のピア教育を主な目的とし，HIV感染や妊娠の予防に寄与する啓発活動を積極的に展開している。

　A校の学校長AとCSE教師Bによると，ピア・エデュケーターとして活躍するCSEクラブの生徒らは，自身の意志で入部してきた子どもたちであった。入部以来，生徒らは次第に積極性を身に付け，リーダーとして活躍できるようになり，学習全般にも熱心に取り組むようになった。CSEクラブの生徒らの成長は，他の教師らの目にも顕著であった。

　　最初はあまり勉強に熱心ではなく，成績が良いわけでもない子どもたちでしたが，このクラブに入って性格が変わってきて，成績も良くなり，リーダーになれるようになりました。（CSE教師B，50歳代男性，保健体育）

授業をさぼったりしていて，良い子ではなかった子どもたちがリーダーになって，また同じような子どもたちを誘って同じ活動をさせています。良い結果が出て，ずっと続いています。（学校長A，50歳代男性）

CSEクラブは，もともと優秀な生徒の集まりだったわけではなく，成績やリーダーシップに関しては一般的な生徒の集まりであった。一般的な生徒がピア・エデュケーターとして成長していく姿は，教師らにとっては非常に驚くべき事実であった。また，A校では，ピア・エデュケーターの姿は，次第に他の生徒のロールモデルとなっていった。CSEに所属する生徒のインタビューグループにおいて，入部の動機を尋ねたところ，多くの生徒がCSEクラブの先輩に憧れて入部したと発言している。

M1年生の時に歓迎イベントがあって，CSEクラブの先輩たちが来ました。それを見て僕は，「おお，すごいな」と感動しました。先輩たちみたいになりたくて，先生に（入部について）頼んでみました。（CSEクラブ所属の男子生徒6）

僕は，恥ずかしくて，最初はなかなか（人前で）話せなかったのですが，CSEクラブの先輩たちがイベントやキャンプに行っているのを見て感動しました。先輩たちみたいになりたいなと思いました。（CSEクラブ所属の男子生徒7）

CSEクラブの活動をとおして，ピア・エデュケーターの生徒の学習態度が改善され，彼らがライフスキルを獲得して他の生徒のロールモデルに成長していった事実は，A校の教師らがCSEの価値を再考するきっかけとなった。CSE教師Bは，CSEクラブの生徒が積極的に活動する様子を見た教師らが，「ほかの子どもたちにもCSEクラブの子どものようになってほしいと話すようになった」と述べている。そして，こうした生徒の成長を高く評価した多くの教師が，CSEの継続を支持するようになったという。CSEクラブ

の活動が生徒に好影響を及ぼしたという事実が，結果としてCSEの価値を証明する形になり，CSEの実施に対する教師らの考えに肯定的な変化をもたらしたのである。

　また，CSEクラブの活動が活発に展開されているC校では，CSEクラブに対する外部からの高い評価が教師らの考えに肯定的な影響を及ぼした可能性がある。C校では，CSEクラブへの加入は生徒の意志に任されており，ピア・エデュケーターの生徒らが中心となって主体的にピア教育活動を展開している。C校の本活動は，教育委員会などから高く評価され，全国レベルの栄誉ある賞を受賞したこともある。CSEクラブの男子生徒が，「先輩たちが賞をとってこの学校の評判を高めてくれて，CSEの活動が実施しやすくなった」と述べているように，受賞はCSEの実施に対する教師らの考えに一定の影響を及ぼした。たとえば，CSE教師TとCSE教師Uは，学校長Rが定年退職した数年後にC校に赴任してきた学校長SがCSEの実施を認めた一因は，CSEクラブの受賞歴であったと述べている。実際，インタビューにおいて学校長SはCSEクラブの受賞歴に繰り返し触れ，外部からの評価を重視している様子が見受けられた。

　A校とC校において，インタビュー対象者が言及したCSEクラブの影響は微妙に異なってはいるものの，CSEクラブの活動が特に教師によるCSEに対する支持の拡大に貢献したという点では共通している。CSEが結果的に何をもたらすかという点に教師らは関心があり，生徒や教師自身にとって望ましい結果がもたらされるという確信が教師らをCSEの支持に導いたと解釈できる。

（7）社会環境の変化

　保護者がCSEの実施に賛成するようになった要因には，学校による様々な働きかけだけではなく，時代の変化に伴う社会環境の変化もあった。A校のCSE教師Bは，青少年を取り巻く環境の変化が保護者の考えに影響を与えたとして，次のように話した。

　　今は，携帯電話などのメディアが色々あって，親は問題をどう解決して

よいかわからなくなりました。子どもがメディアを見て真似をすることに対して，どうしたらよいのかわからないのです。状況が変わったので，親の考え方も変わりました。親の考え方は，自分の力でどうにも禁止できないようなら，子どもが予防する知識を持つのが一番良いというふうに変わりました。(CSE教師B，50歳代男性，保健体育)

　保護者は，携帯電話やインターネットの普及により，以前のように子どもを性に関する情報から遠ざけ，リスクのある行動を慎むように教育しても，子どもを守り切れないと考えるようになったのである。そして，性教育は，次善の策として容認されるようになった。
　インタビューグループの保護者らは，口をそろえてインターネット上の猥褻なコンテンツを批判し，子どもに対する悪影響を懸念していた。また，インターネットが普及したことにより，子どもの行動を監視することが難しくなったと感じていた。

　昔は，テレビのドラマを見たりしていたのですが，今では「これある？　あれある？　私はある」と子どもたちは隠れて（インターネットの情報を）見ています。(母親F，40歳代，農業従事者)

　(携帯電話を) 隠れて見ていて，テレビにはもう興味を持っていないです。携帯電話を持ったら，その辺に隠れて見ています。(母親G，40歳代〜50歳代，農業従事者)

　保護者らの「隠れて」という言葉の裏には，インターネットの普及によって保護者が性に関する情報へのアクセスを禁止したり，子どもの行動を監視したりできなくなった状況がある。インタビューグループの生徒らによると，A校の地域においてスマートフォンは安価で購入できる。そして，生徒の5人中4人が，アルバイトで稼いだ賃金でスマートフォンを自ら購入していた。インターネットにはパソコンからではなく，スマートフォンからアクセスしている。以前はテレビなどひとつの媒体から家族で共通の情報を入手

していたが，現代の子どもはスマートフォンのインターネットを介して個々に情報にアクセスしている。保護者らは，自分の目の届かない所で子どもが何をしているのかわからない，何を見て何を知っているのかわからない，と感じているのである。

インタビューグループの保護者らは，子どもを性に関する情報から遠ざけることが難しいと話した後，性教育の必要に言及した。

性交渉をしてほしくはないですが，それは禁止できないので，（HIV感染や妊娠を）予防するしかないですよね。（母親C，母親F，ほか）

子どもがどこを行ったり来たりしているかもわからないので，（HIV感染や妊娠を）予防するようにするしかないです。（母親G，40歳代〜50歳代，農業従事者）

表12　CSEの効果的な導入アプローチに関する3校の調査結果の要約

			A校	B校	C校
CSEの実施に対する関係者の賛否を分けた要因	複数校に共通・類似		・HIVと妊娠のリスクに関する認識 ・CSEに関する理解と信念 ・社会文化的規範 ・横断的な要因（年齢）	・性教育への期待 ・CSEを危険視する態度 ・社会文化的規範 ・世代間における見解の相違	・HIV感染と早期妊娠に対する問題意識 ・CSEに関する認識 ・社会文化的規範
	特有		・早期妊娠に関する慣習		・教師の仕事量
CSEの実施に対する支持が拡大した要因	複数校に共通・類似		・関係者に対する事前の説明 ・教師と保護者に対する研修 ・CSEに対する生徒の肯定的な反応 ・CSEの成果の認識 ・学校長のリーダーシップ ・CSEクラブの生徒の成長	・保護者とのコミュニケーション ・教師に対する研修 ・CSEの成果の認識 ・学校長のリーダーシップ	・関係者に対する説明と研修 ・CSE教師に対する指導 ・CSEに対する生徒の肯定的な反応 ・CSEの成果の認識 ・学校長のリーダーシップ ・CSEクラブの受賞
	特有		・社会状況の変化		

子どもの行動を監視したり，禁止したりすることができないのならば，性教育が必要であるというインタビューグループの保護者の発言内容は，社会状況の変化が性教育の容認につながったという前述のCSE教師Bの指摘と一致している。

以上の調査結果をまとめると，表12のようになる。

第2節　学校を基盤としたCSEの効果的な実施要因

本節では，CSEの効果的な実施要因と学校風土に関する調査結果を示す。報告内容は定性的な調査の結果が主であるが，一部の要因（若者が参加できる安全な社会環境，生徒に対する高い期待，教師の肯定的な態度）に関する報告は，定量的な調査の結果を含む。

1　CSEの効果的な実施要因と学習成果への影響

（1）権限を付与する現地の機関や役職者からの最低限の支援

すべての調査対象校において，CSEは学校長からの十分な支援を受けて実施されていた。A校では，CSEの導入を最初に提案したのはCSE教師Bであったが，学校長AはCSE教師Bの提案に早い段階で同意し，CSEの導入や実施に対する積極的な支援を行ってきた。B校では，CSE導入時から一貫して学校長IがCSEの実施に向けて信念を持って取り組んでおり，学校長からの十分な支援がCSEに向けられてきた。同様に，C校においてCSEが開始された当時の学校長Rは，女子生徒が在学中に妊娠して退学していく状況に対して強い問題意識を持っており，CSEの実施を積極的に支援していた。支援の内容は，CSEの導入に向けた基礎学校運営委員会の委員や保護者・教師に対する働きかけ，外部のCSE研修への教師の派遣，学校内でのCSE研修の実施，CSE教師の能力強化のためのフォローアップなどであった。

県の保健局はPATHと協力し，CSEを担当する教師に対する学校外研修や継続的かつ定期的なフォローアップを実施することにより，各校を支援し

ていた。また，各校のCSEクラブは，保健局とPATHからの財政的な支援
や，研修などをとおしたピア・エデュケーター育成のための支援を受けてい
た。

　保護者や教師に対する学校長の積極的な働きかけは，CSEの継続的な実
施を可能にするために必要な措置であった。調査対象校では，保護者や教
師の多くが，CSEの導入当初はCSEの実施に反対していたためである。ま
た，性に関して公の場では話さないという社会文化的規範のある地域にお
いて，教師がCSEの授業を効果的に実施するためには能力強化が不可欠で
あった。学校長が，PATHをはじめとする外部のCSE研修へ教師を積極的に
派遣し，CSE教師の能力強化のための研修やフォローアップを実施したこ
とにより，CSEに対する教師や保護者の支持は徐々に拡大した。また，こ
れにより，カリキュラムの内容に忠実にCSEを実施するための教師の能力
が強化された。

　学校関係者からの反対がある中でのCSEの実施は，CSEカリキュラムに
含まれるセンシティブな内容が割愛されたり，時間数が削減されたりする可
能性をはらんでいる。また，CSEの指導に関して，心理的にも能力的にも
教師が不安を抱えている状態では，質の高い授業の実施は見込めない。し
たがって，CSEに対する学校長の支援は，教師によるCSEカリキュラムの
完全な施行を実現し，効果的な授業の継続的な実施を可能にする基盤であっ
た。

(2) CSEを実施する教師の意図的な選定と訓練・モニタリング・監督・支援の提供

CSEを担当する教師は，A校とC校では意図的に選定されておらず，B校
では保健体育教師を中心に選定されていた。まず，A校のCSE教師Bは，自
らの意志でPATHの研修に応募しており，他者に選定されたわけではない。
専門が保健体育である同教師は，当初から生徒のHIV感染や妊娠に強い問
題意識を抱いていた。しかし，CSEを担当し始めた時点では，リプロダク
ティブ・ヘルスに関する知識は限られていた。

（私は）話す内容，性やエイズについての知識がありませんでした。（中略）たとえば，生理や体の部位についての内容も知りませんでした。私は，こういうことについては苦手なのです。研修後に自分自身でも勉強したり調べたりしました。（習得するまでに）ずいぶん時間がかかりましたね。（CSE教師B，50歳代男性，保健体育）

　同教師は，CSEを開始した頃は指導内容に自信が持てず，理論的な説明に苦労したという点を強調した。しかし，偶然にもCSE教師Bは，「効果的な性教育プログラムの特徴」として先行研究が指摘しているようなCSE教師の特徴をいくつか持ち合わせていた。たとえば，青少年と関わることが得意で，彼らと性に関して話すことができるという点である。同教師は，50歳代後半の男性であり，生徒との年齢が近いわけではないが，温厚で気遣いに溢れる優しい人柄が伝わる人物であった。CSE教師Bは理論が苦手である反面，生徒とコミュニケーションをとることは得意であった。そして，CSEの指導には積極的であったため，性に関して話すことが困難であるとは感じていなかった。

　次に，B校のCSE教師の選定は明確な選択基準や入念な考察に基づいてはおらず，選択基準に関係していたのは指導教科のみであった。CSE教師は学校長により選定されており，初年度は保健体育教師とIT教育担当の教師が選出された。翌年は，生徒と話す機会の多いアドバイス科の教師の中で，特に生徒と話すことが得意な教師が選出された。CSE教師Mは，保健体育教師が最初に選出された理由は，保健体育の授業には身体に関する内容が含まれるためであると話している。IT教育担当の教師が選定された理由は，偶然，外部のCSE研修への派遣を予定されていた教師の都合が悪くなったためであった。

　C校においても，CSE教師の選出基準は明確ではなかった。学校長Rは，CSE開始当時，タイ語やIT教育などを担当している教師6名をCSEの外部研修に派遣した。その理由について，CSE教師Tは「春休みなので誰もいなかったからです。私たちはこの地域の者なので，どこにも行く所がないなら行きなさいと（校長先生に）言われました」と述べている。

B校とC校においてCSE教師として選出された教師の中には，CSEの実施に抵抗を感じている教師も少なくなかった。たとえば，C校のCSE教師らは，研修受講前にはCSEの内容や目的をほとんど理解しておらず，性教育の研修に参加するという事実に対して抵抗感を抱いていた。CSE教師Tは当時を振り返り，「自分の意思で行ったように聞こえますけど，実際は強制的に行かされました」と笑いながら話した。また，CSE教師らは，CSEの研修に参加するよう指示された際の心境について，性に関する話題をタブー視するタイの社会文化的慣習や教師自身の宗教的な信念により，参加に気が進まなかったと述べている。

　すべての調査対象校において，CSE教師はPATHなどの外部機関が実施するCSE研修や学校内のCSE研修に参加し，各校における研修後のフォローアップを受けていた。その結果，CSE教師らのCSEに関する認識や指導方法は大きく変化していった。たとえば，C校のCSE教師らは，研修前には性教育に抵抗感を抱いていたが，PATHの研修を受講したことによってCSEの意義を理解するようになったと話している。CSE教師Nは，性に関するセンシティブな話題について話すことを困難に感じていたが，研修をとおして性教育に対する認識が変わり，CSEを指導する勇気を得たと話している。

　また，研修は，教師の生徒に対する接し方や指導方法に変化をもたらした。C校の学校長Rは，研修受講後のCSE教師らの変化について，次のように述べている。

　　性教育の秘訣は信用です。（教師と生徒の）互いが信用し合わなければ，
　　生徒は教師に相談する勇気が持てず，性に関する大切なことを話せなく
　　なります。教師との関係を，親子のような関係，親戚同士のような関
　　係，友達同士のような関係だと思わなければ，生徒は自分の個人的なこ
　　とや行動を隠します。他人に言いません。研修を受けた先生たちは，こ
　　のことをわかっています。研修を受けていない先生より，生徒の気持ち
　　がわかります。（学校長R，60歳代男性）

　生徒らもインタビューにおいて，CSE教師のほとんどは親しみやすく，

性に関する問題について相談しやすいと話した。CSEの教師はどのような人がよいと思うかという質問に対し，生徒は次のように回答している。

　（CSEの先生として理想的なのは）何でも話せる人。仲良くなれる人。気楽に話せる人。秘密を守るのが上手な人。私たちのほとんどの先生は，そうやっています。先生は，明るくて相談しやすいです。時々，先生と冗談を言い合ったりします。（女子生徒2）

　先生は，親切で生徒と仲良しです。明るいです。生徒が求めていることをとてもよく理解してくれます。（CSEクラブに所属する男子生徒12）

　先生に相談した時，先生は，教師と生徒という壁を作らずに家族みたいに親しく色々教えてくれて，知識を役立てて（性に関する問題を）予防したりする方法も教えてくれました。（CSEクラブに所属する女子生徒11）

　CSE教師の選定が意図的ではなかったという点に鑑みると，CSE教師が皆偶然にも親しみやすい性質の教師であったという状況は考えにくいため，上記の発言は，研修をとおしてCSE教師らがCSEの指導における生徒との信頼関係の重要性を認識し，信頼関係の構築に取り組んで成功した結果を表していると解釈できる。
　さらに，CSE教師は，研修をとおして参加型の学習プロセスについて学び，生徒中心の指導を実践するようになった。

　事例を挙げるPATHの方法が役に立ちました。生徒たちに考えさせるのです。中心は生徒です。先生ではありません。先生は，ただアドバイスするだけです。生徒たちは，自分たちで（事例について）考えて書くのです。（CSE教師J，20歳代男性，保健体育）

　教え方も役に立ちましたね。私たちは，以前は教室の前に立って子ども

たちを教えていたのですが，PATHのカリキュラムでは，子どもたちに
たくさん参加させるので楽しい授業になります。(CSE教師L，40歳代男
性，保健体育)

　教師らは，以前は知識伝達型の教授法をとっていたが，現在では参加型の
指導法を重視するようになった。授業では，PATHの指導書にある参加型の
活動を実施するなど，生徒が主体的に考える機会を提供する授業を展開して
いる。

（3）若者が参加できる安全な社会環境

　質問紙調査の結果から，調査対象校において，おおむね安全な授業の環
境が保たれていることがわかった（図9〜11）。A校においては，ほとんどの
生徒（94%）が，CSEの授業は安心して参加できる環境であると報告してお
り，否定的な見解を示した生徒は，少数（6%）であった。

　B校においては，ほとんどの生徒（98%）が，CSEの授業は安心して参加
できる環境であると報告している。否定的な回答をした生徒は，わずか2%
であった。

　C校においては，約8割の生徒が，CSEの授業は安心して参加できる環境
であると認識している。しかし，約2割の生徒は相反する認識を示してお
り，CSEの授業中の活動への参加に何らかの困難さを感じている可能性が
ある。そこで，個別の質問を確認すると，「先生や他の生徒が自分の意見に
注意を払ってくれている」という点には8割以上の生徒が肯定的な回答を示
している。一方で，「授業中の議論の時間でも先生がほとんど話している」
という点には75%の生徒が「そのとおりだ」もしくは「そう思う」と答え
ており，「そう思わない」「全くそう思わない」と答えた生徒の割合（25%）
を大幅に上回っていた。したがって，授業中には生徒の発言が尊重される
雰囲気があるものの，教師がCSEの授業中の議論を牽引している，もしく
は，生徒が発言する時間よりも講義や説明に費やされる時間が長いと生徒が
感じている可能性がある。

　続いて質的調査の結果からは，3つの調査対象校において，CSEの授業中

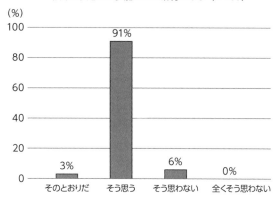

図9　安全な授業環境（A校）
授業に安心して参加できる環境である（N=33）

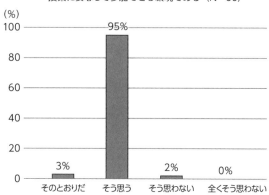

図10　安全な授業環境（B校）
授業に安心して参加できる環境である（N=60）

に生徒が安心して授業中の活動に参加できるような配慮がされていることがわかった。たとえば，C校のCSE教師らは，生徒が授業中に教師や他の生徒からの叱責を恐れることなく，自由で正直な意見を述べることができるよう，次のように気を配っている。

　　（注意しているのは）言葉の使い方，生徒の意見に判断を下さないとい

図11　安全な授業環境（C校）

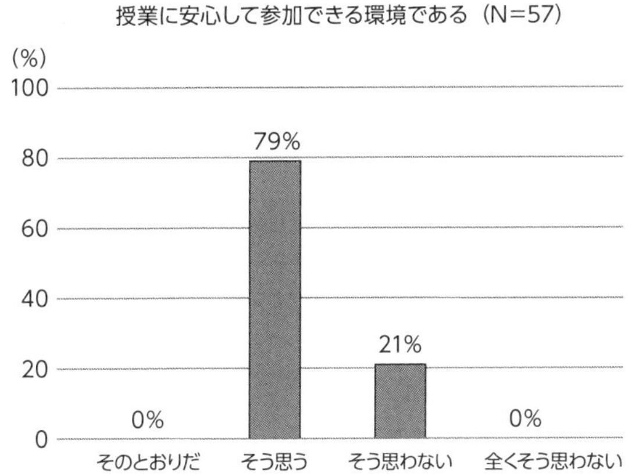

授業に安心して参加できる環境である（N＝57）

う点です。（中略）ネガティブな言葉を使わないなど，授業を始める前に生徒たちと決め事をしておきます。「こういう言葉を使いますよ」とか，「授業で話したことは秘密にすること」とか。教室から出たら，教室内で話したことは言わない。笑いのネタにしたり，「この人がこう言った」とか言ったりしないように（と決め事をしています）。（CSE教師U，40歳代男性，IT教育）

生徒が（授業中に）質問をする際に，生徒は，本当は自分の問題なのですが「友達のことですよ」と言います。ですが，私はわざと知らないふりをします。クラスの生徒同士のグループで色々と解決方法を考えさせていきます。（CSE教師T，40歳代女性，タイ語）

　性に関する話題には，個人的かつセンシティブな内容が含まれるため，CSE教師が生徒とのコミュニケーションの方法や生徒同士の関係性に配慮している様子がうかがえる。また，B校のCSE教師Nは，「生徒が他の生徒の発言を笑ったら，笑った生徒を指さして注意する」と述べており，他者の発言を尊重する雰囲気作りに対する真剣さが伝わる。さらに，CSE教師Nは，生徒同士だけでなく，教師が生徒の意見を尊重する重要性も理解してい

ると強調した。CSEを指導する実践経験をとおして，生徒の意見の善し悪しを判断しない教師の態度が重要であると実感するようになったためであるという。

　　子どもたちは色々なところから来ていますから，教えている時に私が「それはいけません，それは良いことです」と言うと，子どもたちは恐がって何も意見が言えなくなりました。私だけがすべて知っているように感じました。(CSE教師N，50歳代女性，IT教育)

　生徒らの背景事情は様々であり，生徒は多様な意見を持っている。しかし，教師が画一的な基準で生徒の意見の善悪を判断したことによって，生徒らは発言できなくなってしまったのである。CSE教師Nは，生徒の意見を尊重することの重要性に気づき，現在では「先生と生徒という感じではなく，友達のような感じで話していますね」と述べている。
　観察したCSEの授業では，各校における生徒に対するCSE教師の態度は終始穏やかであり，生徒の自主性を重視する姿勢がうかがえた。たとえば，A校のCSE教師Bは，生徒が自分自身で考えて回答することを促すために，オープン・クエスチョンを主に用い，生徒が回答する前に教師自身の考えを述べてしまうことがないよう注意を払っていた。また，生徒の回答を直ちに訂正したり，否定したりすることなく，必ず一度受け止めているという点が特徴的であった。同教師は，各々の生徒の意見に対して肯定的なフィードバックを行いつつ，生徒が誤った情報を信じている場合には内容を正し，生徒の疑問に対しては正確な情報提供を行っていた。C校の授業においても，CSE教師が質問を投げかけた際には積極的に挙手する生徒らの姿が見られるなど，生徒らが活動に積極的に参加している様子が確認された。CSE教師は親しみやすい態度で，ざわめきの中から巧みに生徒の意見を拾っていた。観察した2回の授業いずれにおいても，教師が生徒に説明している時間は比較的長かったが，生徒らは退屈する様子もなく聞き入っていた。
　ただし，C校の生徒に対するインタビューからは，課題も見られた。たとえば，「CSEの授業中に自分の意見を話しづらいと感じることはあります

か」という質問に対して，男子生徒7は，「友達を傷つけるような内容の時
です。自分に当てはまっていたり，友達がそうだったことがあるような質問
の時は，間違った考え方は言いづらいです」と回答している。CSE教師ら
は生徒の意見の善悪を判断しないように配慮しているが，考え方や行動を批
判されるのではないかという生徒の懸念は根強い。

(4) カリキュラムに含まれる大部分の活動の実施

　3つの調査対象校において，PATHのカリキュラムに含まれるほとんど
の活動が忠実に実施されていた。生徒らにCSEの授業内容について尋ねる
と，ゲーム，ディスカッション，ケーススタディ，避妊薬やコンドームの使
い方，「水の交換」など，様々な活動が挙がった（A校）。どれも，PATHの
カリキュラムにある活動である。参加型の様々な手法を用いたPATHのカリ
キュラムにある活動が，実際に実施されているという状況が示唆された。
さらに，授業の観察においては，PATHの活動の一例である「水の交換」が
PATHの指導書どおりに実施されていた。「水の交換」の活動とは，生徒が
自分の体に見立てたコップ一杯の水を持ち，その水を他の生徒と少しずつ注
射器で交換していくという活動である。いくつかのコップの水にはHIVに
見立てた薬品が入れられているが，外見では判断できない。水の交換は性交
渉に例えられており，HIV感染がなぜ誰にでも起こり得るのかという点を
生徒が最終的に理解できる仕組みになっている。
　CSE教師らによると，PATHのカリキュラムに含まれる活動をすべて実施
したところ，いくつかの活動には特に顕著な効果が見られた。そのひとつ
が，「水の交換」の活動である。

　　この「水の交換」の活動をとおして生徒たちに説明した後，ある男子生
　　徒は「えー，どうして今日教えるんですか！　昨日失敗しましたよ。な
　　んでもっと早く教えてくれなかったんですか！」と言いました。その生
　　徒の顔色が変わりました。(CSE教師T，40歳代女性，タイ語)

　CSE教師は，この活動をとおして，一度の性交渉でもHIVに感染する可

能性があるという点を科学的に示すことによって，生徒のリスク認識を効果的に高められたと感じている。

　ただし，各校におけるCSEの授業内容は，PATHのカリキュラムの内容に留まっているわけではなく，地域や生徒のニーズに合わせて内容が一部変更されている。たとえば，C校では，「教えている内容は，PATHのカリキュラムの内容だけではありません，実際に起こったことなども教えています」（CSE教師U）というように，自校の生徒に関連の深い話題が適宜取り入れられていた。また，CSE教師Uが，「優秀なクラスには優秀なクラスの問題があり，優秀ではないクラスにはまた違う問題があります」と述べているように，CSE教師らは生徒のニーズに多様性があると認識している。したがって，C校では，生徒の学習ニーズに応えるために，クラスごとにCSEの授業内容の一部を変更したり追加したりしている。生徒に対するインタビューにおいても，「先生には授業の計画があるのですが，何が足りないかを生徒みんなに聞きます」（男子生徒2），「先生は次の授業で何を勉強したいかを聞きます」（男子生徒3）という発言が聞かれ，CSE教師らが生徒の学習ニーズに耳を傾けている様子が示されている。

　B校では，CSE教師らが生徒の行動や問題の傾向を分析した結果や生徒の意見によって変更点が絞り込まれ，最終的には教員会議において決定されている。CSEのカリキュラムに関する生徒の意見は，授業中の生徒の意見を書き留めたり，生徒に対するアンケートを月に二度実施したりすることによって集められている。アンケートは，主にCSEの授業で勉強したいことやCSEの授業の感想を聞くものである。アンケート調査の結果を知るB校のCSEクラブの男子生徒1は，「書かれている内容のほとんどは，もっと性教育の内容を理解したいということです。予防したいとかですね。先生が教えている内容は基本的なことです。生徒たちはもっともっと詳しく勉強したいのです」と述べている。以前は，学校関係者の間では，性に関する情報提供やコンドームの使い方を含む予防方法の詳しい情報提供に賛成しない状況も見られた。ところが，生徒らは情報提供を希望している。アンケート調査をとおして，教師らはこの点を再認識する機会を得ていることが示唆される。

2 学校風土

（1）生徒に対する教師の高い期待

　調査対象校の教師らには，生徒が後期中等教育を修了することに対する高い期待が見られた。卒業への期待は，女子生徒に対しても男子生徒に対しても等しく寄せられていた。各校において，教師らはHIV感染や妊娠によって退学した以前の生徒に対して，生徒の「勉強する機会が奪われた」として強い後悔の念を表していた。教師らが，すべての生徒に卒業してほしいと切実な願いを持つ背景には，後期中等学校を卒業しなければ職業選択の幅が著しく限られるという事情があった。

　生徒らも，自分たちに対する教師の期待を正しく理解している。たとえば，A校のインタビューグループの生徒らに，「先生が生徒に期待しているのは，どのようなことですか」と尋ねると，「卒業してほしいと思っている」（男子生徒10）といった回答や，「ちゃんと予防をして学生時代に妊娠しないこと。卒業してほしいということ」（女子生徒7）といった回答があった。

　また，学習成果の内容としては，進学に関係するような学業成績の良さよりもライフスキルの獲得に高い期待が寄せられているという点が特徴的であった。たとえば，C校のCSE教師Tは，「自分の行動の結果を予想できるようになってほしい。（中略）問題をちゃんと予想できて，しっかり予防できるようになってほしい」として批判的思考の獲得への期待を表した。C校の学校長RとCSE教師らは，PATHのCSE研修をとおして，生徒が社会で健やかに生きていくためには批判的思考力や自己肯定的な態度の獲得が重要であると理解し，生徒のライフスキルの獲得に対する期待が高まったと話した。A校とC校においては，ライフスキル獲得に関して，教師からCSEクラブの生徒にひときわ高い期待が寄せられていた。

　一方で，教師らの発言から，生徒に対する学業成績や高等教育進学への高い期待は示されなかった。たとえば，C校の現学校長Sは，自校の生徒の大学進学率が高くない現状に触れ，「この学校は田舎にあるので，地域に合わせて授業を計画しなければなりません。ライフスキル教育を中心に行ってい

ます」と述べている。また，CSE教師Tは，「（私たちの生徒は）頭はあまり良くないのですが，ほかの方向に価値がありますよ」と述べており，C校のほかのCSE教師らからも同様の発言があった。

調査対象校の教師らは，生徒の禁欲的な行動の遵守に対しても，過度な期待を抱いていなかった。たとえば，A校の学校長Aは，「今の時代は，（婚前に）性交渉をしてはいけないとは言えない時代です。ですので，予防の仕方を教えることが必要だと思っています」と述べている。また，CSE教師Bは，10歳代の性交渉が招く悪影響を生徒に理解してほしいと期待してはいるものの，あくまで子ども自身による意志決定や行動の選択が重要であると考えていた。コンドームや避妊薬の使用も，子どもが持つ選択肢のひとつとして理解している。

生徒に対する教師らのこうした期待が学習成果に及ぼす影響を見てみると，まず，生徒の後期中等教育修了に対する期待は，CSEの継続的な実施につながっていた。たとえば，A校のCSE教師BがPATHのCSE研修を自主的に受講し，保健体育の授業においてCSEの実施を開始した動機のひとつは，生徒らが妊娠によって退学を余儀なくされている現状を改善したいという強い思いであった。また，学校長Aは，CSEが妊娠による退学者を減少させるための解決策であると考え，その導入に賛成している。

次に，教師からの生徒のライフスキル獲得に対する高い期待は，CSEカリキュラムの内容に反映されていた。たとえば，C校のCSE教師らは，ライフスキルの育成を重視する考えから，CSEの授業に参加型の活動やケーススタディなどを数多く取り入れ，生徒自身で状況分析や解決策の模索を行う機会を提供している。また，CSE教師らは，生徒が自分自身に対して肯定的な認識を持つことの大切さをCSEの授業をとおして伝え続けている。

　　生徒が自分の大切さを理解するように教えています。自分自身を愛するようにさせました。そして，生徒が自分を守れるように教えました。（CSE教師U，40歳代男性，IT教育）

　　一人一人，勉強はあまりできなくても，運動や音楽などほかのことがで

きます。自分の価値をちゃんと考えられるように心を込めて教えています。(CSE教師T，40歳代女性，タイ語)

　CSE教師と同様に，学校長Rも日常における生徒との関わり合いをとおして，生徒が自己を肯定できるようにとのメッセージを発信し続けている。同校長は，生徒に対して自己肯定できるように指導したエピソードを次のように話した。

　　ある日，女性の格好をしている男子生徒に（校外で）偶然会いました。私は，その生徒に，「大丈夫，好きなことをやってもいいよ。でも，学校の中ではルールどおりに男性の格好をしてね。君の心は女性だと僕はわかっているから，大丈夫，大丈夫」と言いました。男性になりたい女子生徒を見つけた際にも，同じようなことを言いました。(学校長R，60歳代男性)

　教師らが多様性を容認する態度を自ら示し，生徒が自己肯定感を高められるような発信をCSEの授業の内外で行っている様子が示されている。また，生徒に対するインタビューの結果からも，こうした発信が生徒にしっかり届いていることが示された。
　教師らによると，ライフスキルの育成を重視した指導を続けた結果として，生徒の態度や考え方には変化が認められるようになった。学校長Rは，生徒の自己肯定感が増した結果として，生徒らが以前よりも自己を開示できるようになったとして，次のように述べている。

　　生徒は，どんなタイプの生徒でも校長先生と先生たちは認めてくれるということがわかるようになりました。すると，生徒たちは自信を持つようになり，自分を隠さずに自分の好きなことや気持ちを表せるようになりました。(学校長R，60歳代男性)

　そして，同校長は，女子生徒が伝統的な女性らしさにとらわれることなく，自分自身の意志を尊重して行動するようになった結果，C校の女子サッ

CSEの教室に展示されている避妊薬（2016年筆者撮影）

カーチームはイサーン地域の代表になるほどの強豪に成長したと話した。

最後に，生徒の禁欲的な行動に対して過度に期待しない教師の態度は，CSEのカリキュラムの完全な施行につながっている。A校やC校のCSEの授業では，コンドームや避妊薬の使用方法に関する詳しい情報提供が行われており，A校のCSEの教室内には常に避妊薬の見本が展示されていた。

禁欲的な行動にこだわらず，避妊を選択肢として認める教師の態度は，HIV感染や妊娠の予防に対する生徒の態度に肯定的な影響を与えていた。A校のインタビューにおいては，禁欲的な行動が生徒の実情に即していないと発言した生徒のほとんどが，実際はコンドームや避妊薬の使用による予防方法を実践していると述べた。禁欲的な行動はなかなか実行できないため，コンドームや避妊薬を用いて妊娠を予防した方がよいという考えがインタビュー対象のほとんどの生徒の主張であった。生徒らは，予防方法に対する抵抗感を不必要に抱くことなく，禁欲的な行動ができない場合の次善の策として認識し，選択肢のひとつとして実行している。

(2) 教師の肯定的な態度

生徒に対する質問紙調査の結果から，大多数の生徒が，調査対象校の教師には指導内容に対する知識や自信があると認めていることがわかった。

A校においては，ほとんどの生徒（91%）が，CSE教師は指導内容に関する豊富な知識と自信を持っていると感じており，64%の生徒は当該内容に強く同意している。否定的な見解を示した生徒は，6%と少数であった。

B校においても，ほとんどの生徒（95%）が，CSE教師はCSEに関する豊富な知識と指導への自信があると回答した。また，4割の生徒は，この点に強く同意した。否定的な見解を示した生徒は5%と少数であった。

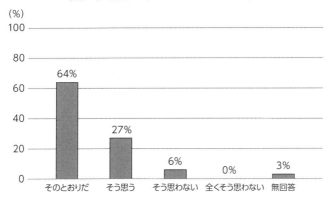

図12　教師の肯定的な態度（A校）
教師は指導内容に対する知識・自信がある（N=33）

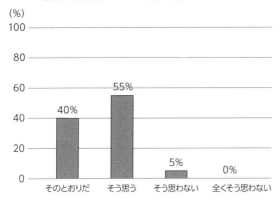

図13　教師の肯定的な態度（B校）
教師は指導内容に対する知識・自信がある（N=60）

　C校においては，86%の生徒がCSE教師の知識と自信を認めているが，「そう思わない」と回答した生徒の割合は他の2校よりもやや高い（14%）。各校の調査結果は，図12～14に示されるとおりである。
　続いて，質的調査の結果からは，調査対象校のCSE教師らは，生徒やCSEの指導内容に対して高い関心を持ちながら指導に当たっていることが

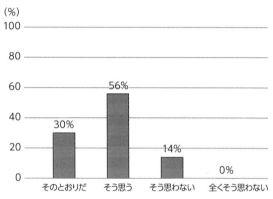

図14　教師の肯定的な態度（C校）

わかった。教師らは，リプロダクティブ・ヘルスに関する問題が生徒の人生に与える影響に真剣に向き合い，教師としての使命感を抱いている。生徒のグループインタビューにおいても，多くの生徒が，教師は生徒に対して高い関心を持っていると述べた。A校のCSEクラブに所属する生徒の1人は，CSE教師Bについて次のように述べている。

> （先生は）先生としてただ教えるだけでなく，生徒にきっかけを持ってほしいと思っています。「人生は，色々意味があって生きていくものなんだよ」と先生は言います。先生としてだけでなく，きっかけを与えてくれる存在です。多くの人の憧れるお手本のような人です。（CSEクラブに所属する男子生徒8）

男子生徒8の発言は，CSE教師Bが授業の指導のみでなく，生徒の人生に良い影響を及ぼそうと努めている様子を映し出しており，生徒への同教師の高い関心を示唆している。

また，C校のCSE教師らへのインタビューでは，CSEの指導をとおして「生徒を助けてあげたい」という言葉が繰り返し聞かれた。

（HIV/エイズは）大きな，大きな問題ですね。私たちが助けてあげなければならない問題です。1人助けることで，その子の周りの子も助けることができます。（中略）多くは助けられないかもしれませんが，少しでも助けてあげたいのです。（CSE教師U，40歳代男性，IT教育）

　CSE教師らの「助けてあげたい」という言葉には，CSEの実施が生徒を救うことになるという教師の信念と使命感が示されている。

　こうした使命感は，各校のCSE教師らがCSEの指導スキルを向上させるために自主的に勉強を続ける態度につながっていた。たとえば，A校のCSE教師Bは，CSE導入当初は性教育への周囲の理解が十分に得られず，生徒も学習内容に馴染みのない状況において，性に関するセンシティブな話題をどう扱うかといった指導上の課題を抱えていた。したがって，指導上のテクニックを磨くために，勉強を重ねてきたと話した。B校のCSE教師は，生徒のニーズに対応しようとする積極的な姿勢を持っており，CSEの多岐にわたる話題や生徒からの質問に対応するため，医療機関に問い合わせたり，授業後に自ら調べたりしている。

　さらに，複数の教師がCSEの指導に当たっているB校とC校においては，CSEの関連知識の更新や指導内容の改善を行うCSE教師間の協力体制が構築されていた。C校ではCSEを担当する6名の教師らが，CSEの授業を実施した日の放課後に生徒の反応について話し合うなど，CSEに関する意見交換や情報交換を行っている。インタビューにおいてCSE教師らは，こうした協力体制に言及し，CSEを開始して以来，自分たちはチームで働いてきたと述べている。また，B校は，CSE教師の知識の更新や指導技術の向上に高い優先順位を付け，教師を対象としたCSEに関する研修が近隣地域であれば，授業を中断してでも教師を派遣している。研修において得た知識や新しい情報は，CSE教師間において共有され，最も高い効果が出る方法について，CSE教師間で話し合いが行われている。

　教師らのインタビュー中の発言には，CSEの指導に対する自信が随所に表れていた。CSE教師Bは，現在の自身の指導力をCSE研修の受講直後と比較し，「難しいと思う指導方法は今はもうないですね」と述べている。ま

た，外部から多くの見学者が自分の授業を見学に来るという現況を誇らしげに話し，自身の指導力への自信をのぞかせた。授業の観察においても，各校のCSE教師は，生徒に対して自信と余裕のある態度で接していた。授業中をとおして，CSE教師らは指導内容に関して雄弁であり，コンドームの提示によってざわつく生徒らの反応にも全く動じる様子はなかった。

(3) 秩序と規律のある学校や教室の雰囲気 (Order and Discipline)

　調査対象校においては，学校内の秩序を重んじる厳格な雰囲気が維持される一方，CSEの授業中はリラックスした雰囲気が教師によって意図的に創出されていた。3校いずれにおいても，校内の規律は重視され，生徒の行動が厳しく管理されていた。たとえば，A校の学校長Aは，校内の秩序と規律に関する自身の方針を次のように述べている。

　　(生徒には) 厳しくしていますよ。(中略) 生徒だけではなく，先生にも注意したりします。先生たちにしっかりと授業を実施させ，(生徒を) しっかりと管理させるようにしています。私も，ちゃんと授業に出るようにと生徒を叱ることがあります。(学校長A，50歳代男性)

　上述のように，学校長Aが最も重視している規律は，授業への出席である。したがって，A校では生徒を授業に出席させるための厳しい管理体制が築かれている。

　　私たちは，(中略) 生徒の中に管理役を作っています。校内の各棟をチェックさせています。トイレの中もチェックさせます。(中略) 時々，(さぼっている生徒を) バイクで追いかけたり，車で追いかけたり，自転車で追いかけたりすることもあります。この学校には自転車が5台あります。これは，管理役の生徒に追いかけてもらうためのものです。お互いに管理させて，さぼっている子たちの悪さを止めるようにしているのです。学校に来させて，授業に出させています。私たちは，こういうシステムを用いて (生徒を) 管理しています。(学校長A，50歳代

男性)

　学校長Aは，説明を一通り終えた後，「この学校は，ここまでやっている
のですよ」と誇らしげに述べた。生徒を厳しく管理し，授業に出席させるこ
とが生徒のためであるという考えが，根底に垣間見られる。

　各校における生徒の行動に関する規則は，授業の出席に留まらない。生徒
のインタビューでは，多くの生徒が「学校の規則は厳しい」と述べ，遅刻，
服装，髪型といった様々な規則の内容を挙げた。B校では，校則に違反する
たびに生徒の持ち点が減点される仕組みになっており，持ち点をすべて失っ
た生徒は退学を余儀なくされる。また，規則違反をした生徒は罰として軍基
地に送られたり，罰金を取られたりすることがある。また，校則には性や恋
愛に関する項目も含まれており，男女の生徒が親密な行動をとってはならな
いという規則がある。男女が手をつないでいたら何点，抱擁していたら何点
と細かく減点内容が定められている。

　生徒のインタビューから，校則はおおむね生徒に受け入れられているもの
の，生徒は校則の厳しさを必ずしも受容していないことがわかった。校則
の厳格さに対する生徒の不満は，B校のM6年生の男子生徒を対象としたグ
ループインタビューの結果に顕著に表れていた。以下は，「校則についてど
う思いますか」という質問に対する回答である。

　　厳しすぎます。（男子生徒13）

　　M6年生に対しては，厳しすぎます。M6年生は，もっと自由にしたい
　　からです。（男子生徒14）

　　自由にしたいです。厳しすぎます。（大人の目の届く）範囲内にいさせす
　　ぎです。（男子生徒13）

　　M6年生は，外の世界とも折り合いをつけなければいけないので。（男子
　　生徒15）

M6年生は後期中等教育の最高学年であり，生徒の年齢は17歳～18歳である。したがって，生徒らは，既に自分たちは大人に近い年齢なのだから，自分の意志や判断に基づいて校則に縛られずに行動したいと訴えているのである。一方で，生徒らは，軍基地に送られるなどの罰則内容に対しては違和感を示しておらず，性や恋愛に関する校則も妥当であるとして受容していた。

学校内の規則や行動面の取り締まりの厳しさに反して，3校ともCSEの授業に限っては事情が異なっていた。生徒らによると，CSEの授業は，他の授業とは異なるリラックスした雰囲気である。たとえば，A校の生徒によると，CSEの授業に生徒が遅刻して来た際も，他の授業とは異なった対応がとられている。

　　もし遅れて来たら，最初に名前を聞かれます。そして，（ちょっとした）罰ゲームみたいなことをさせられます。そんなにシリアスではないです。（男子生徒13）

　　（先生の対応は）サバイサバーイですね。だいたい，サバイサバーイ。（男性生徒12）

サバイサバーイ（สบายๆ）とは，「まぁ，気楽に」「大丈夫，大丈夫」といった意味で日常的によく使われるタイ語独特の表現である。ほかの授業では，遅刻に対して厳しい罰則が科されることが一般的であるが，CSEの授業では少々の遅刻をとがめるよりも，楽しく親しみやすい雰囲気づくりに重点が置かれている。A校のCSE教師Bも，「CSEの授業では，そんなに厳しくしていませんね。親しい雰囲気にしています」と述べており，「厳しくすると，生徒が質問したり相談したりしにくいので」と理由を挙げている。また，C校の教師らによると，生徒たちはCSEの授業を好み，授業内容に高い関心があるため，他の科目に見られるような授業の遅刻や無駄話などの逸脱行動はほとんどないという。

CSE教師らは授業の指導に熱心であり，自らが授業に欠席や遅刻をす

ることはない。各校において，CSEの教室は清潔に保たれ，教室内には生徒の学習意欲を高めるための工夫が凝らされている。A校の教室には，数々の色彩豊かな教材や表彰状が展示され，机には待ち針で丁寧に固定されたクロスがかけられていた。教室内

B校の教室前の展示物（2016年，筆者撮影）

は明るく，清潔で整頓された空間であった。B校の教室の前には，CSEクラブの生徒らが教師と協力して作成した展示物が張られていた。展示物の内容は，妊娠の予防に関する情報などである。教室内にも，生徒が制作した教材をはじめとする作品が，壁際の机に並べて展示されていた。

CSEの授業に参加するモチベーションについて話す文脈において，生徒からは教室の展示物に関する自発的な発言はなかったものの，調査者が「綺麗な飾りや作品が展示されていることに対してどう思うか」と問うと，女子生徒のグループでは，教材や情報の展示は「良いと思う」という肯定的な回答が口々に聞かれた。また，女子生徒の1人は，特に教室の展示物や飾りつけの色彩によって，学習意欲が高まると話した。

他の授業や校風の厳格さとは異なったCSEの授業の雰囲気は，CSEに対する生徒の好ましい学習態度を育むという点に寄与していた。インタビューでは，ほとんどの生徒がCSEの授業は好きであると発言しており，多くの生徒が理由のひとつとして，リラックスした授業の雰囲気を挙げた。各校のCSEの授業を観察すると，授業中には緩やかな雰囲気が保たれているが，生徒の逸脱した行動は一切見られなかった。CSE教師が発言している際には生徒らは十分な注意を払い，参加型の活動の際には教師の指示に従って速やかに行動していた。生徒らは，授業中に厳しく指導されているわけでも，規則によって管理されているわけでもなかったが，真剣にCSEの授業中の活動に取り組んでいた。

生徒が作成した教材例1 避妊に関する説明（2016年，筆者撮影）

生徒が作成した教材例2 「エイズ予防キャンペーン」（2016年，筆者撮影）

（4）生徒の学習成果に対する称賛と動機付け（Rewards and Incentives）

　CSEに関する学習成果への称賛や動機付けのための取り組みに関しては，調査対象校の間でばらつきがあった。A校では，CSEの学習成果に対する学校内での公式的な承認は非常に限定的であり，CSEの授業や朝礼時に実施されるCSEの活動において，質問に答えられた生徒に多少の褒美が与えられる程度であった。B校では，CSEの学習成果を公式的に承認する機会として，CSEの内容に関する絵本教材のコンテストが実施されていた。CSE教師らによると，コンテストにおいて優秀な作品を発表した生徒には，学内で賞が授与される。また，学校内のコンテストを勝ち抜いた生徒は，県レベルのコンテストや国家レベルのコンテストに出場することができる。C校においても同様に，CSEをテーマとする絵本教材や教材のコンテストが開催されており，入選した生徒には賞状が授与されている。C校の図書館には，生徒らがコンテストのために作成したCSEに関する教材が展示されており，力作の数々を調査者も目にした（生徒が作成した教材例1，2参照）。

　一方，CSEクラブの活動の成果に対しては，県や保健局からの公式的な承認や動機付けがなされていた。CSEクラブのレポートを競うコンテストなどを実施し，優秀な学校を表彰するといった取り組みである。

　生徒のインタビューからは，CSEをテーマとする作品のコンクールは，生徒から肯定的に受け止められているものの，CSEを学習したいと思う主な動機ではないという点が示された。たとえば，C校のインタビューにおい

て，ほとんどの生徒はコンテストの開催が「良いことだと思う」と肯定的な見解を示したが，CSEの授業が好きな理由は，CSEの内容が生活に役立つという点や授業で用いられている参加型の学習プロセスの楽しさであった。

　外部機関によるCSEクラブに対する表彰の取り組みは，一部のCSEクラブの生徒にとっては，学習意欲やクラブ活動への意欲を高める一因となっていた。C校のCSEクラブの生徒に対して，「これまでの受賞についてどう思うか」と質問すると，生徒の回答は次のようであった。

　　（受賞は）モチベーションになります。一生懸命やろうという気になります。これまでやってきたことをより良くやって，賞をもらえるようにがんばろうという気になります。(CSEクラブに所属する女子生徒12)

　　（受賞は）私たちに誇りを与えてくれます。これからもやり続けていこうというやりがいを与えてくれます。知識をこれからも広めていきたいです。(CSEクラブに所属する女子生徒13)

　上述の発言は，外部機関による賞の授与が，生徒のモチベーションを強める役割を果たしていることを示している。

　しかし，外部機関からの活動成果の承認は，生徒らのCSEクラブへの入部や活動継続の主な動機ではなかった。たとえば，C校の生徒に多かった入部動機は，CSEの内容に関する関心や社会問題の解決への意欲であった。

　　タイの社会では，ほとんどの学校が学齢期の妊娠の問題を抱えています。それから，妊娠した生徒は将来的に問題を抱えることになります。これはよく見られることですよね。この問題は続いています。だから，友達に理解してもらえるように教えに行きたかったのです。そうすれば，社会や学校にあるこうした問題を減らすことができます。(CSEクラブに所属する女子生徒11)

　　（CSEクラブに入部したのは）CSEについてもっと学びたかったからで

す。性に関する問題を予防したり，性感染症を予防したりする知識が得られますし，自分を衛生的に保つ方法もわかるようになります。(CSEクラブに所属する男子生徒13)

　C校のほとんどの生徒が，上述の発言と類似した内容をCSEクラブへの入部動機もしくは活動継続の理由として挙げており，CSEクラブの受賞には言及しなかった。

　また，A校のCSEクラブの生徒の多くは，CSEクラブの活動を継続している理由として，活動の楽しさや新しい友達ができるという点に言及した。たとえば，男子生徒6は，「キャンプをするというのは，一緒にグループで働くということです。家にいても何もないのですが，キャンプに行くと，こうして友達に会って話したりできるので幸せです」と述べている。CSEクラブの活動として実施されているキャンプは，生徒が活躍できる場であると同時に，生徒らが友情を育む絶好の機会となっているのである。

　A校のCSEクラブの生徒に，外部機関からの受賞が活動のモチベーションになっているかと質問すると，年長の生徒である男子生徒9は，他のメンバーを代表して次のように述べた。

　　賞は関係ないです。自分の意思でやりたいからやっています。このクラブとつながっているからであって，お礼とかは関係がないです。自分の意思でやっていて，賞をもらいたいからやっているということではないです。(CSEクラブに所属する男子生徒9)

　男子生徒9の発言には，自分たちは称賛を得るための功名心からクラブ活動に一生懸命取り組んでいるのではないという主張がにじんでいた。男子生徒9の発言が終わると，周りのCSEクラブの生徒らもうなずいたり，短く言葉を発したりしながら一斉に同意した。A校のCSEクラブの生徒にとっては，仲間との連帯感や関係の構築，そしてピア・エデュケーターとしての活躍の場を得る喜びといった充足感が，活動継続の主な動機となっていると言える。

第7章

調査結果の考察

　本研究の問いは，第一に，タイの学校において，質の高いCSEの継続的な実施に寄与した主な要因は何か，第二に，タイの学校を基盤としたCSEの実施において，HIV感染と早期妊娠の予防に寄与する非認知的能力の向上に効果的な学校内要因は何か，であった。本章では，これらの2つの問いについて調査結果から得られた示唆を整理し，考察を加える。第1節では，CSEの効果的な導入アプローチに着目した1つ目の問いに関する調査結果の分析と考察を実施し，第2節では，CSEの効果的な実施要因に着目した2つ目の問いに関する調査結果の分析と考察を行う。

第 *1* 節　CSEの効果的な導入アプローチ

　本研究は，タイの学校におけるCSEの効果的な導入アプローチを解明するため，3つの従属的な問いを設定していた（5章2節1）。各問いに沿った調査結果の分析から得られた示唆は，以下のとおりである。

1　CSE導入の賛否を分けた要因

　まず，CSEの導入当初に，センシティブな内容を含むCSEの実施に対する学校レベルの関係者の賛否を分けた要因は何であったのか。調査対象校の事例は，CSEの実施に関係者が賛成した主な要因が，生徒のHIV感染や妊娠に対する関係者の問題意識とCSEをとおした問題解決への強い意欲で

あったことを示唆した。教師らは，生徒のHIV感染や妊娠のリスクの高さ
と深刻さを保護者以上に強く認識する傾向があったが，教師らの問題意識
は必ずしもCSEの実施に対する意欲と同義ではなかった。教師らは，CSE
がHIV感染や妊娠の予防に寄与する教育であると理解し，予防対策として
CSEに期待を寄せた結果として，初めてCSEの実施に賛成している。

　一方で，保護者は，子どもの妊娠に対する問題意識は持っていたものの，
青少年が性経験を持つ可能性は低いと考える傾向が見られた。また，保護者
は問題意識を持っていたとしても，学校に問題解決への期待を寄せておら
ず，必ずしも性教育を問題の解決策として位置づけてはいなかった。

　したがって，関係者がCSEの実施に賛成するには，強い問題意識とCSE
をとおした問題解決の意欲の双方が必要であるという点が示唆される。ま
た，強い問題意識と解決意欲の二点は，性に関する社会文化的規範に根付い
たCSEに対する抵抗感の克服に寄与していた。

　反対に，CSEの実施に関係者が反対した主な要因は，性に関する話題を
タブー視する社会文化的規範やCSEに関する理解不足であった。C校の事
例では，CSEの導入に伴う教師の仕事量の増加も反対要因として浮かび上
がったが，主要な要因であったとは言えない。性に関して公の場で話しては
ならないというタイの社会文化的規範は，性教育が卑猥な教育であるという
教師や保護者の信念や，CSEの授業を担当することに対する教師の恐れに
つながっていた。

　また，CSEが「性交渉について教える教育である」という誤解による反
対や，CSEの実施が結果的に青少年の性的経験を促すという主張に基づく
反対も教師や保護者に多く見られた。CSEに関する説明や研修を受けた後
も，教師と保護者を含む一部の関係者の間において，CSEが生徒のリプロ
ダクティブ・ヘルスの向上に寄与する教育であるという理解は，十分に得ら
れていなかった。

　背景には，CSEが人々にとって馴染みのない概念や教育内容であり，性
に関する情報が青少年に対してほとんど提供されてこなかったという社会事
情があった。こうした社会背景において，性交渉に関する話題を含むCSE
は，青少年に悪影響を及ぼすという発想に人々は陥りやすく，CSEの概念

や内容の理解は人々にとって容易ではなかったと考えられる。

調査対象校のCSE導入時における，CSEの支持に関する教師と保護者の傾向を比較すると，全体的に教師の方がHIV感染や妊娠に関するやや高い問題意識と解決意欲を有していたと言える。しかし，両者の間で完全に意見が二分されているわけではなく，双方のグループに賛否両論がある様子は明らかである。教師の方が子どものHIV感染や妊娠の問題を深刻に捉える傾向があった理由は，教師が職務をとおして大勢の生徒を長年にわたって観察し，青少年の行動や問題に関する一般的傾向と深刻さを認識する機会を得ているためであった。また，教師らは，高等教育や教師経験をとおして，新しい提案を前向きに捉える態度やCSEの意義を理解する能力を獲得していたためであるとも考えられる。

2　CSEへの支持の拡大に向けた学校の貢献

CSE推進の過程において，学校はCSEの実施に対する関係者の支持の拡大に貢献したのであろうか。本研究調査の結果は，いずれの調査対象校においても，教師と保護者の双方のグループでCSEに対する反対があったが，主に学校長と一部の教師が中心となってCSEへの支持の拡大に寄与したことを示唆している。

CSEへの支持の拡大に寄与する取り組みとしては，まず，学校によるCSEに関する説明や研修の実施が挙げられる。学校長とCSEに賛成する教師らは，生徒のHIV感染や妊娠に対する問題意識を他の教師や保護者と積極的に共有し，CSEの意義に対する理解の促進に努めた。また，A校とC校では，全教師を対象としたCSEに関する研修も実施されていた。B校においては，学校がCSEに関する研修を実施する代わりに，学校長が積極的に，教師らに対して外部のCSE研修への参加を勧めていた。CSEに関する説明や研修を受けた結果として，一部の関係者はCSEに関して正しく認識するようになり，CSEの実施に賛成するようになった。また，実例を用いた説明を教師から受けた結果として，保護者が子どもの性に関する問題を主体的に捉え，CSEに関する正しい認識を形成した様子が示された。

しかし，3校の事例は同時に，CSEに関する情報提供や研修が及ぼす影響力の限界を示した。いずれの調査対象校においても，情報提供や研修によって，直ちにCSEに反対している大部分の関係者の認識が変わったわけではなく，CSEに対する不支持は根強く残っていた。CSEに関する理解の深長は，関係者からのCSEに対する支持の拡大に一定程度は寄与するが，CSEに広く支持を集めるための十分な方策ではないと言える。

本調査の結果は，CSEに対する支持の拡大に最も寄与した要因がCSEの成果であったことを示唆している。調査対象校では共通して，CSEに対する反対がある状況においてもまずは学校長やCSE教師が中心となり，CSEを質の高い状態で一定期間実施している。そして，CSEの実施後しばらくすると，生徒の妊娠率の減少や肯定的な「態度の変容」が認められるようになった。結果として，多くの保護者や教師は，学校による報告や生徒との関わり合いをとおして，CSEの成果を明確に認識するようになり，CSE支持に転じている。

CSEの成果は，CSEに反対する保護者や教師に，生徒の態度の変容をとおして伝わった面もあるが，学校による報告によって伝わった面も大きい。いずれの調査対象校においても，各校におけるCSEの実施後の生徒の妊娠率の推移がモニタリングされ，CSEの成果が保護者や教師に対して公表されていた。特に，B校の事例では，学校長の指示の下でCSEの効果に関するデータが積極的に収集され，CSEの実施に反対している関係者を説得する材料として活用されていた。こうした点から，学校は質の高いCSEの実施と成果の証明をとおして，関係者からのCSEに対する支持の拡大に貢献したと言える。

上述のような学校による施策がCSEへの支持を拡大した背景には，いくつかの重要な要因がある。一点目は，関係者間において，生徒のHIV感染や妊娠に関する問題意識が事前に共有されていたという点である。CSE導入時に，学校が関係者に対する説明や研修を実施した結果として，関係者間における問題意識はある程度高まっていたと考えられる。問題意識が共有されていたからこそ，成果の認識をとおしてCSEの価値が理解され，CSEに対する支持が飛躍的に拡大したと考えられる。さらに，学校が実施した取り

組み以外にも，インターネットやスマートフォンの普及といった社会状況の変化は，保護者がCSE支持に転じる背景的要因となったことが示唆された。

二点目は，学校長のリーダーシップである。いずれの調査対象校においても，学校長はCSEの推進に信念を持って取り組んでおり，教師や保護者からの反対にも怯まず，CSEの導入に向けて積極的に指揮を執っていた。そして，CSEが実施された後は，学校長がCSEの成果を関係者に対して積極的に公表している。関係者がCSE支持に転じるまでのプロセスにおいて，学校長が果たした役割は大きい。

3　CSEへの支持の拡大に対する子どもの貢献

CSE実施の推進過程において，子どもが果たした役割は何だっただろうか。本調査の結果から，CSEの導入プロセスにおいて，CSEに対する関係者の支持の拡大に子どもが一定程度貢献していたことがわかった。子どもがCSEの実施に関して直接的に大人に対して意思を表明する機会は設けられていなかったものの，CSEに対する生徒の反応やCSEクラブの生徒の成長は，関係者によるCSEへの支持の拡大に寄与していた。

調査結果は，いずれの学校においてもCSEを実施してから間もなくして，CSEの授業に対する生徒の肯定的な反応や態度が顕著に表れている。そして，生徒の反応を見た教師らは，次第に，CSEが生徒にとって有益な教育であると感じ，CSEの実施を容認するようになった。また，A校とC校の事例では，CSEをとおして成長したCSEクラブの生徒が，CSEの成果を示すロールモデルとなることによって，教師や保護者によるCSEへの支持の拡大に寄与した。したがって，調査対象校のCSEの導入プロセスにおいて，子どもはCSEの実施に対する関係者の支持の拡大に一定の役割を果たしたと言える。

ただし，CSEの授業に対する子どもの肯定的な反応が，直ちに親の考えに肯定的な影響を与えるとは限らない。家庭において子どもから授業の感想を聞く機会があったとしても，子どもから伝えられる情報が断片的であったり，CSEの概念や内容に関する親の理解が十分に進んでいなかったりする

ためであると考えられる。相対して，教師は職業として子どもの学習ニーズに敏感であるため，CSEの授業に対する生徒の肯定的な反応が，CSEの実施に対する教師の見解に大きく影響したと考えられる。

　総じて，CSEの実施に対する関係者の支持に結びついた主な要因は，子どものHIV感染と妊娠に対する関係者の強い問題意識と，CSEの実施をとおした問題解決への期待ならびに関係者によるCSEの成果の認識であったと言える。これらの要因は，伝統的な社会文化的規範に基づく，CSEに対する関係者の抵抗感を低減する役割を果たしていた。CSEの導入プロセスにおいては，学校長と一部の教師が，CSEを推進する中心的な役割を担っていた。また，子どもは，CSEの授業に対する肯定的な反応や肯定的な「態度の変容」をとおして，関係者からのCSE支持の拡大に間接的に貢献していた。

　以上の点から，学校レベルにおけるCSEへの支持を拡大する効果的なアプローチは，CSEを支持する学校関係者が中心となり，質の高いCSEを一定期間実施し，成果のモニタリングと関係者への成果の報告をとおして，CSEの意義を関係者に対して実証することであると考えられる。また，関係者の問題意識やCSEの内容の理解を深めるという点において，CSEに関する事前の説明や研修は，必要な措置である。子どもの肯定的な反応が関係者の見解に影響を与えた点に鑑みると，CSEの導入プロセスにおける子どもの参加や子どもの意思が示される機会の創出は，CSEに対する関係者の支持を拡大する方策として有効であると考えらえる。

第 2 節　CSEの学習成果の向上

　本研究では，タイの学校を基盤としたCSEの学習成果の向上には，どのような実施要因が主要な影響を与えるのかという点を解明するため，3つの従属的な問い（5章2節2）を設定していた。各問いに沿った調査結果の分析からは，以下のような示唆が得られた。

1 効果的なCSEの実施要因と非認知領域における成果への影響

　第一の従属的な設問は，「効果的な学校」である調査対象校において，CSEの実施に関する4つの特徴が確認されるかであった。すなわち，①権限を付与する現地の機関や役職者からの最低限の支援，②CSEを実施する教師の意図的な選定と訓練・モニタリング・監督・支援の提供，③若者が参加できる安全な社会環境，④カリキュラムに含まれる大部分の活動の実施，という特徴である。そして，こうした特徴が確認された場合は，当該4要因がどのようにHIV感染と妊娠の予防に寄与する生徒の非認知的能力の向上に影響を及ぼしているかを検証した。

　まず，調査結果から，効果的な学校には，権限を付与する現地の機関や役職者からの最低限の支援があり，特に学校長からのCSEに対する強力な支援があるという点が示唆された。学校長の支援は，学校カリキュラムへのCSEの導入において重要であった。CSEの授業は，学校カリキュラムに導入されることによって定期的かつ継続的に実施されるため，学校長の支援は，CSEの十分な実施時間の確保につながっている。Kirby（2007）が，若者の行動変容に効果的なCSEの実施要因として実施時間数を挙げている点から，学校カリキュラムへのCSEの導入はCSEの成果の拡大をもたらす一要因であると考えらえる。また，学校長が，センシティブな内容を含むCSEカリキュラムの実施を支援したことにより，CSEカリキュラムが内容や手法に関する大きな変更を伴わずに継続的に実施され，結果として学習成果を高めたと考えられる。

　同時に，教師を対象とした外部のCSE研修が，保健省や教育省から支援されていた事実は見逃せない。国からの支援が，CSEの導入に対する安心感を学校長に与え，コミュニティにおける反対がある中でもCSEを推進する学校長の行動を後押しした可能性がある。また，調査対象校におけるピア教育活動は，保健局やNGOなどからの財政面や人材育成の支援を受けており，学校長に同様の影響を及ぼした可能性があると考えられる。

　次に，効果的な学校では，CSE教師に対する充実した研修とフォロー

アップが実施され，CSE教師の指導技術の向上に寄与したという点が共通していた。しかし，いずれの調査対象校においても，CSE教師の選出基準にはほとんど一貫性がなく，生徒の学習成果との関係性も示されなかった。CSE教師の中には，CSEを担当した当初は，保健に関する理論的な理解が苦手であった教師や，CSEの内容に抵抗感を持っていた教師も含まれていた。しかし，研修を経て，CSEの指導に対する教師の抵抗感は大幅に和らぎ，教師らはセンシティブな内容にも言及することができるようになった。また，研修後の教師の自発的な努力により，理論的な理解不足が補われていた。

さらに，研修の成果として，教師は生徒中心の学習プロセスを実践するようになり，生徒に対する教師の接し方が変化していた。性に関する話題がタブー視され，年長者に対する礼儀や権威が重んじられるタイの社会において，性に関する子どもの話を否定せずに聞く教師の態度は，非常に珍しい。結果として，CSE教師と生徒との間に信頼関係が構築され，両者の間において性の話題に関する必要なコミュニケーションが促進されている。研修は，教師の態度を変化させることにより，教師に対する生徒の信頼感を増幅させ，教師と生徒の間のコミュニケーションに変革をもたらしていた。

本調査の結果は，保健分野に関する教師の知識や指導技術と経験の不足が，訓練や自発的な努力によって補完できるという点を示唆している。CSE教師の指導力が必ずしも担当科目や適性に準じるとは限らないという示唆は，CSE教師の選別に関する明確な基準の提示にはつながらない。しかし，CSEに対する抵抗感を乗り越えるプロセスやCSEの指導に伴う自発的な努力の必要性を考慮すると，CSEを担当する教師には，生徒のリプロダクティブ・ヘルスの問題を解決したいという意欲やCSEの指導に対する積極性を備えている人物が適任であると考えられる。

生徒が安心してCSEの授業に参加できる社会環境については，授業中に生徒が発言しやすいよう，CSE教師が配慮していた。しかしながら，C校の調査結果に見られるように，叱責や批判に対する生徒の恐れを払拭することは容易ではない様子もうかがえる。生徒が安心できる環境を創出するための鍵は，教師が生徒の発言内容を批判せずに受け止めることによって，生徒に

心理的な安心感を与えるという点である。生徒にとってのCSEの「安全な学習環境」は，教師の態度と教師と生徒の関係性に左右されるため，特に知識伝達型の教授法に慣れ親しんだ教師に対しては，訓練が必要であると考えられる。

　効果的な学校においては，CSEカリキュラムに含まれるほとんどの活動が忠実に実施されていた。しかし，ただ忠実に実施するだけでなく，各学校の生徒に関連の深い内容を授業に盛り込んでいるという点が共通点として浮かび上がった。生徒のCSEに関する意見や状況が考慮され，CSEがより生徒のニーズに応える内容となった結果，生徒は妊娠やHIV感染のリスクを自分ごととして捉えることができ，予防に対して前向きな態度を形成していったと考えられる。したがって，本調査結果は，各学校の生徒の実情に適した活動内容の実施が，生徒のリスク認識や態度に効果的に影響を与えることを示唆している。また，生徒の実情に適した授業内容や活動内容を設定するためには，CSE教師が生徒の意見に耳を傾けることが重要であると言える。

2　効果的な学校における「学校風土」

　第二の従属的な設問は，「効果的な学校」である調査対象校において，学校風土に関する以下の4つの要因が見られるか，という点であった。すなわち，①生徒に対する高い期待，②教師の肯定的な態度，③秩序と規律のある学校や教室の雰囲気（Order and Discipline），④生徒の学習成果に対する称賛と動機付け（Rewards and Incentives）という要因である。本調査結果からは，この4項目に関して次のような示唆が得られた。

　効果的な学校では，一定の学習成果において，生徒に対する高い期待が認められた。調査対象校に共通していた教師の期待は，女子を含むすべての生徒の後期中等教育の卒業とライフスキルの獲得であった。生徒の卒業に対する教師らの高い期待は，卒業を妨げる可能性のあるHIV感染や妊娠を予防する能力の獲得を生徒に期待する教師の態度と密接に関係していた。また，教師らは，共通して，ライフスキルの獲得に高い期待を寄せている一方，生

徒の高等教育への進学や学業成績の優秀さに対する期待は限定的であった。

効果的な学校においては，禁欲的な行動に関する生徒への期待は高くなかった。教師らは，婚前の性交渉が一般化する傾向にある現代の生徒の実情を正確に理解しており，結果として生徒の禁欲的な行動に過度な期待を寄せていなかった。教師らは，女子の婚前の性交渉に否定的なタイの伝統的慣習の価値を認めつつも，生徒のHIV感染や妊娠の予防への期待から，現実主義的な選択肢を優先していると考えられる。

効果的な学校では，ほとんどのCSE教師に「肯定的な態度」が見られた。すなわち，CSE教師らは，共通して，指導内容と生徒に対する高い関心を有しており，指導技術の向上に積極的に努めていた。同時に，CSE教師らは，CSEに関する豊富な知識と指導力に対する自信を持っていた。また，多くのCSE教師らには，CSEの指導をとおして生徒を「助ける」という使命感がうかがえ，生徒に対する高い関心が認められた。さらに，A校ではCSE教師が1名であるため該当しないが，ほか2校の調査対象校では，CSE教師らが協力してCSEの指導に当たっていた。

ただし，C校に限っては，質問紙調査において14%の生徒が，CSE教師にはCSEに関する豊富な知識と自信があるという点を否定している。タイでは一般的に教師と生徒の上下関係が明確であり，権威的な指導方法がとられることが多いため，生徒の意見を尊重するCSE教師の態度や参加型の学習プロセスが，生徒の目には教師の自信のなさとして映っている可能性がある。もしくは，C校の一部の生徒がインタビューにおいて，「CSEが好きかどうかは教師による」という趣旨の発言をしている点を考慮すると，C校のCSE教師間における指導力の差が質問紙調査の結果として表れた可能性がある。

効果的な学校には，秩序と規律のある学校や教室の雰囲気が維持されているかという点に関しては，本調査結果からは明確な判断ができない。調査対象校に共通していた特徴的な点は，学校全体の雰囲気とCSEの授業の雰囲気には相違があるという点である。いずれの学校においても，学校全体では教育面や行動面における厳しい規則が定められ，管理的な雰囲気が見られたが，CSEの授業中にはリラックスした楽しい雰囲気が維持されていた。同

授業においては，厳しい規則の設定や教師による厳格な指導は見られなかった。しかし，逸脱行動をとる生徒の姿は見られず，一定の秩序が保たれていた。

　本調査の結果からは，CSEに対する生徒の学習成果に対する意図的な「称賛と動機付け」が生徒のCSEの学習成果に主要な影響を及ぼしているとは言えない。調査対象校の取り組みからは，効果的な学校において，生徒がCSEの学習成果に対する称賛を得られるような機会が豊富に設けられているとは判断できなかった。また，B校とC校においては，CSEの内容をテーマとした作品の学校内コンクールは開催されていたものの，CSEの成績一般を評価する取り組みではなかった。さらに，CSEに対する学習意欲が高い理由として，生徒の多くはCSEの内容への関心を挙げている点からも，コンクールの取り組みが及ぼす生徒の学習の動機付けへの影響は限定的であると考えられる。CSEクラブの活動に対しては，学校内外における積極的な承認が行われているが，いずれの調査対象校のCSEクラブの生徒も，活動成果を承認する外部からの賞を獲得した経験を有していた。

3　CSEの効果的な実施要因と学校風土の関係性

　第三の従属的な設問では，効果的な学校である調査対象校に見られる上述の学校風土が，4つの効果的なCSEの実施要因とどのように関係しているかを検証した。また，検証の際には，学校風土がCSEの学習成果に直接的な影響をどのように及ぼしているかという点にも着目した。本調査結果から得られた示唆は，以下の3点である。

　第一に，本研究では，特定の学校風土は，CSEの効果的な実施要因がCSEの学習成果の拡大に寄与するための先行条件であるという予想を立てた。本研究の予想は，調査結果により部分的にのみ肯定された。すなわち，生徒に対する高い期待と教師の肯定的な態度は，安全な環境での参加型学習の実施とCSEカリキュラムに含まれる大部分の活動の実施の実現に寄与していた。しかし，秩序と規律のある学校や教室の雰囲気，および生徒の学習成果に対する称賛は，CSEの効果的な実施要因に影響を与えているとは言

えない。

　まず，生徒に対する高い期待が，彼らが安心して参加できるCSEの学習環境（安全な学習環境）とカリキュラムに含まれる大部分の活動の実施に寄与したという点は明らかである。調査対象校の学校長やCSE教師らは，生徒の卒業への期待により，学校カリキュラムへのCSEの導入やその実施を決意していた。また，生徒のライフスキル獲得に対する教師の高い期待は，CSEにおける知識の伝達に留まらない参加型の学習プロセスや，コンドームの使用方法などのセンシティブな話題に焦点を当てた授業の実施に結びついていた。さらに，CSE教師らは，生徒のライフスキル獲得への期待から，生徒個人の考えや選択を尊重する指導を行い，生徒が安心して参加できるCSEの学習環境が創出されていた。

　ただし，CSEカリキュラムに含まれる大部分の活動の実施につながっている教師の期待は，生徒の禁欲的な行動や学業成績に対するものではない。生徒の禁欲的な行動や高等教育進学に対する教師の期待の低さは，反対に，CSEカリキュラムに含まれる大部分の活動の実施の実現に寄与していると考えられるためである。また，生徒の高等教育進学に対する教師の期待の低さは，CSEやライフスキル教育を重視した学校カリキュラムの編成を比較的容易にしたと考えられる。CSEは全国統一テスト（O-Net）の項目に含まれていないため，高等教育への生徒の進学に教師が高い期待を寄せている場合は，CSEに十分な授業時間が充てられない可能性が高い。

　同様に，「教師の肯定的な態度」も，CSEの安全な学習環境の創出とカリキュラムに含まれる大部分の活動の実施の実現に寄与している様子が示されている。A校のCSE教師は，CSEの指導内容や生徒の健康に高い関心を持ち，CSEの実践をとおして積極的に指導スキルを向上させた結果，CSEカリキュラムに含まれる参加型の活動を忠実に実行できるようになったと述べている。また，C校のCSE教師らは，学校関係者からのCSEの実施に対する反対がある中で，協力しながらセンシティブな内容を含むCSEカリキュラムの実施を継続していた。さらに，B校では，CSEの授業中に生徒の質問に真摯に対応するCSE教師らの態度が，生徒が質問や発言をしやすい環境を創出している状況が示されている。

第二に，学校風土の一部の項目は，反対にいくつかの効果的なCSEの実施要因の影響を受けていることが明らかになった。まず，教師の生徒に対する高い期待と肯定的な態度の一部分は，教師を対象としたCSE研修をとおして形成されている部分があった。たとえば，C校のCSE教師らは，CSE研修の受講によって生徒のライフスキル獲得への期待が高まったと話している。また，調査対象校におけるCSE教師のCSEに関する関心や指導力への自信は，主に，研修やフォローアップをとおして獲得されていた。ただし，教師の期待と肯定的な態度のすべてが，研修によって形成されていたわけではない。たとえば，すべての調査対象校において，学校長やCSE教師らは，研修以前から，女子生徒を含めたすべての生徒に対する卒業期待していた。また，生徒に対する学校長やCSE教師らの高い関心や，CSE教師間の協力体制は，教師を対象とした研修の影響を受けているとは言えない。よって，教師の期待と肯定的な態度のすべてではなく，あくまでも一部分が研修の結果であると考えるのが妥当である。

さらに，CSEの授業における秩序ある雰囲気は，CSEの授業に生徒が安心して参加できる学習環境や，CSEカリキュラムに含まれる大部分の活動の実施によって形成されている。調査対象校において，CSEの授業における秩序は，厳しい規則や教師の厳格な指導によって形成されたわけではなかった。生徒らは，CSEの授業に真剣に取り組んでいる理由として，CSEの授業における学習プロセスの楽しさや，授業内容への関心，リラックスした授業の雰囲気を挙げている。また，教師や生徒の多くが，CSEに関しては生徒の学習意欲が高いため，CSEの授業では秩序形成のための厳しい指導の必要がないと述べている。したがって，CSEの授業における秩序ある雰囲気は，安全な学習環境やCSEカリキュラムに含まれる大部分の活動の実施によって，生徒の好ましい学習態度が形成された結果であると考えるのが妥当である。

第三に，本研究の結果は，学校風土に関する要因の一部が，HIV感染と早期妊娠の予防に寄与する非認知的能力の向上に，直接的に貢献していることを示唆した。まず，教師の期待と肯定的な態度は，CSEクラブの生徒のライフスキルの向上に寄与している。特に，A校とC校の事例では，教師ら

が，CSEクラブの生徒にピア教育活動の機会を積極的に提供し続けた結果として，同生徒らの性に対する態度やライフスキルが向上した様子が示されている。

　また，CSEの学習成果に対する称賛は，CSEに対する生徒の学習意欲や活動意欲の向上に，一定程度寄与していると言える。CSEクラブの活動成果に対する公式的な承認は，両校におけるCSEクラブの生徒の活動への意欲につながっていた。ただし，CSEの学習成果に対する称賛は，生徒にとっての学習や活動の主な動機ではなかった。CSEクラブの生徒らは，CSEクラブのピア教育活動に積極的に取り組む理由として，主にCSEの内容への関心やクラブ活動の楽しさ，ピア教育をとおして社会貢献を果たしているという実感を挙げている。したがって，活動成果に対する称賛は，こうした生徒らの主な動機を補完する役割を果たしていると考えられる。

　以上の点から，CSEの非認知的領域における学習成果の拡大に寄与する学校風土に関する要因は，教師の「生徒に対する高い期待」と「肯定的な態度」であると言える。一方で，学校や教室における秩序と規律のある雰囲気の創出や，CSEの学習成果に対する称賛に関する工夫は重要度が低い。したがって，CSEの学習成果を拡大するためには，教師を対象とした訓練において，教師の期待や肯定的な態度を引き出したり，強化したりすることが有効であると考えられる。また，CSE教師には，こうした特徴を持つ人物を選定することが効果的である可能性がある。

第8章

本研究の成果と今後の展望

　本研究は，開発途上国における青少年のリプロダクティブ・ヘルスの促進に貢献することを目標とし，タイの事例をとおして質の高い性教育を実現する方策を見出すことを目的としていた。事例研究に先駆けた文献研究では，まず，学校を基盤とするCSEの実施をめぐる論争に着目し，リプロダクティブ・ライツに関する前提の相違を理論的に整理した。次に，イデオロギーの対立が，どのように学校関係者の対立に関わるのかという点を米国の事例をとおして明らかにした。続くタイの事例では，エイズ政策が学校を基盤とした性教育の実施に与えた影響を整理した。また，タイの政策レベルにおいて，タイ国内のアクターがCSEの普及にどのような役割を果たしてきたかを明らかにした。さらに，タイにおいて実施されたティーンパス・プロジェクトの効果的な学校を調査した実証研究では，学校を基盤とした質の高いCSEがどのように実現されたのかを検証した。終章となる本章では，本研究の成果について整理し，効果的なCSEの実現に向けた提言を行う。また，本研究の学校効果研究への貢献について触れ，最後に本研究の限界と今後の展望について述べたい。

第 1 節　学校にCSEを効果的に導入するには

　まず，本研究は，学校におけるCSEの導入アプローチに関して，先行研究が示唆する提案内容の妥当性を裏付け，CSEへの支持の拡大に対して有効な方策を実証的に示した（7章1節）。Pick et al. (2000) が示したよう

に，本研究の事例においても学校レベルでCSEへの支持を拡大するために
は，保護者や教師に対する事前の説明と研修が有効であった。理由は，UN-
ESCO（2009）やAcharya et al.（2009）が指摘するように，関係者による
CSEについての誤解の解消に説明や研修が寄与したためであった。また，
Paiva & Silva（2015）が示しているように，事前説明や研修は，生徒の妊
娠やHIV感染に対する関係者の問題意識を高める点でも効果的であった。

　関係者に対する事前説明では，Paul-Ebhohimhen et al.（2008）やUN-
ESCO（2009）が指摘するように，子どもの利益に的を絞ることが重要で
あった。本研究では，CSEが子どもにとって有益であると認識することに
よって関係者の否定的な意見が和らぐ例も見られた（6章1節2）。したがっ
て，CSEに関する意見の対立を避けるためには，子どもの利益に的を絞る
という先行研究の提案は妥当であることが裏付けられた。

　また，本研究は，CSEの導入プロセスにおける子どもの参加が，CSEに
対する関係者の支持を拡大する可能性を秘めていることを示した（7章1節
3）。この点は，Paiva & Silva（2015）がCSEへの反対のないコミュニティ
で実施した点と類似している。本研究は，政策レベルだけでなく，学校レベ
ルにおいても子どもは単なるCSEの受益者ではなく，その継続的な実施を
推進する重要なアクターであることを示した。

　しかし，本研究は同時に，こうした方策の不十分さも示唆していた。たと
えば，Pick et al.（2000）やUNESCO（2009）は，CSEに対する反対が親
の疎外感やCSEに関する誤解に依拠しているとしていた。しかし，本研究
の事例では，CSEに対する親や教師の反対意見は，CSEの実施に関する意
思決定プロセスからの排除やCSEの内容に関する誤解だけではなく，既存
の社会文化的規範と密接に結びついていた（7章1節1）。一部の関係者の反
対意見は非常に強固であり，CSEに関する説明や研修の受講によっては変
容しなかった。確かに，事前の説明や研修は，CSEの実施に対する支持を
拡大するための必要な基盤ではあるが，関係者からの支持を得るための十分
な方策とは言えない。

　また，本研究は子どもがCSEへの支持の拡大に貢献する可能性を示した
が，タイのように性に関する話題がタブー視される社会においては，CSE

の実施前に子どもがCSEやその内容に関して自由に意見を表明することは困難である（6章1節1）。こうした社会においては，まずは，子どもを対象としたCSEを試験的に一定期間実施し，子どもがCSEに関する意見や意思を表明できる環境を創出する必要がある。

以上の研究成果を踏まえ，学校レベルにおけるCSEの実施に対する関係者からの支持の拡大に効果的なCSEの導入アプローチとして推奨するのは，①説明会や研修をとおした関係者間の十分な問題意識の共有，②学校における質の高いCSEの試験的な実施，③CSEの成果のモニタリング，④関係者に対するCSEの成果の積極的な公表，⑤CSEクラブの設立とピア・エデュケーターの育成，という一連の取り組みである。

本研究の事例では，CSEに反対している関係者が，「自分の」生徒や子どもにCSEが益をもたらすという実感を得た結果として，CSEへの支持に転じるという傾向が示された（7章1節2）。したがって，CSE導入前の関係者間の協議においては，各校の生徒に実際に起こったHIV感染や妊娠の問題の実例などを用い，妊娠やHIV感染が自分の子どもや生徒には関係がないと考えている保護者と教師の問題意識を高めることが肝要である。自分の生徒や子どもにいつ起こっても不思議ではないという関係者の認識を形成することが鍵であると考えられる。

また，本研究の事例では，CSEに反対している関係者は，生徒の態度の変容や妊娠率の減少といった学校ごとに現れたCSEの成果を認識して賛成に転じていた（7章1節2）。したがって，CSEを支持する教師らが中心となって，CSEの質のコントロールと成果のモニタリングを行い，CSEの成果を関係者に対して積極的に公表していくことが有効であろう。こうした一連の取り組みを実現するには，学校長の効果的なリーダーシップが欠かせない。

第*2*節　学校においてCSEを効果的に実施するには

本研究は，学校におけるCSEプログラムの効果的な実施要因に関して，いくつかの示唆を与えている（7章2節）。まず，本研究は，Kirby（2007）

が提示した効果的なCSEプログラムの特徴（3章1節4）の妥当性を実証的に示した。加えて，早期妊娠やHIV感染の予防における非認知的能力の向上に寄与する新たな実施要因として，各校における生徒の学習ニーズを反映したCSEカリキュラムの実施を提示した。生徒のニーズをCSEに反映させるためには，教師が生徒の意見や実情に目を向けて耳を傾け，CSEの授業内容に反映していくことが肝要である。そのためには，授業中の生徒の発言や日常の行動に注目した教師による情報収集や，生徒に対する意見調査が有効であると考えられる。

　CSEの成果に寄与するメカニズムに関しては，Kirby（2007）の提示した効果的な実施要因が，CSEに対する生徒の好ましい学習態度の形成をとおして，非認知的能力の向上に寄与することが示された（7章2節3）。また，Kirby（2007）が予想したように，権限を付与する現地の機関や役職者からの最低限の支援（特に学校長の支援）は，性に関する社会文化的規範がCSEの内容に抵触している社会において，センシティブな内容を含むCSEの継続的な実施につながっていた。さらに，「生徒の卒業とライフスキル獲得に対する教師の高い期待」や「指導内容と生徒に対する教師の高い関心」は，CSEの成果を拡大するための先行条件である可能性が示された。この点において，本研究は，学校効果研究の知見が，CSEの質の向上に寄与する可能性を示唆している。

　以上の点から，CSEプログラムの学習成果を拡大するためには，いかに生徒の好ましい学習態度を形成し，主体的な学習を促すかという点が鍵であると言える。具体的な方策としては，教師を対象とした研修において，生徒の卒業やライフスキルの獲得に対する教師の高い期待を引き出し，肯定的な態度を育成することが有効であろう。同時に，生徒の意見に耳を傾け，生徒の学習ニーズを理解する教師の育成が推奨される。

第3節　学校効果研究への貢献

　本研究は，先行の学校効果研究に新たな実証的知見を付与し，次の3点において学術的な貢献をしたと考える。第一に，本研究の結果は，Heneveld

& Craig（1996）の「効果的な学校を決定づける要因の概念図」との相違点を示した（7章2節2）。本研究では，秩序と規律のある雰囲気と生徒の学習成果に対する称賛が，非認知的能力の向上に与えた影響は限定的であった。したがって，認知領域と非認知領域という2つの学習領域は，学校の効果という側面において比較的独立的であると指摘したMortimore et al.（1988）の論を支持する結果となった。

　第二に，本研究の結果は，非認知的能力の向上を学習成果と捉えた先行研究との類似点を示した。類似点としては，まず，教師の態度が生徒の非認知的能力の向上に寄与しているという点である。たとえば，本研究の結果は，教師間における協力が非認知領域の学習成果に寄与するとしたOpdenakker & Van Damme（2000）の研究やVerhoeven et al.（1992）の研究の結果と部分的に一致している。また，教師と生徒の交流の有効性を指摘したHofman et al.（1999）やEngels et al.（2004）の研究結果との類似性も見られる。したがって，本研究は，教師の態度が非認知領域における学習成果に影響を与えているという先行研究の指摘に対する証左を付与したことになる。

　第三に，本研究の結果は，秩序と規律のある学校や教室の雰囲気が非認知領域における学習成果に寄与しているとしたVan Landeghem et al.（2002）やEngels et al.（2004）の研究結果とは異なっていた。こうした相違点が見られる一因は，非認知領域における学習成果の指標の多様性にあると考えられる。非認知領域における学習成果は，生徒の良好な状態（well-being）から民主的な態度まで，幅広いアウトカムとして捉えられる。したがって，本研究と先行研究の結果の相違は，非認知的能力の向上に寄与する学校内要因の中には，非認知領域の学習成果全般に寄与する要因（教師の態度）もあれば，本領域の特定のアウトカムに寄与する要因（学習環境）もあるという点を示唆していると考えられる。

第4節　本研究の限界と今後の展望

　本研究には，いくつかの点において限界があるという点を明確にしておく必要がある。まず，本研究が取り上げたタイの事例では，CSEに対する反

対意見と宗教的な規範との結びつきは強くなかった。したがって，CSEの内容が宗教の教義に反するという理由でCSEの実施が禁止されていたり，宗教の権威からの注意があったりする場合など，宗教的な規範がより強く影響を及ぼす地域とは事情が異なっている。また，本研究の事例では，学校長がCSEの実施に対して早い段階から理解を示しており，コミュニティにおけるCSEの支持の拡大に貢献してきた。学校長がCSEの実施に反対している場合は，CSEへの支持の拡大のために必要な多くの取り組みが実施されない状況が考えらえる。学校長がCSEの実施に対して断固反対の立場をとっている状況では，学校やコミュニティにおいてCSEへの支持をどのように拡大していけるのかという点については，今後の研究に残された課題である。

　研究手法については，本研究は少数の関係者へのインタビューを基に，学校におけるCSEの導入アプローチと効果的な実施要因を遡及的に検証した。インタビュー対象には，学校長と現在のCSE教師，生徒，保護者を含んでいるが，CSE導入当時の保護者や生徒を対象としたインタビューを実施していない。また，既に転出したCSE教師や，学校長・CSE教師以外の教師に対するインタビューを含んでいない。したがって，学校関係者のCSEに関する見解や認識の変遷をより正確に理解するためには，本調査には含まれなかったアクターに対するインタビューが必要である。

　また，CSEプログラムの効果的な学校内実施要因の検証については，本研究の手法は，各実施要因と学習成果の因果関係を特定するという点において課題が残った。調査分析過程では，効果的な実施要因と学習成果の間において，因果関係の連鎖経路を形成する媒介事象の特定が困難である事象が多かった。また，学習成果は様々な要因が複合的に寄与した結果であるため，「最も重要なCSEの実施要因」を特定することは困難であった。したがって，今後の研究としては，実験的な手法を用いた学校内実施要因と学習成果の因果関係の解明や，定量的な調査手法を用いた各要因の重要性の検証が期待される。

　さらに，本研究では，生徒がCSEプログラムの実施前から持っていた興味や関心が，どのようにCSEの学校内実施要因や学習成果に影響したかと

いう点に関しては，十分な分析を行っていない。CSEプログラムの効果的な実施要因や学校風土が，生徒のCSEの学習成果に影響しているという前提に立つ実証主義的な研究手法をとったためである。したがって，生徒の元々の興味関心が，学校におけるCSEの取り組みや生徒のCSEの学習成果に与える影響の検証は，今後の研究の課題である。

　以上のような限界はあるものの，本研究は，学校レベルにおけるCSEへの支持の拡大に関する実証研究であるという点において，性教育に関する研究において見過ごされてきたCSEの普及という側面に光を当てた数少ない研究である。また，性教育研究に活かされることのなかった学校効果研究の知見を活用し，学校を基盤としたCSEの効果的な実施要因の解明に接近した新しい試みである。

　本研究の成果は，開発途上国において滞っている質の高いCSEの実施を推進する方策に役立てられる内容である。また，日本を含めた先進国におけるCSEの実施状況にも共通点があると考えられ，広く課題の解決に役立てられる内容であると考える。この点において，本研究は，青少年のリプロダクティブ・ヘルスの促進に寄与し，SDGsの達成に貢献する内容である。本研究をとおして得られた知見が，CSEや関連政策および学術の発展につながり，青少年が健やかに成長できる社会の実現に活かされることを期待したい。

あとがき

　著者は今，メルボルン大学の図書館でこのあとがきを書いている。修士課程を修了したオーストラリアの懐かしい母校である。豊かな自然に囲まれた図書館で学生を横目に執筆していると，在学中の日々を思い出す。国際政治を専攻していた当時，多くの紛争や衝突の事例と向き合うこととなり，世界はどうしたら良くなるのだろうかと八方塞がりのような気分になることもあった。

　そのような中で得られたのが，JICAの青年海外協力隊（現在のJICA海外協力隊）としての短期赴任の機会であった。4ヶ月という短い期間ではあったが，村落開発普及員として中米のベリーズに派遣され，コミュニティの人々と町の観光開発について共に考え働く中で，社会開発に強い関心を抱くようになった。社会開発を通して今ある課題を解決したり，問題を未然に防いだりすることが，一歩一歩，平和な社会の実現につながる道のりなのではないかと思ったからである。この考えが希望に思え，以降の博士課程における国際開発の専攻や国際協力の実務家としての歩みにつながっていった。メルボルン大学は，著者にとってこうした原体験を得た場所である。

　何年もの時間が経ったが，今も社会開発を通して平和な世の中を築きたいという思いは変わっていない。グローバルな社会の課題は，教育や保健，気候変動など，多岐にわたる分野において無数に存在している。しかし，その1つ1つに真摯に向き合い，解決を積み重ねていくことが，明るい未来に向かう大きな社会の変革につながると信じている。本書の内容は，もとは博士号取得のための学位論文であったが，こうした思いを原動力として執筆した。本書が読者の方々にとって，何らかの気づきを得る情報源となっていれば，これ以上幸せなことはない。

　本書の出版は，多くの方々の協力と支援により実現された。まず，本研究は，早稲田大学原口記念アジア研究基金フィールドリサーチ補助金の助成を得て実施した。研究内容を発展させる過程においては，日本学術振興会

JSPS研究拠点形成事業（A）「流動化するグローバルなリベラル秩序におけるEUと日本：地域間研究の拠点形成」の助成を受けた。また，本研究の構想から遂行・論文執筆の過程においては，早稲田大学の勝間靖先生，黒田一雄先生に貴重なご指導をいただき，論文審査の過程では東京大学の北村友人先生，特定非営利活動法人シェア＝国際保健協力市民の会の仲佐保先生に有意義なアドバイスをいただいた。心より感謝を申し上げたい。最後に，早稲田大学出版部から書籍として出版する機会をいただき，より多くの方々に本研究の成果を届けられたことにお礼を申し上げたい。

　　2024年7月

千 葉 美 奈

参考文献

日本語文献

池上千寿子「エイズとジェンダー」『エイズ対策入門』, (国際協力機構 青年海外協力隊事務局, 2016), pp.44-47.

大澤理絵, 福島富士子「SDGs 時代の若者のセクシュアル／リプロダクティブ・ヘルス」『保健医療科学』66.4 (2017), pp.402-408. doi:10.20683/jniph.66.4_402

小川啓一, 中室牧子「教育生産関数推計と費用効果分析―ベトナムを事例に―」『国際協力論集』17.2 (2009), pp.49-77.

外務省「タイ王国 (Kingdom of Thailand) 基礎データ」『タイ王国』(2023) <http://www.mofa.go.jp/mofaj/area/thailand/data.html#section1> [2023年5月9日閲覧]

笠井直美, 大澤清二「タイにおける学校保健教育カリキュラムとAIDS教育の構成」『学校保健研究』, 41 (1999), pp.138-152.

勝間靖「健康と教育」『国際教育開発論―理論と実践―』黒田一雄, 横関祐見子編, (有斐閣, 2005), pp.192-207.

神野瑞枝「タイの地方間格差分析―所得とケイパビリティ―」『オイコノミカ』50.2 (2014), pp.45-72.

木下康仁『グラウンデッド・セオリー・アプローチの実践』(弘文堂, 2003)

ゲアリー・キング (Gary King), ロバート・コヘイン (Robert O.Keohane), シドニー・ヴァーバ (Sidney Verba)『社会科学のリサーチ・デザイン―定性的研究における科学的推論―』真渕勝訳, (勁草書房, 2004年)

久米郁男『原因を推論する政治分析方法論のすすめ』(有斐閣, 2013)

国連人口基金 (1994).『国際人口・開発会議行動計画要旨：ICPD 94』アジア人口開発協会訳, アジア人口開発協会.

坂元一光「タイ教育開発と寺院学校」『九州大学大学院教育学研究紀要』5.48 (2002), pp.141-161.

スティーブン・ヴァン・エヴァラ (Stephen Van Evara)『政治学のリサーチ・メソッド』野口和彦, 渡辺紫乃訳, (勁草書房, 2009)

世界性科学会「性の権利宣言」(1999) <http://www.worldsexology.org/wp-content/uploads/2014/10/DSR-Japanese.pdf> [2017年3月14日閲覧]

土井由利子「日本における行動科学研究―理論から実践へ―」『日本公衆衛生雑誌』58.1 (2009), pp.2-10.

西山美希「エイズプロジェクトの歴史」『ボン・パルタージュ』153 (2013), pp.8-9.

三輪千明「教育改善のための分析手法」『国際教育開発論―理論と実践―』黒田一雄, 横関祐見子編, (有斐閣, 2005), pp.258-278.

村田翼夫『タイにおける教育発展―国民統合・文化・教育協力―』（東信堂，2007年）

室屋有宏「タイ東北部における農民のリスク分散行動―コンケン市近郊２農村の事例―」『調査と情報』9（2004），pp.9–14.

タイ語文献

Tanasugarn, C., Kengkarnpanich, M., & Kaeodumkoeng, K. (2012). *Khorongkan Wichai Prameinphol Kancadkan Rienruu Phedsuksaa Robdaan Nai Sathaan Suksaa Radap Kaansuksaa Banpheunthaan* [Evaluation of Comprehensive Sex Education Program in High Schools at the Compulsory Education Level]. Thailand: PATH&Mahidol University.

PATH. (2008a). *Khumuu Gaanjatgrabuwn Gaan Rianruu Phetsuksaa: Samrap nakriyan chan mattyom suksaa piithii sii* [Guide of the Learning Process "Sex Education": For Students M4]. Thailand: PATH, Retrieved 2018/2/20, from http://www.teenpath.net/data/module/00016/tpfile/00002.pdf

PATH. (2008b). *Khumuu Gaanjatgrabuwn Gaan Rianruu Phetsuksaa: Samrap nakriyan chan mattyom suksaa piithii haa* [Guide of the Learning Process "Sex Education": For Students M5]. Retrieved 2018/2/20, http://www.teenpath.net/data/module/00017/tpfile/00003.pdf

PATH. (2008c). *Khumuu Gaanjatgrabuwn Gaan Rianruu Phetsuksaa: Samrap nakriyan chan mattyom suksaa piithii hok* [Guide of the Learning Process "Sex Education": For Students M6]. http://www.teenpath.net/data/module/00018/tpfile/00003.pdf

英語文献

Acharya, D., Van Teijlingen, E., & Simkhada, P. (2009). Opportunities and Challenges in School-based Sex and Sexual Health Education in Nepal. *Kathmandu University Medical Journal, 7–4*(28), 445–453.

Advocates for Youth. (2001). Sex Education Programs: Definitions & Point-by-Point Comparison. Retrieved 2017/2/22, from http://www.advocatesforyouth.org/publications/publications-a-z/655-sex-education-programs-definitions-and-point-by-point-comparison

Ajzen, I. (1991). The Theory of Planned Behavior. *Organizational Behavior and Human Decision Processes, 50*(2), 179–211. doi: https://doi.org/10.1016/0749-5978(91)90020-T

All In to #EndAdolescentAIDS. (2015). Thailand. Retrieved 2017/5/9, from UNAIDS, UNICEF http://aidsdatahub.org/sites/default/files/country_review/

Estimated_number_of_adolescents_living_with_HIV_Thailand_2013.pdf

Amnesty International USA. (n.d.). Sexual and Reproductive Health Rights. Retrieved 2016/07/06 www.amnestyusa.org/pdfs/SexualReproductiveRigh tsFactSheet.pdf

Anderson, S., & Mundy, K. (2014). School Improvement in Developing Countries: Experiences and Lessons Learned. from Ontario Institute for Studies in Education, University of Toronto https://www.oise.utoronto.ca/cidec/UserFiles/File/Research/School_Improvement/Anderson-SIP_Discussion_Paper-08042015.pdf

Anusornteerakul, S., Srisaeng, P., Rujiraprasert, N., & Maungpin, S. (2012). Adolescents' Reproductive Health Status in Urban Slums In The Khon Kaen Municipality, Thailand. *American Journal of Health Sciences, 3*(4), 269-276.

Areemit, R., Thinkhamrop, J., Kosuwon, P., Kiatchoosakun, P., Sutra, S., & Thepsuthammarat, K. (2012). Adolescent Pregnancy: Thailand's national agenda. *J Med Assoc Thai, 95 Suppl 7*, S134-142.

AugsJoost, B., Jerman, P., Deardorff, J., Harley, K., & Constantine, N. A. (2014). Factors Associated With Parent Support for Condom Education and Availability. *Health Education and Behavior, 41*(2), 207-215. doi: 10.1177/1090198113505852

Aurpibul, L., Tangmunkongvorakul, A., Musumari, P. M., Srithanaviboonchai, K., & Tarnkehard, S. (2016). Patterns of Sexual Behavior in Lowland Thai Youth and Ethnic Minorities Attending High School in Rural Chiang Mai, Thailand. *Plos One, 11*(12), e0165866. doi: 10.1371/journal.pone.0165866

Behrani, P. (2016). Implementation Aspects of Life Skills Education Program in Central Board of Secondary Education Schools *International Education & Research Journal, 2*(3), 68-71.

Bhana, D. (2013). Parental Views of Morality and Sexuality and the Implications for South African Moral Education. *Journal of Moral Education, 42*(1), 114-128. doi: 10.1080/03057240.2012.737314

Blaire, A. (2005). Calculating the Risk of Teenage Pregnancy: Sex Education, public health, the individual and the law. In N. Harris & P. Meredith (Eds.), *Children, Education and Health: International perspectives on law and policy* (pp.129-148). England, USA: Ashgate.

Bloom, B. S. (1964). *Stability and change in human characteristics*. New York: Wiley.

Boonmongkon, P., Shrestha, M., Samoh, N., Kanchawee, K., Peerawarunun,

P., Promnart, P., . . . Guadamuz, T. E. (2019). Comprehensive sexuality education in Thailand? A nationwide assessment of sexuality education implementation in Thai public secondary schools. *Sex Health, 16*(3), 263-273. doi: https://doi.org/10.1071/SH18121

Boonstra, H. D. (2011). Advancing Sexuality Education in Developing Countries: Evidence and Implications. *Policy Review, 14*(3).

Borgia, P., Marinacci, C., Schifano, P., & Perucci, C. A. (2005). Is Peer Education the Best Approach for HIV Prevention in Schools?: Findings from a randomized controlled trial. *Journal of Adolescent Health, 36*(6), 508-516. doi: http://dx.doi.org/10.1016/j.jadohealth.2004.03.005

Boryczka, J. (2009). Whose Responsibility? The Politics of Sex Education Policy in the United States. *Politics & Gender, 5*(2), 185-210. doi: 10.1017/S1743923X09000154

Brandt, A. M. (1987). *No Magic Bullet : A social history of venereal disease in the United States since 1880*. UK: Oxford University Press.

Brookover, W. B., Beady, C., Flood, P., Schweitzer, J., & Wisenbaker, J. (1979). *School Social Systems and Student Achievement: Schools can make a difference*. New York: Bergin Publishers.

Brookover, W. B., & Lezotte, L. W. (1979). Changes in School Characteristics Coincident with Changes in Student Achievement. Washington, DC.: Institute for Research on Teaching of Michigan State University.

Bunnell, R. E., Yanpaisarn, S., Kilmarx, P. H., Rhodes, P. H., Limpakarnjanarat, K., Srismith, R., . . . St Louis, M. E. (1999). HIV-1 Seroprevalence Among Childbearing Women in Northern Thailand: Monitoring a rapidly evolving epidemic. *AIDS, 13*(4), 509-515.

Calderone, M. S. (1968). Sex Education and the Roles of School and Church. *The ANNALS of the American Academy of Political and Social Science, 376*(1), 53-60. doi: 10.1177/000271626837600106

Caldwell, J. C., Caldwell, P., Caldwell, B. K., & Pieris, I. (1998). The Construction of Adolescence in a Changing World: Implications for Sexuality, Reproduction, and Marriage. *Studies in Family Planning, 29*(2), 137-153. doi: 10.2307/172155

Carlson, D. L. (2012). *The Education of Eros: A history of education and the problem of adolescent sexuality* New York: Routledge.

Castrechini, S., & London, R. A. (2012). Positive Student Outcomes in Community Schools. from Center for American Progress https://files.eric.ed.gov/fulltext/ED535614.pdf

Center for Reproductive Rights. (2014a). Reproductive Rights under the Convention on the Rights of the Child: A briefing by the Center for Reproductive Rights. Retrieved 2017/3/14 https://www.reproductiverights.org/sites/crr.civicactions.net/files/documents/Wright_Glo%20Adv_7.15.14.pdf

Center for Reproductive Rights. (2014b). *Substantive Equality and Reproductive Rights: A Briefing paper on aligning development goals with human rights obligations*. US: Center for Reproductive Rights.

Chamratrithirong, A., Kittisusathit, S., Podhisita, C., Isarabhakdi, P., & Sabaiying, M. (2007). National Sexual Behavior Survey of Thailand 2006. Nakhon Pathom Institute for Population and Social Research, Mahidol University.

Chariyalertsak, S., Aramrattana, A., & Celentano, D. D. (2008). The HIV/AIDS Epidemic in Thailand: The First two decades. In D. D. Celentano & C. Beyrer (Eds.), Public Health Aspects of HIV/AIDS in Low and Middle Income Countries: Springer Science+Business Media, LLC. doi: 10.1007/978-0-387-72711-0

Chetty, R., Friedman, J. N., & Rockoff, J. E. (2011). The Long-term Impacts of Teacher Value-Added and Student Outcomes in Adulthood *Working Paper 17699*. Cambridge: National Bureau of Economic Research

Ciardullo, M. (2005). Advocates on Both Sides are as Passionate as Ever: SIECUS Controversity Report 2004–05 School Year. *SIECUS report, 33*(4), 4-19.

Clarke, D. (2010). Sexuality Education in Asia: Are we delivering? An assessment from a rights-based perspective. Bangkok: Plan.

Clarke, D., Yankah, E., & Aggleton, P. (2015). Life skills-based HIV education: some virtues and errors. *Sex Education*, 1-16. doi: 10.1080/14681811.2015.1050090

Coleman, J. S., United, S., Office of, E., & National Center for Education, S. (1966). *Equality of educational opportunity*. Washington: U.S. Dept. of Health, Education, and Welfare, Office of Education; [for sale by the Superintendent of Documents, U.S. Govt. Print. Off.].

Condon, B. J., & Sinha, T. (2008). The Successes and Failures of Global Health Organizations: The World Health Organization, UNAIDS, Médicins sans Frontières and PEPFAR *Global Lessons from the AIDS Pandemic: Economic, Financial, Legal and Political Implications* (pp.265–299). Berlin, Heidelberg: Springer Berlin Heidelberg.

Corngold, J. (2008). *Toleration, Parents' rights, and Children's Autonomy: The case of sex education*. (Ph.D.), Stanford University, Ann Arbor.

Dalin, P. (1994). *How Schools Improve: An international report* London: Cassell.

Department of Disease Control Thailand. (2014). The Results of the External Evaluation of the AIDS Program, Under the GF-SSF Round Project: Evaluation for youth and provincial coordination mechanisms (PCM). Thailand: Thai Ministry of Public Health.

DiCarlo, A. L., Mantell, J. E., Remien, R. H., Zerbe, A., Morris, D., Pitt, B., . . . El-Sadr, W. M. (2014). 'Men Usually Say That HIV Testing Is For Women': Gender dynamics and perceptions of HIV testing in Lesotho. *Culture, Health & Sexuality, 16*(8), 867–882. doi: 10.1080/13691058.2014.913812

Drake, G. V. (1968). *Is the Schoolhouse the Proper Place to Teach Raw Sex?* Oklahoma, USA: Christian Crusade Publications.

Edmonds, R. (1979). Effective Schools for the Urban Poor. *Educational Leadership, 37*(1), 15–23.

Elia, J. P. (2009). School-based Sexuality Education: A century of sexual and social control. In E. Schroeder & J. Kuriansky (Eds.), *Sexuality Education : Past, present, and future* (pp.33–57). USA: Praeger.

Engels, N., Aelterman, A., Petegem, K. V., & Schepens, A. (2004). Factors Which Influence the Well-being of Pupils in Flemish Secondary Schools. *Educational Studies, 30*(2), 127–143. doi: 10.1080/0305569032000159787

EP-Nuffic. (2015). The Thai Education System Described and Compared with the Dutch System. Retrieved 2017/5/7 https://www.nuffic.nl/en/publications/find-a-publication/education-system-thailand.pdf

Family Research Council. (n.d.). Abstinence and Sexual Health. Retrieved 2017/3/7, from http://www.frc.org/abstinence-and-sexual-health

Family Watch International. (2007). About Us. Retrieved 2017/3/21, from http://www.familywatchinternational.org/fwi/about_us.cfm

Family Watch International. (2014). International Planned Parenthood Federation & Children's "Right" to Sex. Retrieved 2016/07/20 http://www.familywatchinternational.org/fwi/documents/fwipolicybriefIPPFupdated7-15.pdf

Family Watch International. (n.d.-a). Comprehensive Sexuality Education: Sexual Rights vs. Sexual Health. http://www.familywatchinternational.org/fwi/documents/Special_Report_CSE_Revised_1_12.pdf

Family Watch International. (n.d.-b). Why States Should Keep "Reproductive Rights" Out of the SDGs: 15 Reasons to remove "Reproductive Rights" from SDG target 5.6. Retrieved 2016/07/20 http://www.familywatchinternational.org/fwi/documents/fwipolicybrief_Why_States_Should_Oppose_Reproductive_Rights.pdf

Fillinger, T. (2006). Enhancing Human Security: U.S. Policies and Their Health Impact on Women in Sub-Saharan Africa. *University of Maryland Law Journal of Race, Religion, Gender and Class, 337.*

Fine, M. (1988). Sexuality, Schooling, and Adolescent Females: The missing discourse of desire. *Harvard Educational Review, 58*(1), 29–54. doi: 10.17763/haer.58.1.u0468k1v2n2n8242

Finger, W. R. (1993). Seeking Better Ways to Teach Youth about AIDS. *Network, 14*(2), 16–19.

Fongkaew, W., Cupp, P. K., Miller, B. A., Atwood, K. A., Chamratrithirong, A., Rhucharoenpornpanich, O., . . . Byrnes, H. F. (2012). Do Thai parents really know about the sexual risk taking of their children? A qualitative study in Bangkok. *Nursing and Health Sciences, 14*(3), 391–397. doi: 10.1111/j.1442-2018.2012.00703.x

Fonner, V. A., Armstrong, K. S., Kennedy, C. E., O'Reilly, K. R., & Sweat, M. D. (2014). School Based Sex Education and HIV Prevention in Lowand Middle-Income Countries: A Systematic Review and Meta-Analysis. *Plos One, 9*(3).

Forero-Pineda, C., Escobar-Rodriguez, D., & Molina, D. (2006). Escuela Nueva's Impact on the Peaceful Social Interaction of Children in Colombia. In A. W. Little (Ed.), *Education for All and Multigrade Teaching* (pp.265–300). Dordrecht: Springer Netherlands.

García, E. (2013). *What We Learn in School: Cognitive and non-cognitive skills in the educational production function.* (PhD), Columbia University.

García, E. (2014). The Need to Address Noncognitive Skills in the Education Policy Agenda Washington, DC: Economic Policy Institute 386.

Glanz, K., Rimer, B. K., & Viswanath, K. (2008). *Health Behavior and Health Education: Theory, research, and practice.* San Francisco, CA Jossey-Bass

Glenn, B. C., & McLean, T. (1981). What Works?: An examination of effective schools for poor black children. Cambridge, MA: Harvard University, Center for Law and Education.

Glenn, C. (2005). Enlightment and Trust: The debate over sex education in the United States. In N. Harris & P. Meredith (Eds.), *Children, Education and Health: International perspectives on law and policy.* England&USA: Ashgate.

Glewwe, P., & Kremer, M. (2006). Chapter 16 Schools, Teachers, and Education Outcomes in Developing Countries. *Handbook of the Economics of Education*, 2, 945–1017. doi: http://dx.doi.org/10.1016/S1574-0692(06)02016-2

Global Coalition on Women and AIDS. (2004). HIV Prevention and Protection Efforts are Failing Women and Girls. Retrieved 2017/4/12, from UNAIDS http://data.unaids.org/media/press-releases02/pr_gcwa_02feb04_en.pdf

Guttmacher Institute. (2017). Sex and HIV Education. *State Laws and Policies* Retrieved 2017/3/11, from https://www.guttmacher.org/state-policy/explore/sex-and-hiv-education

Halstead, J. M. (1999). Teaching about Homosexuality: a response to John Beck. *Cambridge Journal of Education, 29*(1), 131-136. doi: 10.1080/0305764990290110

Hanushek, E. A. (2003). The Failure of Input-Based Schooling Policies. *The Economic Journal, 113*(485), F64-F98.

Hauser, D. (2005). Teens Deserve More than Abstinence-Only Education. *Ethics Journal of the American Medical Association, 7*(10).

Henderson, C. R., & Putnam, H. C. (1909). *Education with Reference to Sex*. Bloomington, Illinois: Public School Pub. Co.

Heneveld, W., & Craig, H. (1996). *School Counts: The World Bank Project Desgins and the Quality of Primary Education in Sub-Saharan Africa*. Wachington D.C., USA: The World Bank.

Heyneman, S. P., & Jamison, D. T. (1980). Student Learning in Uganda: Textbook Availability and Other Factors. *Comparative Education Review, 24*(2), 206-220.

Heyneman, S. P., & Loxley, W. A. (1983). The Effect of Primary-School Quality on Academic Achievement Across Twenty-nine High- and Low-Income Countries. *American Journal of Sociology, 88*(6), 1162-1194.

Hodal, K. (2012 March 20). Thailand Struggles to Teach the Basics of Sex Education to Students: Seemingly open culture contrasts with conservative approach to tackling STDs, unwanted pregnancies and HIV., *Guardian Weekly*. Retrieved from http://www.theguardian.com/world/2012/mar/20/thailand-struggles-teach-sex-education

Hofman, R. H., Hofman, W. H. A., & Guldemond, H. (1999). Social and Cognitive Outcomes: A Comparison of Contexts of Learning. *School Effectiveness and School Improvement, 10*(3), 352-366. doi: 10.1076/sesi.10.3.352.3499

International Planned Parentalhood Federation. (2009). From Evidence to Action: Advocating for comprehensive sexuality education. from International Planned Parentalhood Federation,

IPPF. (2009). From Evidence to Action: Advocating for comprehensive sexuality education. http://www.ippf.org/sites/default/files/from_evidence_to_

action.pdf

IRIN. (2008). Sex Education: The Ugly stepchild in teacher training. *News.* from http://www.plusnews.org/Report/78357/SOUTH-AFRICA-Sex-education-the-ugly-stepchild-in-teacher-training

Irvine, J. (2002). *Talk about Sex: The battles over sex education in the United States.* Berkeley, CA: University of California Press.

Isac, M. M., Maslowski, R., Creemers, B., & van der Werf, G. (2014). The Contribution of Schooling to Secondary-school Students' Citizenship Outcomes across Countries. *School Effectiveness and School Improvement, 25*(1), 29–63. doi: 10.1080/09243453.2012.751035

Jacobs, A. (2011). Life Orientation as experienced by learners: a qualitative study in North-West Province. *South African Journal of Education, 31*, 212–223.

James, F. (2014). The School Improvement Policy Context in Trinidad and Tobago. *School Effectiveness and School Improvement, 25*(3), 469–485. doi: 10.1080/09243453.2013.788522

Jamison, D. T., Searle, B., Galda, K., & Heyneman, S. P. (1981). Improving elementary mathematics education in Nicaragua: An experimental study of the impact of textbooks and radio on achievement. *Journal of Educational Psychology, 73*(4), 556–567. doi: 10.1037/0022-0663.73.4.556

JICA, & Consulting, K. M. (2006). Ex-post Evaluation Report on The Project on the Model Development of Comprehensive HIV/AIDS Prevention and Care. Retrieved 2018/2/20 http://libopac.jica.go.jp/images/report/11823853.pdf

Jones, T. M. (2011). Saving Rhetorical Children: Sexuality education discourses from conservative to post-modern. *Sex Education, 11*(4), 369–387. doi: 10.1080/14681811.2011.595229

Kaiser Family Foundation. (2002). Sex Education in the U.S.: Policy and Politics Retrieved 2019/4/3 https://www.kff.org/wp-content/uploads/2013/01/3224.pdf

Kantor, L. M., Rolleri, L., & Kolios, K. (2014). Doug Kirby's Contribution to the Field of Sex Education. *Sex Education, 14*(5), 473–480. doi: 10.1080/14681811.2014.881336

Kay, N. S., Jones, M. R., & Jantaraweragul, S. (2010). Teaching Sex Education in Thailand. *ICHPER-SD Journal of Research, 5*(2), 10–16.

Kelly, C. R. (2016). Chastity for Democracy: Surplus repression and the rhetoric of sex education. *Quarterly Journal of Speech, 102*(4), 353–375. doi: 10.1080/00335630.2016.1209548

Khalaf, Z. F., Low, W. Y., Merghati-Khoei, E., & Ghorbani, B. (2014). Sexuality Education in Malaysia. *Asia Pacific Journal of Public Health, 26*(4), 358–366. doi: 10.1177/1010539513517258

Kirby, D. (2001). Emerging Answers: Research Findings on Programs To Reduce Teen Pregnancy. Washington, DC: National Campaign To Prevent Teen Pregnancy.

Kirby, D. (2007). Emerging Answers: Research findings on programs to reduce teen pregnancy. Washington, DC: National Campaign to Prevent Teen and Unplanned Pregnancy.

Kirby, D. (2008). The Impact of Abstinence and Comprehensive Sex and STD/HIV Education Programs on Adolescent Sexual Behavior. *Sexuality Research & Social Policy, 5*(3), 18–27. doi: 10.1525/srsp.2008.5.3.18

Kirby, D. (2011). The Impact of Sex Education on the Sexual Behaviour of Young People. *Population Division Expert Paper.* New York: United Nations.

Kirby, D., Coyle, K., Alton, F., Rolleri, L., & Robin, L. (2011). Reducing Adolescent Sexual Risk: A Theoretical Guide for Developing and Adapting Curriculum-Based Programs. California: ETR Associates.

Kirby, D., Laris, B. A., & Rolleri, L. A. (2007). Sex and HIV Education Programs: Their impact on sexual behaviors of young people throughout the world. *Journal of Adolescent Health, 40*(3), 206–217. doi: http://dx.doi.org/10.1016/j.jadohealth.2006.11.143

Klein, M. (2012). *America's War on Sex : The attack on law, lust and liberty, 2nd edition.* USA: Praeger.

Klenk, J., & Gacek, C. M. (2010). Who Should Decide How Children are Educated. Washington, D.C.: Family Research Council.

Knuver, A. W. M., & Brandsma, H. P. (1993). Cognitive and Affective Outcomes in School Effectiveness Research. *School Effectiveness and School Improvement, 4*(3), 189–204. doi: 10.1080/0924345930040302

Kothari, M. T., Wang, S., Head, S. K., & Abderrahim, N. (2012). Trends in Adolescent Reproductive and Sexual Behaviors *DHS Comparative Reports No. 29.* Calverton, Maryland, USA: ICF International.

Kremer, M. (1995). Research on Schooling: What we know and what we don't, a comment on Hanushek *The World Bank Research Observer, 10*(2), 247–254. doi: 10.1093/wbro/10.2.247

Kremer, M. (2003). Randomized Evaluations of Educational Programs in Developing Countries: Some Lessons. *The American Economic Review, 93*(2), 102–106.

Kuhn, L., Steinberg, M., & Mathews, C. (1994). Participation of the School Community in AIDS Education: An Evaluation of a high school programme in South Africa. *AIDS Care, 6*(2), 161–171. doi: 10.1080/09540129408258627

Kumruangrit, S., & Srijundee, R. (2022). Thai adolescent mothers: Perspectives on sexuality education and educational opportunities. *Humanities, Arts and Social Sciences Studies, 22*(2), 273–280. https://so02.tci-thaijo.org/index.php/hasss/article/view/244266/174380

Lao, R., Parks, T. I., Sangvirojkul, C., Lek-Uthai, A., Pathanasethpong, A., Arporniem, P., . . . Tiamsai, K. (2019). Thailand's Inequality: Myths & Reality of Isan. from The Asia Foundation https://asiafoundation.org/wp-content/uploads/2019/06/TH_Isan_report_2019_re.pdf

Levin, K. D. (2002). *Preventing Sexually Transmitted HIV Infection in Adolescents: Predicting condom use behaviors and reducing risk.* (PhD), Syracuse, University. Available from http://worldcat.org/z-wcorg/database.

Levin, M. H., & Lockheed, M. E. (1993). *Effective Schools in Developing Countries.* Oxton: Routledge.

Lewis, J., & Knijn, T. (2002). The Politics of Sex Education Policy in England and Wales and The Netherlands Since the 1980s. *Journal of Social Policy, 31*(4), 669–694. doi: 10.1017/S0047279402006761

Lockheed, M. E., & Longford, N. T. (1989). *A Multi Level Model of School Effectiveness in a Developing Country*: World Bank Publications.

Lundy, L. (2005). Schoolchildren and Health: The Role of international human rights law. In N. Harris & P. Meredith (Eds.), *Children, Education and Health: International perspectives on law and policy* (pp.3–28). England, USA: Ashgate.

Lyttleton, C. (1996). Messages of Distinction: The HIV/AIDS media campaign in Thailand. *Med Anthropol, 16*(4), 363–389.

McCabe, M. (2000). Report of the Working Group on Sex Education in Scottish Schools Scotland, Edinburgh: Scottish Executive.

McEwan, P. J. (1998). The Effectiveness of Multigrade Schools in Colombia. *International Journal of Educational Development, 18*(6), 435–452. doi: http://dx.doi.org/10.1016/S0738-0593(98)00023-6

McKay, A. (1998). *Sexual Ideology and Schooling.* Albany, NY: The University of New York Press.

McMahon, A. (2006). School Culture and Professional Learning Community: Some implications for school improvement. In Z. Li & M. Williams (Eds.), *School Improvement: International Perspectives.* New York, NY: Nova Science Publishers.

Mehlman, N. (2007). Sex Ed... and the Reds? Reconsidering the Anaheim Battle over Sex Education, 1962–1969. *History of Education Quarterly, 47*(2), 203–232.

Mehlman-Petrzela, N. (2009). *Origins of the Culture Wars: Sex, language, school, and state in California, 1968–1978*. (Ph.D.), Stanford University, Ann Arbor.

Mehlman-Petrzela, N. (2015). *Classroom Wars: Language, sex, and the making of modern political culture*. UK: Oxford University Press.

Mills, J. (1993). Classroom Conundrums: Sex education and censorship. In L. Segal & M. McIntoch (Eds.), *Sex Exposed: Sexuality and the pornography debate* (pp.200–201). New Jersey: Rutgers University Press.

Ministry of Education Thailand. (2008). Toward a Learning Society in Thailand: An Introduction to Education in Thailand. Retrieved 2017/5/7 http://www.bic.moe.go.th/newth/images/stories/book/ed-eng-series/intro-ed08.pdf

Ministry of Education Thailand, & UNICEF Thailand. (2017). Review of Comprehensive Sexuality Education in Thailand. Bangkok: UNICEF Thailand Country Office.

Moran, J. P. (2002). *Teaching Sex: The shaping of adolescence in the 20th century*. Cambridge, MA Harvard University Press.

Mortimore, P., Sammons, P., Stoll, L., Lewis, D., & Ecob, R. (1988). *School Matters: The junior years*. England: Open Book.

Musumari, P. M., Tangmunkongvorakul, A., Srithanaviboonchai, K., Yungyuankul, S., Techasrivichien, T., Suguimoto, S. P., . . . Chariyalertsak, S. (2016). Prevalence and Correlates of HIV Testing among Young People Enrolled in Non-Formal Education Centers in Urban Chiang Mai, Thailand: A Cross-sectional study. *Plos One, 11*(4), e0153452–e0153452. doi: 10.1371/journal.pone.0153452

NAPAC. (2006). UNGASS country progress report Thailand: Reporting period January–December 2004. .

NAPAC. (2010). UNGASS Country Progress Report Thailand: Reporting Period January 2008–December 2009.

National Guidelines Task Force. (2004). The Guidelines for Comprehensive Sexuality Education: Kindergarten-12th grade, third edition. NY: SIECUS.

National Research Council and Institute of Medicine, Panel on Transitions to Adulthood in Developing Countries, & Lloyd, C. B. (2005). *Growing Up Global: The Changing transitions to adulthood in developing countries*.

Washington, D.C.: National Academies Press.

National Statistical Office. (2010). Key Findings: The 2009 Reproductive Health Survey. Bangkok: Thailand.

National Statistical Office of Thailand. (2012). Major Findings of Multiple Indicator Cluster Survey 2012 (2nd ed.). Bangkok: Thailand.

Nelson, K. E., Celentano, D. D., Eiumtrakol , S., Hoover, D. R., Beyrer, C., Suprasert, S., . . . Khamboonruang, C. (1996). Changes in Sexual Behavior and a Decline in HIV Infection among Young Men in Thailand. *New England Journal of Medicine, 335*(5), 297–303. doi: 10.1056/ nejm199608013350501

Nelson, K. E., Eiumtrakul, S., Celentano, D. D., Beyrer, C., Galai, N., Kawichai, S., & Khamboonruang, C. (2002). HIV Infection in Young Men in Northern Thailand, 1991–1998: Increasing Role of Injection Drug Use. *JAIDS Journal of Acquired Immune Deficiency Syndromes, 29*(1), 62–68.

Nimkannon, O. (2006). New Models for Sexuality Education, *Bangkok Post.*

Noppakunthong, W. (2007, September 4). Talking about Sex in the Classroom, *Bangkok Post.* Retrieved from http://www.bangkokpost.com/ education/site2007/cvse0407.htm

Nyanzi, S., Nyanzi-Wakholi, B., & Kalina, B. (2009). Male Promiscuity: The Negotiation of Masculinities by Motorbike Taxi-Riders in Masaka, Uganda. *Men and Masculinities, 12*(1), 73–89.

Oakley, A., Strange, V., Stephenson, J., Forrest, S., & Monteiro, H. (2004). Evaluating Processes: A case study of a randomized controlled trial of sex education. *Evaluation, 10*(4), 440–462. doi: doi:10.1177/1356389004050220

OECD/UNESCO. (2016). Education in Thailand: An OECD-UNESCO Perspective Retrieved 2017/5/6, from OECD Publishing http://unesdoc.unesco. org/images/0024/002457/245735E.pdf

Opdenakker, M.-C., & Van Damme, J. (2000). Effects of Schools, Teaching Staff and Classes on Achievement and Well-Being in Secondary Education: Similarities and differences between school outcomes. *School Effectiveness and School Improvement*, 11(2), 165–196. doi: 10.1076/0924-3453(200006)11:2;1-Q;FT165

Paiva, V., & Silva, V. N. (2015). Facing Negative Reactions to Sexuality Education through a Multicultural Human Rights framework. *Reproductive Health Matters, 23*(46), 96–106. doi: 10.1016/j.rhm.2015.11.015

Panichkriangkrai, W. (2017). *Gap Analysis Study on Adolescent Pregnancy and Adolescent Birth Situation in Thailand [Powerpoint Slides].* International Health Policy Program (IHPP), Ministry of Public Health, Thailand.

PATH. (2007). Guidelines for Comprehensive Sexuality Education For School Administrators [Unpublished work]. Bangkok: PATH.

PATH. (n.d.-a). Leading Innovation in Global Health. Retrieved 2017/5/20, from https://www.path.org/about/index.php

PATH. (n.d.-b). *Teenpath Project: HIV/AIDS prevention program for in- and out-of-school youth [Unpublished Work]*.

Paul-Ebhohimhen, V. A., Poobalan, A., & van Teijlingen, E. R. (2008). A Systematic Review of School-based Sexual Health Interventions to Prevent STI/HIV in Sub-Saharan Africa. *BMC Public Health, 8*, 4. doi: 10.1186/1471-2458-8-4

Perliger, A., Canetti-Nisim, D., & Pedahzur, A. (2006). Democratic Attitudes among High-school Pupils: The role played by perceptions of class climate. *School Effectiveness and School Improvement, 17*(1), 119–140. doi: 10.1080/09243450500405217

Phoolcharoen, W. (2005). Evolution of Thailand's Strategy to Cope with the HIV/AIDS Epidemic. *Food, Nutrition and Agriculture, 34*.

Phoolcharoen, W. (2006). Thailand. In T. Yamamoto & S. Itoh (Eds.), *Fighting a Rising Tide: The Response to AIDS in East Asia* (pp.247–265). Tokyo: Japan Center for International Exchange.

Pick, S., Givaudan, M., & Brown, J. (2000). Quietly Working for School-based Sexuality Education in Mexico: Strategies for advocacy. *Reproductive Health Matters, 8*(16), 92–102. doi: 10.1016/S0968-8080(00)90191-5

Pinyopornpanish, K., Thanamee, S., Jiraporncharoen, W., Thaikla, K., Mc-Donald, J., Aramrattana, A., & Angkurawaranon, C. (2017). Sexual health, risky sexual behavior and condom use among adolescents young adults and older adults in Chiang Mai, Thailand: findings from a population based survey. *BMC Research Notes, 10*(1), 682. doi: 10.1186/s13104-017-3055-1

Psacharopoulos, G., Rojas, C., & Velez, E. (1993). Achievement Evaluation of Colombia's "Escuela Nueva": Is multigrade the answer? *Comparative Education Review, 37*(3), 263–276. doi: 10.1086/447190

Punyacharoensin, N., & Viwatwongkasem, C. (2009). Trends in three decades of HIV/AIDS epidemic in Thailand by nonparametric backcalculation method. *AIDS, 23*(9), 1143–1152. doi: 10.1097/QAD.0b013e32832baa1c

Renold, E. (2005). *Girls, Boys and Junior Sexualities: Exploring Children's Gender and Sexual Relations in the Primary School*. London/New York: Routledge-Falmer.

Reynolds, D. (2005). "World Class" School Improvement: An Analysis of the Implications of Recent International School Effectiveness and School Improvement Research for Improvement Practice. In D. Hopkins (Ed.), *The Practice and Theory of School Improvement: International Handbook of Educational Change* (pp.241-251). Dordrecht: Springer Netherlands.

Reynolds, D., Teddlie, C., Creemers, B., Scheerens, J., & Townsend, T. (2000). An Introduction to School Effectiveness Research. In C. Teddlie & D. Reynolds (Eds.), *The International Handbook of School Effectiveness Research*: Falmer Press.

Rieff, P. (1968). *The triumph of the therapeutic : uses of faith after Freud.* New York Harper&Row.

Rockoff, J. E. (2004). The Impact of Individual Teachers on Student Achievement: Evidence from Panel Data. *American Economic Review, 94*(2), 247-252. doi: doi: 10.1257/0002828041302244

Rojanapithayakorn, W., & Hanenberg, R. (1996). The 100 Condom Programme in Thailand. *AIDS, 10*, 1-7.

Rooth, E. (2005). *An Investigation of the Status and Practice of Life Orentation in South African Schools in Two Provinces.* (Ph.D.), University of the Western Cape. (University of the Western Cape.)

Rose, S. (2005). Going Too Far? Sex, Sin and Social Policy. *Social Forces, 84*(2), 1207-1232.

Ross, D. A., Dick, B., & Ferguson, J. (2006). Preventing HIV/Aids in young people: A systematic review of the evidence from developing countries. *WHO Technical report series, 938*(WHO, Geneva).

Ross, S., & Kantor, L. M. (1995). Trends in opposition to comprehensive sexuality education in public schools: 1994-95 school year. *SIECUS report, 23*(6), 9-15.

Royal Thai Embassy Ottawa Canada. (n.d.). Country Profile. Retrieved 2017/5/6, from http://www.thaiembassy.ca/en/about-thailand/country-profile

Rutter, M., Maughan, B., Mortimore, P., & Ouston, J. (1979). *Fifteen Thousand Hours: Secondary schools and their effects on children.* London: Open Books.

Santelli, J., Ott, M. A., Lyon, M., Rogers, J., & Summers, D. (2006). Abstinence-only Education Policies and Programs: A position paper of the Society for Adolescent Medicine. *J Adolesc Health, 38*(1), 83-87. doi: 10.1016/j.jadohealth.2005.06.002

Saunders, L. (2000). Effective Schooling in Rural Africa (Key Issues Concerning School Effectiveness and Improvment). http://documents.worldbank. org/curated/en/576321468768332084/pdf/multi0page.pdf

Scheerens, J. (2001). Monitoring School Effectiveness in Developing Countries. *School Effectiveness and School Improvement, 12*(4), 359–384. doi: 10.1076/sesi.12.4.359.3447

Schmitt, C. (1910). The Teaching of the Facts of Sex in the Public School. *The Pedagogical Seminary, 17*(2), 229–241. doi: 10.1080/08919402.1910. 10532769

Shalev, C. (1998). *Rights to Sexual and Reproductive Health - the ICPD and the Convention on the Elimination of All Forms of Discrimination Against Women*. Paper presented at the the International Conference on Reproductive Health, Mumbai, India. http://www.un.org/womenwatch/daw/ csw/shalev.htm

Shibuya, F., Estrada, C. A., Sari, D. P., Takeuchi, R., Sasaki, H., Warnaini, C., . . . Kobayashi, J. (2023). Teachers' conflicts in implementing comprehensive sexuality education: a qualitative systematic review and meta-synthesis. *Tropical Medicine and Health, 51*(1), 18. doi: 10.1186/s41182- 023-00508-w

Silva, D. Q. d., Guerra, O. U., & Sperling, C. (2013). Sex Education in the Eyes of Primary School Teachers in Novo Hamburgo, Rio Grande do Sul, Brazil. *Reproductive Health Matters, 21*(41), 114–123. doi: 10.1016/ s0968-8080(13)41692-0

Singhal, A., & Rogers, E. M. (2003). *Combating AIDS: Communication strategies in action*. USA: SAGE Publications.

Siriwasin, W., Shaffer, N., Roongpisuthipong, A., & et al. (1998). HIV Prevalence, Risk, and Partner Serodiscordance among Pregnant Women in Bangkok. *JAMA, 280*(1), 49–54. doi: 10.1001/jama.280.1.49

Smith, G., Kippax, S., Aggleton, P., & Tyrer, P. (2003). HIV/AIDS School-based Education in Selected Asia-Pacific Countries. *Sex Education, 3*(1), 3–21. doi: 10.1080/1468181032000052126

Sridawruang, C., Crozier, K., & Pfeil, M. (2010). Attitudes of Adolescents and Parents towards Premarital Sex in Rural Thailand: A qualitative exploration. *Sexual and Reproductive Healthcare, 1*(4), 181–187. doi: 10.1016/ j.srhc.2010.06.003

Sridawruang, C., Pfeil, M., & Crozier, K. (2010). Why Thai Parents Do Not Discuss Sex with Their Children: A qualitative study. *Nursing and Health Sciences, 12*(4), 437–443. doi: 10.1111/j.1442-2018.2010.00556.x

Stephenson, J. M., Strange, V., Forrest, S., Oakley, A., Copas, A., Allen, E.,

. . . Johnson, A. M. (2004). Pupil-led Sex Education in England (RIPPLE study): Cluster-randomised intervention trial. *Lancet, 364*(9431), 338–346. doi: 10.1016/s0140-6736(04)16722-6

Suzuki, T. (2017). Data collection process for non-cognitive skills gained by Escuela Nueva primary schools in Colombia. *Studies in Languages and Cultures, 38*, 99–111.

Svanemyr, J., Baig, Q., & Chandra-Mouli, V. (2015). Scaling up of Life Skills Based Education in Pakistan: a case study. *Sex Education, 15*(3), 249–262. doi: 10.1080/14681811.2014.1000454

Tanasugarn, C., Kengkarnpanich, M., & Kaeodumkoeng, K. (2012). *Khorong-kan Wichai Prameinphol Kancadkan Rienruu Phedsuksaa Robdaan* Nai Sathaan *Suksaa Radap Kaansuksaa Banpheunthaan* [Evaluation of Comprehensive Sex Education Program in High Schools at the Compulsory Education Level]. Thailand: PATH&Mahidol University.

Tangmunkongvorakul, A., Carmichael, G., Banwell, C., Utomo, I. D., & Sleigh, A. (2011). Sexual Perceptions and Practices of Young People in Northern Thailand. *Journal of Youth Studies, 14*(3), 315–339. doi: 10.1080/13676261.2010.522562

Tangmunkongvorakul, A., Kane, R., & Wellings, K. (2005). Gender double standards in young people attending sexual health services in Northern Thailand. *Culture, Health & Sexuality, 7*(4), 361–373. doi: 10.1080/13691050500100740

Techasrivichien, T., Darawuttimaprakorn, N., Punpuing, S., Musumari, P. M., Lukhele, B. W., El-saaidi, C., . . . Kihara, M. (2016). Changes in Sexual Behavior and Attitudes Across Generations and Gender Among a Population-Based Probability Sample From an Urbanizing Province in Thailand. *Archives of Sexual Behavior, 45*, 367–382. doi: 10.1007/s10508-014-0429-5

Teddlie, C., & Reynolds, D. (2000). *The International Handbook of School Effectiveness Research*: Falmer Press.

Thai National AIDS Committee. (2014). 2014 Thailand AIDS Response Progress Report: Reporting Period 2012–2013. Bangkok: Thailand.

Thailand Handing out 95 million Condoms to Beat STDs, Teen Pregnancy. (2023). *The Straits Times*. Retrieved from https://www.straitstimes.com/asia/thailand-hands-out-95-million-condoms-to-beat-stds-teen-pregnancy

Thammaraksa, P., Powwattana, A., Lagampan, S., & Thaingtham, W. (2014). Helping Teachers Conduct Sex Education in Secondary Schools in Thailand: Overcoming culturally sensitive barriers to sex education.

Asian Nurs Res (Korean Soc Nurs Sci), 8(2), 99‒104. doi: 10.1016/ j.anr.2014.04.001

The ASEAN Secretariat Jakarta. (2014). ASEAN State of Education Report 2013. Retrieved 2017/4/7 http://www.asean.org/storage/images/ resources/2014/Oct/ASEAN%20State%20of%20Education%20Report%20 2013.pdf

The International Bank. (1993). World Development Report 1993: Investing in health. from Oxford University Press https://openknowledge.worldbank. org/bitstream/handle/10986/5976/9780195208900_fm.pdf

The World Bank. (2000). Thailand's Response to AIDS: Building on Success, Confronting the Future. Retrieved 2017/5/7, from The World Bank http://siteresources.worldbank.org/INTTHAILAND/Resources/Social-Monitor/2000nov.pdf

The World Bank. (2017). Thailand Overview. Retrieved 2017/5/15, from http://www.worldbank.org/en/country/thailand/overview

Tiefer, L. (1995). *Sex Is Not A Natural Act & Other Essays.* San Francisco: Westview Press.

Udomkhamsuk, W., Fongkaew, W., Grimes, D. E., Viseskul, N., & Kasatpibal, N. (2014). Barriers to HIV Treatment Adherence among Thai Youth Living with HIV/AIDS: A qualitative study. *Pacific Rim International Journal of Nursing Research, 18*(3), 203‒215.

UNAIDS. (2004). Thailand National AIDS Spending Assessment 2000‒ 2004. Retrieved 2017/5/13, from Ministry of Public Health&Office of Prime Ministers http://data.unaids.org/pub/report/2009/nasa_ thailand_0001020304_07082009_en.pdf

UNAIDS. (2013). *Thematic Segment: HIV, adolescents and youth Background Note.* Paper presented at the UNAIDS Programme Coordinating Board (UNAIDS/PCB (33)/13.22), Executive Board Room, WHO, Geneva.

UNESCO. (2004). Education for All: The quality imperative *EFA Global Monitoring Report 2005.* Paris: UNESCO.

UNESCO. (2009). International Technical Guidance on Sexuality Education: An evidence-informed approach for schools, teachers and health educators (Vol. 1). France: UNESCO.

UNESCO. (2014). Comprehensive Sexuality Education: The challenges and opportunities of scaling-up. France: UNESCO.

UNESCO. (2018). *International Technical Guidance on Sexuality Education: An evidence-informed approach.* France: UNESCO.

UNESCO. (2021). The Journey towards Comprehensive Sexuality Education:

Global Status Report. https://unesdoc.unesco.org/notice?id=p::usmarcd
ef_0000379607

UNESCO. (n.d.). Education System Profiles. Retrieved 2017/10/22, from
http://www.unescobkk.org/education/resources/resources/education-
system-profiles/thailand/basic-education/

UNESCO, & UNFPA. (2012). Sexuality Education: A Ten-country review of
school curricula in East and Southern Africa. Paris: UNESCO.

UNESCO Institute of Statistics. (2023). Other Policy Relevant Indicators : To-
tal net enrolment rate by level of education. Retrieved 2023/5/9 http://
data.uis.unesco.org/index.aspx?queryid=3813#

UNFPA. (2014). UNFPA Operational Guidance for Comprehensive Sexual-
ity Education: A Focus on Human Rights and Gender. New York, USA:
UNFPA.

UNFPA. (2015). Emerging Evidence, Lessons and Practice in Comprehensive
Sexuality Education: A global review 2015. France: UNESCO.

UNFPA. (2017). Advancing Comprehensive Sexuality Education to Achieve
the 2030 Agenda for Sustainable Development. Retrieved 2023/5/13,
from https://www.unfpa.org/press/advancing-comprehensive-sexuality-
education-achieve-2030-agenda-sustainable-development

UNFPA. (2018). Mothers too Young: Inequality fuels adolescent pregnancies
in Thailand. from https://www.unfpa.org/fr/news/mothers-too-young-
inequality-fuels-adolescent-pregnancies-thailand

UNFPA, UNESCO, & IPPF. (2020). Learn Protect Respect Empower. https://
thailand.unfpa.org/sites/default/files/pub-pdf/factsheet_2_curriculum_for_
comprehensive_sexuality_education_0.pdf

UNFPA Thailand, & Office of the National Economic and Social Development
Board. (2014). The State of Thailand's Population 2013: Mothehood in
childhood, facing the challenge of adolescent pregnancy. Bangkok: UNF-
PA Thailand.

UNICEF. (2019). Thailand Education Fact Sheets. https://data.unicef.org/wp-
content/uploads/2022/07/Thailand-Education-Fact-Sheets-2019-EN.pdf

UNICEF. (2021). ThailandMultiple Indicator Cluster Survey (MICS) 2019.
https://mics-surveys-prod.s3.amazonaws.com/MICS6/East%20Asia%20
and%20the%20Pacific/Thailand/2019/Survey%20findings/17%20
Provinces%20%28English%29.pdf

UNICEF. (2022). Adolescents. Retrieved 2023/5/13, from https://data.unicef.
org/topic/adolescents/overview/#:~:text=There%20are%201.3%20
billion%20adolescents,it%2C%20significant%20growth%20and%20

development.

UNICEF Thailand. (2013). Terms of Reference for Situational Analysis of Adolescent Pregnancy Retrieved 2017/5/14, from UNICEF Thailand https://www.unicef.org/videoaudio/PDFs/TOR_LRPS-OSR-2013-9108361.pdf

UNICEF Thailand. (2015). Situation Analysis of Adolescent Pregnancy in Thailand. Retrieved 2017/5/15, from UNICEF, Thailand https://www.unicef.org/thailand/160614_SAAP_in_Thailand_report_EN.pdf

UNICEF Thailand. (2022). Education 2022 - 2026. https://www.unicef.org/thailand/media/9686/file/UNICEF%20Thailand%20Country%20Programme%20EDU%20EN.pdf

United Nations Population Fund. (2014). Programme of Action of the International Conference on Population Development. Retrieved 2019/11/23 https://www.unfpa.org/sites/default/files/pub-pdf/programme_of_action_Web%20ENGLISH.pdf

van Griensven, F., Thanprasertsuk, S., Jommaroeng, R., Mansergh, G., Naorat, S., Jenkins, R. A., . . . Tappero, J. W. (2005). Evidence of a Previously Undocumented Epidemic of HIV Infection among Men who Have Sex with Men in Bangkok, Thailand. *AIDS, 19*(5), 521–526.

Van Landeghem, G., Van Damme, J., Opdenakker, M.-C., De Frairie, D. F., & Onghena, P. (2002). The Effect of Schools and Classes on Noncognitive Outcomes. *School Effectiveness and School Improvement, 13*(4), 429–451. doi: 10.1076/sesi.13.4.429.10284

Vandenberghe, R., Bohets, A., Claus, G., Vernelen, A., & Viaene, M. (1994). De determinanten van het professionele handelen van leerkrachten secundair onderwijs en de invloed op de onderwijskwaliteit [The determinants of secondary teacher's professional capacities and the influence on the quality of education]. Leuven: K.U. Leuven, Centrum voor onderwijsbeleid en -vernieuwing.

VanLandingham, M., & Trujillo, L. (2002). Recent Changes in Heterosexual Attitudes, Norms and Behaviors among Unmarried Thai Men: A Qualitative Analysis. *International Family Planning Perspectives, 28*(1), 6–15. doi: 10.2307/3088270

Verhoeven, J., Vandenberghe, R., Van Damme, J., Clement, M., Maetens, D., & Vergauwen, G. (1992). Schoolmanagement en kwaliteitsverbetering van het onderwijs. Een empirisch onderzoek in secundaire scholen [School management and quality improvement in education. An empirical research in secondary schools]. Leuven: K.U.Leuven: Departement Pedagogische Wetenschappen, Studiegroep voor onderwijsbeleid en -begeleiding.

Visser, M. J. (2005). Life Skills Training as HIV/AIDS Preventive Strategy in Secondary Schools: Evaluation of a large-scale implementation process. *Sahara J, 2*(1), 203–216. doi: 10.1080/17290376.2005.9724843

Vuttanont, U., Greenhalgh, T., Griffin, M., & Boynton, P. (2006). "Smart boys" and "Sweet girls", Sex Education Needs in Thai Teenagers: A mixed-method study. *The Lancet, 368*(9552), 2068–2080. doi: 10.1016/s0140-6736(06)69836-x

Wang, M.-T., & Holcombe, R. (2010). Adolescents' Perceptions of School Environment, Engagement, and Academic Achievement in Middle School. *American Educational Research Journal, 47*(3), 633–662. doi: doi:10.3102/0002831209361209

Weber, G. (1976). Inner-City Children Can Be Taught to Read: Four successful schools *CBE Occasional Papers* (Vol. 18). Washington, D.C.: Council for Basic Education.

Weniger, B. G., Limpakarnjanarat, K., Ungchusak, K., Thanprasertsuk, S., Choopanya, K., Vanichseni, S., . . . Wasi, C. (1991). The Epidemiology of HIV Infection and AIDS in Thailand. *AIDS, 5 Suppl 2*, S71–85.

Whelan, R. (1995). Teaching Sex in Schools: Does it work? In P. Danon (Ed.), *Tried But Untested: The aims and outcomes of sex education in schools* (pp. 88–104). Family and Youth Concern London

Wood, C., & Fostei, D. (1995). "Being the Type of Lover... ": Gender-differentiated reasons for non-use of condoms by sexually active heterosexual students *Psychology in society (PINS), 20*, 13–35.

World Health Organization. (2006). *Defining Sexual Health: Report of a technical consultation on sexual health 28–31 January 2002, Geneva.* Retrieved from https://www.who.int/reproductivehealth/publications/sexual_health/defining_sexual_health.pdf.

World Health Organization (WHO). (2003). Skills for Health Skills-based Health Education Including Life Skills: An important component of a Child-Friendly/Health-Promoting School. *Information Series on School Health Document 9*. Geneva: WHO.

World Health Organization (WHO). (2011a). Preventing Early Pregnancy and Poor Reproductive Outcomes: Among Adolescents in Developing Countries *WHO Guidelines* Geneva.

World Health Organization (WHO). (2011b). WHO Guidelines on Preventing Early Pregnancy and Poor Reproductive Health Outcomes among Adolescents in Developing Countries. Geneva: WHO.

World Health Organization (WHO) Regional Office for Europe. (2000). Definitions and Indicators in Family Planning Maternal & Child Health and Reproductive Health used in the WHO Regional Office for Europe   C o - penhagen WHO Regional Office for Europe.

Xu, L., Munir, K., Kanabkaew, C., & Le Coeur, S. (2017). Factors Influencing Antiretroviral Treatment Suboptimal Adherence among Perinatally HIV-Infected Adolescents in Thailand. *Plos One, 12*(2), e0172392. doi: 10.1371/journal.pone.0172392

索　引

アルファベット

CSE　→包括的性教育
　──カリキュラム　107, 109, 118, 199
　──クラブ　131, 163, 190, 192, 197,
　　199, 206
　──の導入　141
　──の普及　95, 117
　──プログラム　210
　──への支持　195
CSW　→性産業従事者
ESAs　→教育区
Heneveld & Craig　65, 69
HIV感染　36, 80
ICPD　→国連人口開発会議
Kirby　49, 52, 119, 121, 199, 209,
　210
MOE　→教育省
MOPH　→保健省
NGO　82, 86, 88, 90
PATH　97, 105
PISA　→学習到達度調査
SDGs　1, 213
SIECUS　→アメリカ性情報・性教育評議会
STI　→性感染症

あ　行

新しい道徳　26
アメリカ性情報・性教育評議会（SIECUS）
　10, 20, 30, 108
安全な社会環境　122
イサーン　135
エイズ　30, 76
　──教育　85, 99
　──政策　88
　──対策　81
エンパワーメント　86, 90, 94

親　23, 25, 43, 104
　──の権利　22, 32

か　行

開発途上国　35, 61
学習成果　211
学習態度　205
学習到達度調査（PISA）　75
学校　25, 28
　──改善研究　63, 116, 117
　──カリキュラム　75
　──効果の決定要因の概念的枠組み
　　66, 120
　──長　103
　──内プロセス　60
　──の選択　125
　──風土　69, 102, 121, 179, 201, 203
キー・インフォーマント　84
基礎教育カリキュラム　75, 96, 99
教育区（ESAs）　74, 113
教育省（MOE）　85
教育生産関数研究　58
教師　102
禁欲的性教育　11, 31, 40, 46, 101
研修　156, 205, 208
効果　50
　──的な学校研究　60, 116, 117
　──的な実施要因　120
後期中等教育　72
肯定的な態度　182, 202, 204
行動変容　45, 47, 50, 89, 92, 95
国際的潮流　34
国連人口開発会議（ICPD）　14
子ども　1, 17
コミュニケーション　200

さ 行

ジェンダー規範　35
自己効力感　47
持続可能な開発目標　1
10歳代の妊娠　77
社会衛生運動　24
社会改革　20
社会文化的規範　19, 148, 194
宗教　21, 25, 41, 102, 137, 212
17の特徴　52
スティグマ　90, 93, 100
性感染症（STI）　2
性教育反対運動　29
性教育プログラム　13
性産業従事者（CSW）　81, 84
性の革命　26
性の権利宣言　15
性の二重基準　35, 38
セクシュアリティ　10, 13, 15, 27, 101
前期中等教育　72, 120
早期妊娠　1, 36

た 行

態度　48
──の変容　196
ティーンパス・プロジェクト　2, 97, 105, 115, 118
低出生体重児　2
定性的研究手法　117

定性的な事例研究　115
定性的な調査分析　60, 63
伝統的な社会文化的規範　78, 94
導入アプローチ　167, 207, 209

な 行

認知的能力　57, 68
能力強化　158

は 行

ハイネマン・ロクスレイ　64
──効果　58
ピア・エデュケーター　55, 131, 163
ピア教育　55, 91
非認知的能力　57, 67, 124, 205, 211
100％コンドーム・キャンペーン　83, 92
フェミニスト　19
フェミニズム　27
普遍的な人権　15
包括的性教育（CSE）　2, 9, 28, 31, 46
保健省（MOPH）　82

ら 行

ライフスキル　11, 39, 48, 96, 99, 108, 164, 201, 204, 206
リーダーシップ　153, 197
リプロダクティブ・ヘルス　1, 76
リプロダクティブ・ライツ　5, 14, 17, 21, 24

Adolescent Reproductive Health and Sexuality Education:
Lessons from a Case Study of Thailand

CHIBA Mina

Comprehensive sexuality education (CSE) is one of the key measures for promoting adolescent reproductive health in developing countries. CSE helps young people to protect their health, well-being, and dignity based on human rights principles and an empowerment approach. It has been proven to be effective in mitigating adolescent risks, such as HIV infection and early pregnancy. However, school-based CSE is yet to be fully implemented in many countries despite being encouraged by national governments. CSE implementation is often hindered by a lack of support for CSE from local stakeholders, such as school officials, teachers, and parents. Even in cases where sexuality education is taught in school, the program is often not comprehensive, ineffective, or of low quality.

Thailand is one of the countries facing such challenges; however, some of the schools that participated in the nationwide NGO project called "Teenpath Project" managed to continuously and effectively implement CSE with high quality. In addition, some schools achieved high learning outcomes in non-cognitive skill development, which contributes to the promotion of reproductive health among students. Therefore, these schools in Thailand are worth investigating to learn more about the best ways to introduce CSE into schools and identify the implementation factors that contribute to high CSE learning outcomes within the schools.

This study aimed to investigate how the implementation of high-quality CSE is realized in schools, using three selected schools in the Teenpath Project as a case study. To achieve this goal, this study aimed to identify (1) an effective approach for introducing CSE into schools and (2) the factors that contribute to high learning outcomes of school-based CSE. This study used a qualitative research method, and data were collected through semi-structured interviews with school principals, CSE teachers, students, and parents in each school. Complimentarily, class observations and student surveys were also conducted.

The factors that contributed to the support of local stakeholders for CSE were strong awareness of adolescent reproductive health issues, high expectations in addressing these issues through CSE, and recognition of the positive outcomes of CSE towards the well-being of students. During and after the implementation of CSE, its outcomes were monitored, evaluated, and reported to stakeholders, which resulted in wider recognition of the positive impact of CSE. School principals and motivated teachers played important roles in this process. Students also indirectly helped to strengthen the support of teachers toward CSE by demonstrating their strong interests and positive learning attitudes toward CSE and showing positive transformation through CSE.

Developing a positive learning attitude among students was one of the key factors that enhanced the high learning outcomes of CSE. CSE classes that addressed the needs of students in each school effectively contributed to the formation of such an attitude. A relaxed atmosphere in the learning environment also contributed to the positive learning attitudes of students. The maintenance of order and discipline was not proven to be effective. Rewards and incentives for learning CSE were not the major influencing factors of learning outcomes. Although the results suggested that the high expectations of teachers and their positive attitudes toward students were the preconditions that enhanced the learning outcomes of students, their expectations were mainly for their students to graduate and equip themselves with life skills rather than academic achievement.

In conclusion, the provision of explanations and training to school officials, teachers, and parents prior to CSE implementation is necessary, but it is insufficient to guarantee their support for CSE. In addition, it is crucial to implement quality CSE for a certain period, evaluate the outcomes, and prove that CSE is beneficial to the students. The participation of students in the introduction of CSE can also strengthen their support. It is important to consider ways to help students develop positive learning attitudes and achieve proactive and subjective learning to improve CSE learning outcomes. As a specific measure, it is recommended that teachers receive CSE training to raise their expectations for students and encourage them to listen to their students to reflect their needs.

著者紹介

千 葉 美 奈（ちば　みな）

早稲田大学アジア太平洋研究センター，招聘研究員（2024年3月現在）。早稲田大学大学院アジア太平洋研究科博士課程修了。博士（学術）。
民間企業勤務を経て，青年海外協力隊として中米・ベリーズおよび西アフリカ・ベナンにてコミュニティ開発に携わる。早稲田大学地域・地域間研究機構にて研究院講師として勤務した後，2022年より特定非営利活動法人ワールド・ビジョン・ジャパンに在職。支援事業部プログラム・コーディネーターとして，主に，ラオス，イラク，シリアにおける教育分野の事業を担当。専門は社会開発，国際教育協力。

早稲田大学エウプラクシス叢書　49

青少年のリプロダクティブ・ヘルスと性教育
タイの事例に学ぶ

2024年12月31日　　初版第1刷発行

著　者………………千 葉 美 奈
発行者………………須 賀 晃 一
発行所………………株式会社 早稲田大学出版部
　　　　　　　　　169-0051 東京都新宿区西早稲田1-9-12
　　　　　　　　　電話 03-3203-1551　https://www.waseda-up.co.jp
編集協力………………株式会社ライズ
装　丁………………笠 井 亞 子
印刷・製本………………中央精版印刷 株式会社

© 2024, Mina Chiba, Printed in Japan　　ISBN978-4-657-24806-0
無断転載を禁じます。落丁・乱丁本はお取替えいたします。

刊行のことば

　1913（大正2）年、早稲田大学創立30周年記念祝典において、大隈重信は早稲田大学教旨を宣言し、そのなかで、「早稲田大学は学問の独立を本旨と為すを以て　之が自由討究を主とし　常に独創の研鑽に力め以て　世界の学問に裨補せん事を期す」と謳っています。

　古代ギリシアにおいて、自然や社会に対する人間の働きかけを「実践（プラクシス）」と称し、抽象的な思弁としての「理論（テオリア）」と対比させていました。本学の気鋭の研究者が創造する新しい研究成果については、「よい実践（エウプラクシス）」につながり、世界の学問に貢献するものであってほしいと願わずにはいられません。

　出版とは、人間の叡智と情操の結実を世界に広め、また後世に残す事業であります。大学は、研究活動とその教授を通して社会に寄与することを使命としてきました。したがって、大学の行う出版事業とは大学の存在意義の表出であるといっても過言ではありません。これまでの「早稲田大学モノグラフ」「早稲田大学学術叢書」の2種類の学術研究書シリーズを「早稲田大学エウプラクシス叢書」「早稲田大学学術叢書」の2種類として再編成し、研究の成果を広く世に問うことを期しています。

　このうち、「早稲田大学エウプラクシス叢書」は、新進の研究者に広く出版の機会を提供することを目的として刊行するものです。彼らの旺盛な探究心に裏づけられた研究成果を世に問うことが、他の多くの研究者と学問的刺激を与え合い、また広く社会的評価を受けることで、研究者としての覚悟にさらに磨きがかかることでしょう。

　創立150周年に向け、世界的水準の研究・教育環境を整え、独創的研究の創出を推進している本学において、こうした研鑽の結果が学問の発展につながるとすれば、これにすぐる幸いはありません。

2016年11月

早稲田大学